Serhii Vladov
Victoria Vysotska

Métodos de redes neuronais para monitorizar objectos dinâmicos

Serhii Vladov
Victoria Vysotska

Métodos de redes neuronais para monitorizar objectos dinâmicos

Métodos de redes neuronais para a monitorização de motores de turbina de helicópteros em modo de operação de voo: monografia

ScienciaScripts

Imprint

Cover image: www.ingimage.com

This book is a translation from the original published under ISBN 978-620-8-11705-4.

Publisher:
Sciencia Scripts
is a trademark of
Dodo Books Indian Ocean Ltd. and OmniScriptum S.R.L publishing group

120 High Road, East Finchley, London, N2 9ED, United Kingdom
Str. Armeneasca 28/1, office 1, Chisinau MD-2012, Republic of Moldova, Europe
Printed at: see last page
ISBN: 978-620-8-25565-7

ÍNDICE DE CONTEÚDO

INTRODUÇÃO 4

CAPÍTULO 1 .... MODELOS DE MOTORES DE TURBINA PARA HELICÓPTEROS COM IDENTIFICAÇÃO DE MÉTODOS DE ANÁLISE MODERNOS 7

1.1. Relevância dos modelos de motores de turbina de helicóptero que identificam a tarefa 7

1.2. O modelo não linear de identificação da tarefa dos motores de turbina de helicóptero e a análise dos seus métodos de resolução 10

1.3. As tecnologias de redes neuronais aplicam a análise de estado nas tarefas de identificação de modelos não lineares de motores de turbos de helicópteros 16

1.4. Desenvolvimento de um conceito científico para a criação de um modelo de rede neural para a identificação de motores de turbina de helicóptero e resolução de tarefas em modos de voo 29

1.5. Formação e formação de amostras de ensaio desenvolvimento de método universal para a identificação de motores de turbina de helicóptero resolução de tarefas em modos de voo 39

1.6. Conclusões do Capítulo 1 60

CAPÍTULO 2 .... DESENVOLVIMENTO DE UM MÉTODO DE REDE NEURAL PARA O PROCESSO DE TRABALHO DOS MOTORES DE TURBOEIXO DE HELICÓPTEROS VALORES ÓPTIMOS IDENTIFICANDO A RESOLUÇÃO DE TAREFAS NO MODO DE OPERAÇÃO DE VOO 62

2.1. Declaração do problema do processo de trabalho dos motores de turboeixo de helicópteros valores óptimos identificados no modo de operação de voo 62

2.2. Desenvolvimento da rede neural de função de base radial 71

2.3. Resultados da identificação dos parâmetros óptimos do processo de trabalho do motor de turbina de helicóptero 81

2.4. Resultados da análise comparativa da identificação dos parâmetros óptimos do processo de trabalho do motor de turbina de helicóptero. 92

2.5. Conclusões do capítulo 2 98

CAPÍTULO 3 .. DESENVOLVIMENTO DE UM MÉTODO DE REDES NEURONAIS PARA A IDENTIFICAÇÃO DE MODELOS ESTÁTICOS NÃO LINEARES DE MOTORES TURBOEIXO DE HELICÓPTEROS PARA RESOLUÇÃO DE TAREFAS EM MODO DE OPERAÇÃO DE VOO 103

3.1. Princípios básicos da identificação da rede neuronal dos motores de turbina de helicóptero em modos estáticos 103

3.2. Identificação por rede neuronal do modelo multimodo dos motores de turbina de helicóptero com base em parâmetros registados a bordo do helicóptero 105

3.3. Desenvolvimento do algoritmo de Levenberg-Marquardt modificado como método de otimização não linear 119

3.4. Identificação por rede neuronal do modelo multimodo dos motores de turbina de helicóptero com base nos parâmetros calculados por um modelo matemático 143

3.5. Identificação por rede neuronal do modelo multimodo inverso dos motores de turbina de helicóptero com base nos parâmetros calculados por um modelo matemático 153

3.6. Conclusões do Capítulo 3 157

CAPÍTULO 4.... DESENVOLVIMENTO DE UM MÉTODO DE REDE NEURAL PARA OS MODELOS DINÂMICOS NÃO LINEARES DOS MOTORES DE TURBOEIXO DE HELICÓPTEROS IDENTIFICANDO A RESOLUÇÃO DE TAREFAS NO MODO DE OPERAÇÃO DE VOO 162

4.1. Desenvolvimento do modelo dinâmico não linear dos motores turboeixo de helicóptero no modo de arranque do motor 162

4.2. Desenvolvimento do modelo dinâmico não linear dos motores de turbina de helicóptero no modo de aceleração do motor 174

4.3. Desenvolvimento do modelo dinâmico de rede neural dos motores de turbina de helicóptero 183

4.4. Resultados da resolução de tarefas de identificação do modelo dinâmico multimodal dos motores de turbina de helicóptero 201

4.5. Capítulo 4 Conclusões 230

CONCLUSÕES 234

REFERÊNCIAS 236

INTRODUÇÃO

Atualmente, existem duas áreas-chave nos motores de turbina de helicóptero (TE) para o desenvolvimento de sistemas de controlo automático (ACS). A primeira área está associada ao aumento contínuo dos requisitos de precisão estática e dinâmica dos sistemas de controlo [1, 2]. Nas últimas quatro décadas, estes requisitos de caraterísticas de qualidade aumentaram cerca de cinco vezes. A segunda área de evolução do TE ACS de helicópteros é a expansão da sua funcionalidade, que se manifesta na introdução de novas malhas de controlo fechadas, tais como o controlo dos modos de arranque e de aceleração [3, 4]. Ambas as áreas desempenham um papel crítico no aumento da fiabilidade e da eficiência operacional dos helicópteros modernos.

As tendências modernas no desenvolvimento do TE ACS para helicópteros determinam as correspondentes alterações nos requisitos dos objectos controlados necessários para os modelos dinâmicos para a realização das fases de síntese e depuração dos sistemas de controlo [5]. A primeira direção requer a consideração nos modelos dinâmicos de factores como atrasos de tempo nos canais de informação e medição, a presença de zonas de fricção secas e viscosas, insensibilidade e histerese nas unidades de combustível, bem como pequenas inércias no caminho de controlo do motor [6, 7]. Para incluir estes factores nos modelos matemáticos existentes, é necessário desenvolver novas abordagens e métodos de identificação baseados em dados experimentais. A segunda direção, associada à introdução de novas funções nos sistemas de controlo, tais como o controlo em modos não estacionários, requer a criação de novos modelos do motor para estes modos e a sua subsequente identificação. Isto, por sua vez, leva à necessidade de aperfeiçoar os métodos de identificação conhecidos [6-11] para que sejam adequados aos modelos não-estacionários do TE de helicópteros ou de desenvolver métodos completamente novos. Estas tarefas desempenham um papel fundamental para garantir a precisão e a eficiência dos sistemas de controlo modernos.

Os métodos modernos de identificação dos parâmetros dos modelos de TE de helicópteros centram-se em modelos lineares estacionários [12-15]. Na maioria dos casos, estes métodos apresentam limitações, caraterísticas e desvantagens que impedem a sua utilização na identificação de modelos não estacionários [16, 17]. Esta circunstância estimula o desenvolvimento de novas abordagens para a representação de modelos matemáticos não-lineares e a criação de métodos para a identificação dos seus parâmetros. A importância destas novas abordagens é enfatizada pela necessidade de melhorar a precisão e a adequação da modelação, que é crítica para o controlo ótimo e para o aumento da fiabilidade do helicóptero TE em vários modos de operação.

Estas novas abordagens à modelação e identificação exigem também a aplicação de tecnologias informáticas modernas e de métodos de aprendizagem automática. A utilização de redes neuronais e de algoritmos de aprendizagem profunda abre perspectivas para a criação de modelos mais precisos e adaptativos, capazes de ter em conta as caraterísticas não lineares e não estacionárias da ET dos helicópteros. Além disso, os métodos de processamento de big data utilizados permitem a análise efectiva e a utilização de dados experimentais em grandes quantidades, o que contribui para a melhoria da identificação paramétrica e verificação de modelos. Assim, a integração de tecnologias avançadas e métodos de análise de dados desempenha um papel fundamental na evolução futura do ACS de TE de helicópteros, garantindo uma elevada precisão e fiabilidade do seu funcionamento em várias condições de operação.

Assim, o desenvolvimento contínuo de ACS de helicópteros TE no sentido de melhorar as suas caraterísticas de qualidade e de introduzir novos algoritmos de controlo exige a melhoria contínua dos métodos de identificação de modelos dinâmicos de helicópteros TE e o desenvolvimento de novos métodos de identificação. Consequentemente, a tarefa de criação de novos métodos para a identificação de modelos dinâmicos não lineares de ET de helicópteros continua a ser relevante e a ser procurada. Dada a complexidade e criticidade destes sistemas, a existência de métodos de identificação eficazes é fundamental para garantir a fiabilidade e o funcionamento ótimo do TE de helicópteros em vários modos de funcionamento.

CHAPTER 1
MODELOS DE MOTORES DE TURBINA DE HELICÓPTERO COM IDENTIFICAÇÃO DE MÉTODOS DE ANÁLISE MODERNOS

1.1. Relevância da tarefa de identificação dos modelos de motores de turbina de helicóptero

No desenvolvimento moderno do TE ACS para helicópteros [12-20], podem ser identificadas duas áreas-chave. A primeira é o reforço dos requisitos de precisão estática e dinâmica dos sistemas de controlo. Nos últimos quarenta anos, estes requisitos aumentaram cerca de cinco vezes, o que exige que se tenha em conta a influência de factores tão significativos como os atrasos de tempo nos canais de informação e medição, as zonas mortas e a histerese nas unidades de combustível, bem como a presença de pequenas inércias nos circuitos de controlo do motor [21]. Para ter em conta estes factores nos modelos dinâmicos dos motores utilizados em tarefas de controlo, é necessário identificá-los com base em dados experimentais, o que exige frequentemente o desenvolvimento de novas abordagens e métodos de identificação. Esta circunstância enfatiza a importância da melhoria contínua dos modelos e abordagens existentes para assegurar a elevada precisão e fiabilidade do TE ACS para helicópteros.

A segunda área-chave é a expansão da funcionalidade dos sistemas de controlo de TE de helicópteros, o que requer a síntese de novas malhas de controlo fechadas, tais como o controlo do lançamento e da aceleração com base num conjunto de parâmetros do motor [22, 23]. Esta circunstância requer a criação de novos modelos dinâmicos de modos não estacionários necessários para a síntese e depuração do ACS do helicóptero TE. Por sua vez, isto leva à necessidade de desenvolver novos métodos para identificar esses modelos dinâmicos se os métodos existentes não tiverem capacidades suficientes. Esta área realça a importância das inovações no domínio da modelização e da identificação para melhorar a eficiência e a adaptabilidade dos sistemas de controlo em condições de funcionamento complexas.

Tendo em conta o que precede, o esquema sintetizado das direcções de desenvolvimento do helicóptero TE ACS é apresentado na Figura 1.1. Assim, a constante complicação do TE ACS de helicópteros e a introdução de novas funções de controlo exigem a melhoria contínua dos métodos existentes para a identificação de modelos não lineares de TE de helicópteros e o desenvolvimento de novos métodos de identificação [20-28]. Consequentemente, a tarefa de criar novos métodos para identificar modelos não lineares de TE de helicópteros continua a ser relevante e oportuna. Esta tarefa é de importância crucial para assegurar uma elevada precisão, fiabilidade e adaptabilidade dos sistemas de controlo nas condições de funcionamento complexas e dinâmicas do TE de um helicóptero.

Os modelos matemáticos [29, 30] são amplamente utilizados para sintetizar e depurar ACS de helicópteros TE; são utilizados para calcular os processos dinâmicos nos elementos do sistema de controlo e no objeto de controlo. Na fase de síntese do ACS, são utilizados modelos teóricos não lineares de TE de helicópteros, construídos com base em leis físicas conhecidas, o que permite a conceção de sistemas de controlo apenas "médios". No entanto, na fase de depuração do ACS, torna-se possível melhorar a sua qualidade e precisão de controlo através da utilização de dados experimentais. Por conseguinte, é necessário aperfeiçoar os modelos matemáticos calculados utilizando métodos de identificação para obter caraterísticas de qualidade máxima dos ACS de helicópteros. Além disso, a identificação de modelos de ACSs de helicópteros é necessária para resolver tarefas de adaptação individual, controlo e diagnóstico [30-32]. Isto realça a importância de desenvolver e melhorar os métodos de identificação para assegurar o funcionamento ótimo dos sistemas de controlo em várias condições de funcionamento.

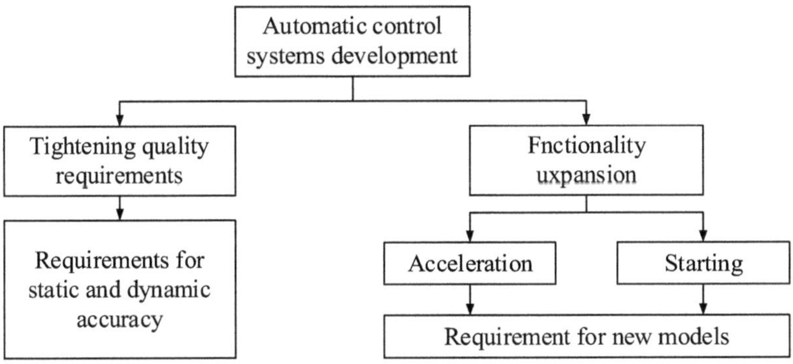

Figura 1.1. Diagrama sintetizado da direção de desenvolvimento dos sistemas de controlo automático do helicóptero TE

A tarefa de desenvolvimento de modelos não lineares de TE de helicóptero em modos não estáveis para a síntese e depuração de ACS de TE de helicóptero não está suficientemente coberta na literatura [33, 34]. Atualmente, os TEs de helicópteros são mais frequentemente iniciados utilizando um ciclograma de tempo, que é um circuito aberto. No entanto, as especificações técnicas modernas para o desenvolvimento de sistemas de controlo de motores incluem requisitos de controlo em circuito fechado no modo de arranque, o que exige modelos dinâmicos mais rigorosos. O estudo e a modelação dos modos de arranque e de aceleração permitem uma síntese e afinação de maior qualidade do TE ACS de helicópteros. Os trabalhos [35-40] consideram métodos para o cálculo destes modos e um modelo dinâmico não-linear global do helicóptero TE [41], mas a sua complexidade e peso podem limitar a sua aplicação em tarefas de síntese e depuração de sistemas de controlo. O modelo linear por partes atualmente utilizado para calcular processos não lineares no modo de aceleração [42] tem um inconveniente significativo sob a forma de perturbações nas derivadas dos parâmetros do motor nos nós dos modelos lineares. Este inconveniente complica o desenvolvimento do controlo em malha fechada da aceleração com base num conjunto de parâmetros do motor, incluindo a derivada relativa à velocidade do rotor. Relativamente ao modo de lançamento, não existem atualmente modelos matemáticos satisfatórios para sintetizar o TE ACS do helicóptero [43-45]. Consequentemente, o desenvolvimento de modelos dinâmicos não lineares em modos transientes, como o lançamento e a aceleração, continua a ser relevante. Os valores numéricos dos parâmetros desses modelos devem ser determinados com base em dados experimentais obtidos em condições reais de funcionamento.

Assim, com base no que precede, conclui-se que a tarefa de desenvolver novos modelos e métodos para identificar modelos não lineares de TE de helicópteros é relevante e oportuna.

1.2. O modelo não linear de identificação dos motores de turbina de helicóptero e a análise dos seus métodos de resolução

Para a síntese e depuração de sistemas de controlo de helicópteros TE, as suas caraterísticas dinâmicas devem ser descritas por um sistema de equações algébricas e diferenciais vectoriais-matriciais de primeira ordem, apresentadas na forma normal de Cauchy [46, 47]. Isto garante uma modelação e análise mais eficientes dos processos dinâmicos nos sistemas de controlo de TE de helicópteros, facilitando a afinação precisa e a otimização do seu funcionamento em várias condições de operação:

$$f_1\ (A,\ U) = 0; \qquad (1.1)$$

$$Y = f_2\ (A, X);$$

em que f_1 e f_2 são as funções vectoriais não lineares; A e U são os vectores dos parâmetros do motor.

A tarefa de identificação reduz-se a encontrar uma tal função f^*, que, com um dado grau de precisão, corresponderia à dependência

$$Y^* = f^*\ (A, X). \qquad (1.2)$$

O modelo não linear (1.1) constitui a base para a derivação dos modelos lineares do helicóptero TE. Estes modelos lineares, por sua vez, servem como base inicial para determinar as funções de transferência do motor. O cálculo das funções de transferência é efectuado utilizando métodos analíticos. As funções de transferência [46, 47] servem como uma linguagem universal para os programadores do ACS do helicóptero TE, facilitando as discussões sobre as propriedades dinâmicas do ACS. Muitos métodos de síntese para sistemas lineares são construídos com base na estrutura das funções de transferência [48].

Os dados iniciais para a tarefa de identificação do helicóptero TE ACS são derivados de dados experimentais obtidos durante os ensaios de voo. Os dados experimentais adequados às tarefas de identificação podem ser adquiridos durante o funcionamento regular do helicóptero TE ACS ou através de testes específicos concebidos para fins de identificação. Estas fontes de dados são cruciais para o desenvolvimento de modelos precisos que melhorem o desempenho e a fiabilidade do helicóptero TE ACS em várias condições operacionais.

Assim, na tarefa de identificação formulada, a estrutura do modelo não linear é especificada na forma das equações (1.1), e a tarefa de identificação reduz-se à determinação dos valores das funções vectoriais não lineares para cada momento. É necessário selecionar os valores com base nestes coeficientes, de modo a que os processos modelados com o modelo identificado correspondam o mais possível aos processos experimentais com um erro mínimo. Para atingir este objetivo, são utilizados métodos de otimização e de análise de sensibilidade, que permitem obter uma elevada precisão e adequação do modelo em vários modos de funcionamento.

Atualmente, o processo de determinação dos parâmetros dos modelos TE de helicópteros, inclusive, baseia-se no método tradicional estabelecido por B. Amelina e O. Favorsky em 1955, como documentado nos trabalhos de V. Kofman [49]. Este método envolve a realização de duas tarefas termodinâmicas: a tarefa direta avalia o grau de correspondência entre os modelos de ET do helicóptero e um objeto do mundo real antes e depois da identificação, enquanto a tarefa inversa identifica as caraterísticas de ET do helicóptero [50]. Estas tarefas são essenciais para garantir a exatidão e a fiabilidade do modelo matemático utilizado na otimização e previsão do desempenho do helicóptero TE em condições operacionais variáveis.

Para além da abordagem tradicional de ligação, várias metodologias formais de identificação são amplamente utilizadas na determinação de parâmetros. Estas incluem o método de A. Tunakov, que utiliza o método dos mínimos quadrados desenvolvido em 1979 e discutido no trabalho de A. Voznyuk [51], o método de ajustamento de V. Borovik e E. Taran [52], o método que emprega mínimos módulos e aproximações quadraticamente ponderadas [53], o método baseado em funções de Huber

[54], métodos de programação não-linear [55], métodos de otimização não-linear de V. Kurlykov e A. Akhmedzyanov [56], e o método proposto por V. Kofman que combina abordagens tradicionais de ligação e mínimos quadrados [57]. Além disso, as metodologias que envolvem redes neuronais, análise de frequência e procedimentos de regressão são também empregues neste contexto. Estas abordagens são cruciais para determinar com precisão os parâmetros do modelo TE do helicóptero utilizados na otimização e previsão do desempenho das suas caraterísticas.

As metodologias formais facilitam a determinação direta dos valores dos parâmetros ou o seu ajustamento em relação aos parâmetros originais, em função da função objetivo especificada. Ao abordar a identificação do modelo TE de helicópteros, estes métodos envolvem a abordagem de duas tarefas principais: uma tarefa direta e uma tarefa de otimização [58]. A tarefa direta implica a determinação de parâmetros computados de modos operacionais (tais como resíduos e coeficientes de influência), que subsequentemente informam a tarefa de otimização destinada a minimizar a função objetivo através de ajustes ou correcções de parâmetros [59].

Métodos como o método de ajustamento [60], aproximações ponderadas quadráticas com módulos mínimos [61], abordagem baseada na função de Huber [62], programação não linear [62-64], otimização não linear [65, 66] e o método de V. Kofman [67] centram-se na variação dos parâmetros de eficiência dentro dos modelos matemáticos das unidades motoras. No entanto, estes métodos podem não ser os mais adequados para abordar eficazmente a tarefa de identificação.

As metodologias de identificação, incluindo as técnicas de frequência, a identificação baseada em momentos e a identificação de sinais de entrada aleatórios, analisam as influências padrão no objeto a identificar para obter dados experimentais [68]. Os métodos de frequência utilizam estímulos harmónicos na entrada do motor para obter caraterísticas de amplitude-fase, embora com limitações na sua aplicabilidade.

A abordagem dos conjuntos difusos introduzida por L. Zadeh [69] é utilizada para analisar modelos matemáticos em condições de informação prévia heterogénea, incorporando critérios e restrições específicos expressos de forma difusa [70]. A referência [71] discute o método dos mínimos quadrados para a identificação de parâmetros e metodologias alternativas. As limitações do método dos mínimos quadrados incluem desvios notáveis nas estimativas para pequenas variações nos dados iniciais, robustez limitada e desafios na integração da informação prévia [72]. Estas limitações exigem a exploração de técnicas de estimação avançadas, como a melhoria dos algoritmos computacionais para os mínimos quadrados, a regularização para garantir a correção ou a utilização de medidas que aumentem a robustez do critério de qualidade [73].

Uma abordagem para melhorar o método dos mínimos quadrados envolve a utilização da decomposição do valor singular (SVD) da matriz do sistema [74], facilitando o cálculo das matrizes pseudoinversas. Metodologias alternativas exploradas por outros investigadores incluem a programação genética [75, 76], arquitecturas de redes neuronais [77-79], modelos neuro-fuzzy [80-82], técnicas baseadas na frequência [83], filtragem de Kalman [84-86], transformadas wavelet [87] e várias abordagens de otimização [88, 89].

O Professor Serhii Zhernakov tem-se concentrado no desenvolvimento de modelos de redes neuronais para a identificação dinâmica de motores de turbina a gás (GTE) como motores turbojacto, modelos esses baseados em flutuações nos parâmetros do combustível, tais como pressão, temperatura e frequência [90-92]. Adicionalmente, em [93], é proposto um método que emprega redes neuronais recorrentes para a identificação de modelos de GTE, com o objetivo de responder aos desafios de assegurar um funcionamento fiável e estável no controlo em malha fechada do FADEC durante os modos dinâmicos. Além disso, [93] introduz um sistema de diagnóstico de avarias do GTE utilizando estratégias híbridas de aprendizagem automática multi-modo, melhorando a precisão e a fiabilidade do diagnóstico.

Tendo em conta as exigências actuais em termos de qualidade dos processos em estado transiente, as actuais metodologias de identificação não cumprem, por vezes, as normas necessárias e são essencialmente concebidas para operações em estado estacionário. A modelação dos modos transientes torna-se crucial para o avanço da síntese e do desenvolvimento de ACS de TE de helicóptero [94-97]. As abordagens baseadas em redes neuronais tiram partido de computadores modernos de elevado desempenho, capazes de efetuar mais de 10 mil milhões de operações por segundo, para representar o modelo GTE utilizando uma estrutura de "caixa negra" de redes neuronais com numerosos coeficientes ajustáveis [98-100]. O objetivo principal da identificação é construir um modelo que capte com precisão as variações dos parâmetros do motor sob estímulos de entrada e condições externas variáveis [101, 102].

Aproximadamente 85 % dos TE de helicópteros funcionam em condições de estado estacionário, com apenas cerca de 15 % em modos instáveis e transientes (durante o arranque e a aceleração). Para melhorar as capacidades de controlo, é imperativo desenvolver os modelos dinâmicos multimodo do TE do helicóptero que captem com precisão o comportamento do motor em condições transientes. As actuais metodologias de identificação enfrentam limitações a este respeito, necessitando de melhorias na eficiência através da utilização de dados operacionais obtidos durante os voos do helicóptero [103-105].

Para enfrentar o desafio da identificação, recomenda-se o desenvolvimento de um método que tenha em conta as propriedades dinâmicas não lineares do objeto de controlo. A viabilidade da abordagem por redes neuronais é comprovada pela sua independência em relação ao conhecimento prévio do sistema e pela sua eficácia na gestão de cenários de falha multimodo e simultânea, oferecendo vantagens substanciais em relação aos métodos convencionais.

1.3. As tecnologias de redes neurais aplicam a análise de estado nas tarefas de identificação de modelos não lineares de motores de turbos de helicópteros

As principais formas de melhorar a identificação de modelos não lineares de TE de helicópteros incluem o desenvolvimento de métodos inteligentes de processamento de informação, como a análise inteligente de dados. Estes métodos permitem aumentar a eficiência do desenvolvimento técnico do motor com mentes sem importância. Também é importante a integração dos processos de informação, que inclui as bases de dados locais e a distribuição do conhecimento a partir da base de dados global e do conhecimento. Métodos de análise inteligente de dados, como o "Data Mining" ou "extração de dados" [106] e as tecnologias inteligentes actuais, como as medições neurais, a lógica difusa e os sistemas periciais.

Os problemas de criação de sistemas de informação de identificação, bem como de gestão do funcionamento de objectos técnicos dobráveis, incluindo a tecnologia aeronáutica, são abordados nos trabalhos de V. G. Avgustinovich, A. Z. Asanov, A. Akhmedzyanov, E. Barzilovich, I. Berger, G. Bratukhina, S. Valieva, B. Vasilyeva, P. Verbosa, L. Volkova,

H. Gumerov, Yu. Guseva, V. Dedesh, S. Dmitrieva, N. G. Dubravsky, I. V. Egorov, S. B. Epifanov, V. N. Efanov, S. V. Zhernakov, I. I. Idrisova, B. G. Ilyasova, Yu. S. Kabalnov, V. G. Krimskogo, G. G. Kulikova, O. F. Mashoshina, I. I. Muslukhov, V. A. Ostreykovsky, V. I. Petunin, D. F. Sambirsky, D. Saridis, N. N. Sirotina, V. V. Smirnova, S. O. Subbotina, A. P. Tunakov, V. T. Shepel, R. M. Yusupov etc. Os fundamentos teóricos da criação do modelo matemático, bem como a investigação científica fundamental do desenvolvimento dos sistemas de controlo automático do GTE e das suas unidades são vistos nos trabalhos de V. M. Akimov, A. E. Aslanyan, V. O. Borovik, O. S. Gurevich, G. N. Dobryansky, S. V. Enchev, V. G. Krimsky, R. L. Leibov, O. D. Lyantsev, T. S. Martyanova, M. M. Mitrakhovich, E. M. Tarana, Yu. M. Tereshchenko, A. A. Shevyakova, B. A. Cherkasova, R. K. Chuyan, A. Ya. Cherkeza, O. S. Yakushenko, etc.

Apesar da extensa investigação sobre temas relevantes, incluindo conceitos, metodologias, métodos, algoritmos e software para a monitorização da informação de motores turbojacto de aeronaves, desenvolvidos por Oleh Mashoshin e Serhii Zhernakov [107, 108], os sistemas de informação para a monitorização da moagem técnica de TE de helicópteros são privados dos mal compreendidos e imperfeitos. Isto deve-se à diversidade das bases de dados de teste e monitorização, à falta de componentes de inteligência que são importantes para apoiar claramente o processo de tomada de decisão, bem como às mudanças no tempo de espera gasto pelo comandante da embarcação movida a vento para adotar soluções adequadas na medida do possível. Tais deficiências indicam a necessidade de conceitos, metodologias, métodos, algoritmos e software detalhados para o controlo da informação e diagnóstico do TE dos helicópteros, sobretudo nas mentes de grande ignorância, conhecedoras da história da descrição matemática, da profundidade das caraterísticas técnicas das mentes externas, rodeadas por uma série de parâmetros modificados, do desenvolvimento tecnológico, etc.

É de notar que a investigação de O. Mashoshyn visou a aplicação de métodos de avaliação generalizada do estado operacional dos GTE (em particular, dos turbojactos) utilizando a entropia da informação de *K.* Shannon $H_0 = -\sum_{j=0}^{r} P(D_j) \ln P(D_j)$ como critério de informação [109, 110]. Utilizando métodos de otimização de um conjunto de parâmetros controlados, O. Mashoshyn criou uma metodologia para determinar a intensidade das falhas dos GTE turbojactos, obteve gráficos das dependências da entropia da informação nas operações dos GTE e a caraterística informativa "aumento da vibração" nas operações dos GTE de acordo com os resultados do seu controlo [111]. Em [112-118], utilizando os resultados da investigação de O. Mashoshyn. [109-111], é mostrada a possibilidade de usar a abordagem da entropia para o controlo do estado operacional do GTE de helicópteros (no exemplo do motor TV3-117). As desvantagens da entropia da informação em tempo real de K. Shannon são a elevada complexidade computacional e a necessidade de adaptação rápida às mudanças no fluxo de dados, bem como a necessidade de um controlo eficaz da memória e dos recursos para garantir a velocidade dos cálculos ao processar fluxos de informação contínuos.

No trabalho de dissertação de I. Muslukhov [119], os fundamentos teóricos do controlo e o diagnóstico do estado operacional do GTE com base na análise inteligente dos dados, propostos por Serhii Zhernakov em [108], foram desenvolvidos para aumentar a eficácia dos algoritmos de bordo para o controlo dos parâmetros do GTE com base na tecnologia das redes neuronais. Consiste na criação de uma metodologia para a identificação de modelos de GTE a bordo baseados em tecnologias de redes neuronais com modelos de redes neuronais utilizados em condições de incompletude da informação medida. Ao mesmo tempo, nos trabalhos de I. Muslukhov [120-122], foram desenvolvidos algoritmos para determinar as falhas dos canais de medição com base nos modelos de redes neuronais de bordo do GTE, permitindo restaurar os parâmetros relevantes e os valores de informação perdidos, bem como efetuar a correção dos modelos de redes neuronais do GTE tendo em conta as caraterísticas individuais do GTE.

I. A investigação de Idrisov [123-125], resumida no seu trabalho de dissertação [126], contribuiu para a solução das seguintes tarefas científicas: a síntese do algoritmo de treino da rede neural de supervisão, que é utilizado para ajustar os coeficientes do controlador PID GTE; a síntese do controlador multimodo adaptativo da rede neural GTE, incluindo um regulador de rede neural com seleção de canais de controlo. É proposta uma metodologia para a análise da estabilidade do GTE ACS com um controlador de rede neural multimodo baseada no teorema do pequeno coeficiente de ganho. Foram desenvolvidos algoritmos para garantir a tolerância a falhas do GTE ACS utilizando modelos de redes neuronais dos seus elementos e subsistemas em tempo real.

É de notar que o trabalho de dissertação de S. Yenchev [126] é atualmente dedicado às tarefas acima mencionadas. Mas trata da síntese de sistemas de controlo inteligentes para um motor turbojacto com uma câmara de combustão de pós-combustão e um turboélice GTE utilizando modelos de redes neurais de motores de aeronaves, redes neurais e algoritmos de controlo adaptativos difusos, métodos inteligentes de processamento de informação em sistemas de controlo automático, otimização das leis de controlo de motores de aeronaves, utilização de métodos inteligentes que asseguram a tolerância a falhas do GTE ACS. Relativamente a estudos semelhantes sobre o GTE de helicópteros, não foram encontrados dados literários nos trabalhos de S. Yenchev [127-137].

Na dissertação de V. Petunin [138], foi desenvolvido um conceito lógico-dinâmico de GTE ACS tolerante a falhas com seleção selectiva de canais, que se baseia na coordenação e adaptação de canais de controlo [139-144], e foi também aplicada uma nova metodologia, incluindo modelos de ACS lógico-dinâmicos como sistemas únicos. A desvantagem desta abordagem é a elevada complexidade e a possibilidade de uma carga computacional elevada devido à coordenação e adaptação dos canais de controlo em sistemas lógico-dinâmicos, o que é difícil de implementar nas condições de funcionamento a bordo dos helicópteros TE.

A análise da investigação no domínio do desenvolvimento de sistemas de informação para a identificação de modelos modernos não lineares de GTE, tanto na Ucrânia como no estrangeiro, mostra uma tendência constante para a melhoria e a transição do controlo passivo para o controlo ativo. Esta transição permite não só detetar falhas, mas também, em alguns casos, eliminá-las eficazmente [145-151]. Por conseguinte, os sistemas de informação de monitorização estão a evoluir gradualmente para sistemas independentes com elevada complexidade e multiprocessadores, que podem resolver tarefas complexas com elevada qualidade e eficiência em tempo real. É de notar que os modernos sistemas de informação de monitorização interagem com o GTE ACS, o que permite uma influência efectiva nos mecanismos executivos. Por um lado, contribui para a melhoria da qualidade do controlo do GTE e dos seus subsistemas; por outro lado, aumenta a fiabilidade durante a operação do helicóptero. No entanto, os factores de incerteza (factores NO) e a necessidade de decisões operacionais em tempo real criam desafios adicionais na monitorização durante a operação de voo do helicóptero.

Na [152], para identificar efetivamente o modelo não linear GTE, é necessário resolver as seguintes tarefas básicas:

– desenvolver um sistema distribuído de sistemas de transmissão automática para a recolha e o tratamento de informações sobre o estado do motor e de sistemas especializados para o diagnóstico das suas anomalias;

– estabelecer a interação entre bases de dados e conhecimentos a nível local e global, determinar os recursos necessários para a execução das tarefas de monitorização e aplicar a modelação de sistemas para resolver as tarefas especificadas.

Para resolver estas tarefas, é necessário utilizar ferramentas CASE modernas e métodos de modelação de sistemas. Nesta fase, o sistema inteligente de monitorização do estado operacional do helicóptero TE é concebido utilizando a metodologia SADT e a tecnologia IDEF.

O Professor Serhii Zhernakov desenvolveu modelos funcionais para descrever as tarefas do sistema pericial, modelos de informação para a estrutura lógica das bases de dados e do conhecimento, bem como um modelo dinâmico para determinar as regras de interação do sistema pericial com o utilizador e as bases de dados [152]. O trabalho [152] mostra a possibilidade de adaptar estes modelos ao TE dos helicópteros, que é descrito ao nível da teoria dos conjuntos da seguinte forma:

$$J = \langle V, W, L, Q, T \rangle, \tag{1.3}$$

em que V é o conjunto de parâmetros TE do helicóptero, W é o conjunto de documentos regulamentares e diretivos necessários para um conjunto de monitorização do estado do motor eficaz e de alta qualidade; L é um conjunto de hardware e software e de recursos humanos para a monitorização do estado operacional TE dos helicópteros; *Q* é o conjunto de resultados da avaliação do estado operacional TE do helicóptero; *T* é o tempo atual do processo de monitorização do estado operacional TE do helicóptero.

Foi determinado que o modelo funcional (Fig. 1.2) é a base do processo de monitorização do estado operacional do helicóptero TE *J*, que em geral é caracterizado por um conjunto de tarefas J_i solucionáveis e os seus resultados finais $J = \{J_i\}$, onde $i \in \left[\overline{1,I}\right]$. Cada uma das tarefas ao nível local é descrita como $J_i = \{LJ_{ij}\}$, em que , $i \in \left[\overline{1,I}\right]$ $j \in \left[\overline{1,m}\right]$, ao nível local LJ_{ij} são especificadas como $LJ_{ij} = \{kJ_{js}\}$, em que , $j \in \left[\overline{1,m}\right]$ $s \in \left[\overline{1,k}\right]$, kJ_{js} são subtarefas - expressão analítica (1.3).

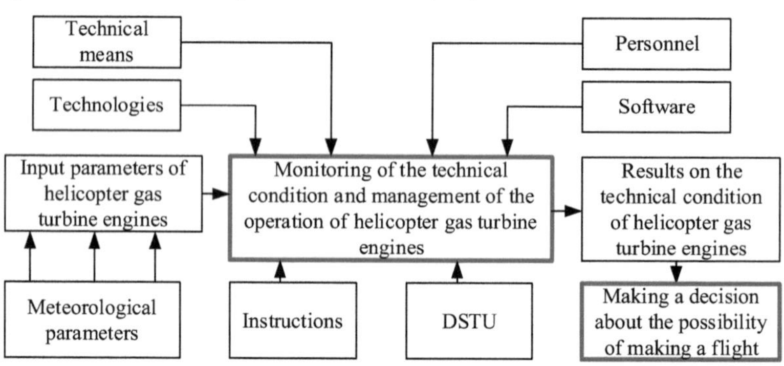

Figura 1.2. Modelo funcional generalizado melhorado IDEF0 para identificação de modelos não lineares de motores de turbina de helicóptero em modos de voo

Isto torna possível a monitorização do estado operacional e o controlo da operação do helicóptero TE [152]:

$$J_i = \bigcup_{s=1}^{k} kJ_{js}, \qquad (1.4)$$

em que , , . $i \in \left[\overline{1,I}\right]$ $j \in \left[\overline{1,m}\right]$ $s \in \left[\overline{1,k}\right]$

O professor Serhii Zhernakov o modelo funcional IDEF0 (Integrated Definition for Function Modeling) (Figura 1.2) decompondo a possibilidade numa hierarquia de diagramas com a formação de blocos funcionais mostrados [152].

O processo de avaliação e identificação do estado operacional do helicóptero TE no âmbito do modelo funcional generalizado leva às seguintes consequências: S_1 é a determinação de "normal" para um motor em funcionamento ou "não adequado" para um motor avariado; S_2 é um erro do tipo I quando um motor em funcionamento tem a decisão "não adequado"; S_3 é um erro do tipo II quando o motor avariado tem uma solução "normal", a qualidade da resolução da tarefa de monitorização é determinada pelos seguintes indicadores [152]:

1. A probabilidade de erro P_{ij} , $i \neq j$ é a probabilidade de ocorrência conjunta dos dois eventos: o objeto está no estado i e considera-se que está no estado j.

2. Probabilidade posterior de erro P_{ij}^{A} , $i \neq j$ - a probabilidade de encontrar o objeto no estado i, desde que o resultado obtido - o objeto - se encontre no estado j.

3. A probabilidade da solução correta da tarefa de monitorização P_{∂} é a probabilidade total de a regra de decisão selecionada determinar o estado em que o objeto se encontra.

Em [152], foi determinado que os erros do tipo II na fase de operação conduzem à ocorrência de situações imprevistas, ou seja, assume-se que o estado operacional do helicóptero TE é totalmente controlado. Assim, a expressão analítica para o cálculo da probabilidade de erros do tipo II P_{II} assume a forma

$$P_{II} = (1 - P_{engine})(1 - P)_{,ind}^{\beta} \quad (1.5)$$

em que P_{engine} é a probabilidade de conformidade do motor com o estado operacional; P_{ind} é o indicador de erros de tipo II.

O aumento da duração do ciclo de vida também se deve ao primeiro tipo de erros, que aumenta o número de modificações TE do helicóptero na fase de projeto, o número de intervenções repetidas durante a produção e a reparação e a retirada precoce do motor de serviço. Tudo isto leva a um aumento do número de ensaios efectuados em todas as fases do ciclo de vida. A probabilidade de retirar um motor operacional de serviço é determinada pela probabilidade de ocorrência simultânea do evento de operacionalidade do motor e dos erros de tipo I [152]:

$$P_{II} = (1 - P)_{,\partial}^{a} \quad (1.6)$$

em que a é o indicador de erro do primeiro tipo.

Erros do 1º e 2º tipos nas condições de operação do helicóptero TE levam à realização repetida de todos os tipos de testes de acordo com a sua descrição tecnológica e, como resultado, a um aumento da duração do ciclo de vida como um todo. Em [152], admite-se que a tarefa deve ser considerada da seguinte forma: em condições de incerteza, é necessário desenvolver um sistema pericial a bordo para monitorizar o estado operacional do helicóptero TE com uma prestação eficiente e de alta qualidade em cada uma das suas funções.

Os modelos de informação para bases de dados dinâmicas e conhecimento, juntamente com o solucionador e o planeador, são a base do futuro sistema pericial e determinam a interação lógico-informativa dos ficheiros de dados nas bases de dados e o conhecimento do sistema para indicar a sequência de execução de determinadas acções com ficheiros individuais na base de dados do sistema pericial. A interação de várias bases de conhecimento no sistema de monitorização do estado operacional do helicóptero TE é baseada no solucionador, que, juntamente com o planeador, gere o processo de interação entre a base de dados e os sistemas de gestão do conhecimento (Figura 1.3).

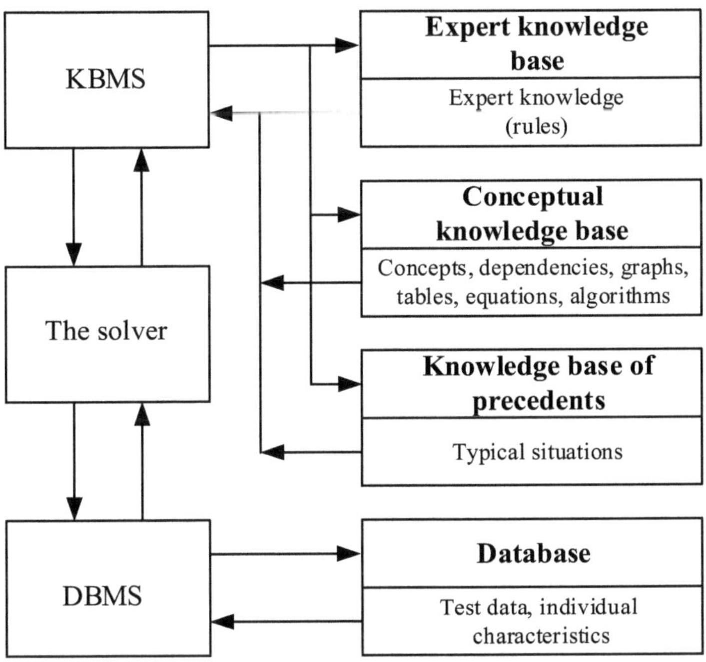

Figura 1.3. Esquema de interação de várias bases de conhecimentos e bases de dados no processo de identificação de modelos não lineares de motores de turbina de helicópteros em modos de voo por um sistema pericial

Este solucionador gere informações sobre os ensaios de série dos TEs dos helicópteros, caraterísticas individuais de motores individuais, documentos regulamentares, relatórios de ensaios, etc. Uma base de dados relacional, multidimensional e temporal armazena os resultados dos ensaios de voo e de bancada dos motores de série e individuais.

De acordo com [152], o modelo dinâmico efectua a análise da lógica de trabalho e a interação entre o planeador, o solucionador e as bases de conhecimento do sistema pericial durante a monitorização do estado operacional do helicóptero TE.

É de notar que:

– As tarefas de processamento de resultados de medições incluem a determinação de parâmetros físicos através de um conjunto de dados iniciais e o correspondente processamento processual,

– As tarefas de registo e visualização consistem no registo na base de dados do sistema pericial de leituras, dados de medição, parâmetros diretos e indirectos,

– a tarefa de monitorização envolve a formação de informação sobre o funcionamento do motor, a localização de possíveis falhas e a previsão de alterações nos seus parâmetros durante o funcionamento.

Um complexo de modelos funcionais, informativos e dinâmicos para monitorizar o estado operacional do helicóptero TE também determina a fiabilidade e a segurança da operação. Neste contexto, é necessário introduzir a ideologia FDI (Fault Detection and Identification), que é o método destinado a detetar e identificar falhas em sistemas técnicos. Esta ideologia foi implementada com sucesso [152-155] para a criação de um sistema especializado de controlo e diagnóstico de turbojactos GTE em condições de teste de bancada. A transição para a utilização da IDE para monitorizar o estado operacional do helicóptero TE nos modos de voo permite identificar potenciais tarefas no funcionamento do helicóptero TE e determinar com precisão as suas causas. A ideologia da FDI é a seguinte:

– fornece uma abordagem abrangente à monitorização, introduzindo na arquitetura do sistema, que se baseia em modelos funcionais, de informação e dinâmicos já existentes;

– permite-lhe localizar eficazmente as falhas, responder rapidamente às mesmas e determinar as melhores estratégias de reparação ou manutenção.

A abordagem integrada especificada torna-se um elemento importante para assegurar a fiabilidade do funcionamento do helicóptero TE em modos de voo e baseia-se na comparação dos resultados da medição dos parâmetros termogasodinâmicos do helicóptero TE em tempo real com os parâmetros padrão (Fig. 1.4) [152-158].

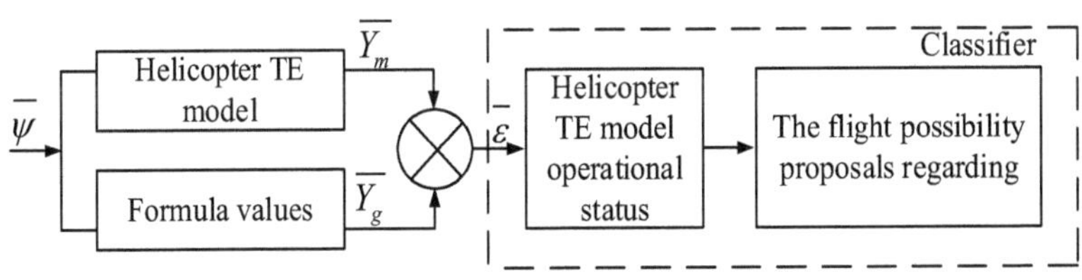

Figura 1.4. Esquema de aplicação do método FDI [152-158]: $\overline{\psi}$ é o vetor das influências de controlo; $\overline{Y}_m$ é um vetor de parâmetros obtidos a partir dos resultados da modelização matemática dos processos dinâmicos do gás em tempo real; $\overline{Y}_g$ é um vetor de valores de fórmula, que representam dados de medição obtidos com a ajuda de sensores, $\overline{\varepsilon} = \overline{Y}_g - \overline{Y}_m$ é a incoerência, que se obtém no processo de comparação dos vectores $\overline{Y}_g$ e $\overline{Y}_m$

Neste estudo, é fundamentado que o processo de implementação do método FDI envolve o desenvolvimento e a implementação de software do modelo TE do helicóptero, calculando a inconsistência do valor dos parâmetros termogasodinâmicos para determinar o estado operacional do TE do helicóptero e tomar decisões adequadas.

Neste contexto, é necessário aplicar elementos de lógica difusa [123, 187, 188] e redes neuronais [123, 187, 188], o que permite ao classificador dividir o estado operacional do helicóptero TE em condições de informação limitada e tendo em conta as caraterísticas reais do motor, a incerteza construtiva e paramétrica.

Atualmente, é relevante o desenvolvimento do modelo moderno de GTE através de uma abordagem orientada para os objectos, utilizando métodos variacionais para modelar vários cenários operacionais nas tarefas de monitorização. Na maioria das vezes, são resolvidos com a ajuda de um modelo matemático componente baseado em redes semânticas - modelos gráficos estruturados que reflectem as relações entre os nós principais da estrutura GTE multinível com a provisão de controlo eficaz e identificação de avarias para responder prontamente a elas e tomar decisões óptimas relativamente à operação de voo do helicóptero [152-158], apesar de uma redução deliberada na precisão e fiabilidade dos resultados obtidos. Em [159], é apresentada uma modificação do modelo proposto por Serhii Zhernakov relativamente ao TE do helicóptero. A rede resultante pode ser expandida através da inclusão de novos parâmetros na composição de blocos elementares adicionais, seguindo as leis que determinam o processo de trabalho e as relações nas unidades do helicóptero TE.

No contexto da implementação do método FDI [152-159], a utilização das tecnologias de redes neuronais continua a ser relevante atualmente. Estas permitem modelar eficazmente e ter em conta relações e propriedades não lineares complexas das ET de helicópteros, e podem estudar e adaptar-se automaticamente a alterações nos dados de entrada, o que as torna eficazes para a monitorização do estado operacional e a resolução de tarefas aplicadas.

A utilização de redes neuronais no método FDI permite melhorar a precisão e a robustez dos sistemas periciais para monitorizar o estado operacional do TE do helicóptero, o que é importante quando se trabalha com dados limitados e se tem em conta a incerteza do projeto e as caraterísticas paramétricas reais do motor.

Considerando o atual nível de desenvolvimento das redes neuronais e a sua aplicação bem sucedida em tarefas de reconhecimento e classificação, a transição para a utilização de redes neuronais no método FDI torna-se um passo lógico. Estas redes permitem melhorar a qualidade da análise e determinar com maior exatidão o estado operacional do helicóptero TE, o que, por sua vez, conduzirá a decisões mais eficientes e fiáveis em matéria de manutenção e gestão.

1.4. Desenvolvimento do conceito científico de criação de um modelo de rede neural para a identificação de motores de turbina de helicóptero e resolução de tarefas em modos de voo

Quando se utilizam redes neuronais para monitorizar o estado operacional do helicóptero TE, a informação a priori é fornecida sob a forma de soluções prontas para treino [160-165], como se mostra na Figura 1.5.

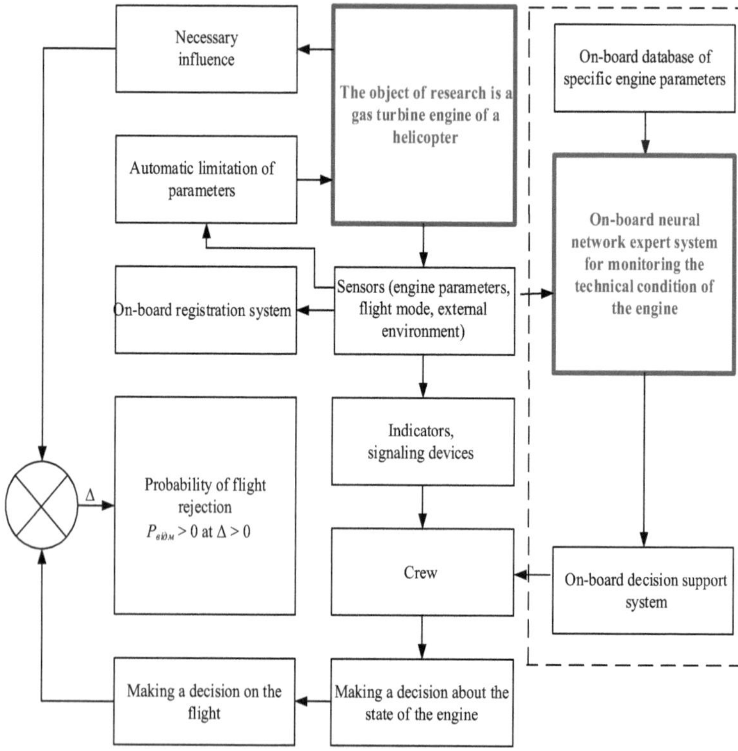

Figura 1.5. Esquema de interação de várias bases de conhecimentos e bases de dados no processo de identificação de modelos não lineares de TE de helicópteros em modos de voo por um sistema pericial

O esquema estrutural-lógico apresentado determina a interação dos componentes do sistema, inclui as fases de identificação dos sistemas e do helicóptero TE diretamente, a criação da unidade de rede neuronal para a análise dos parâmetros funcionais, o treino da rede com base em dados estatísticos, a verificação da adequação e a implementação do hardware em microcircuitos electrónicos. Este esquema permite que o sistema resolva eficazmente as tarefas aplicadas de monitorização do estado operacional do helicóptero TE em modo de voo, garantindo a fiabilidade e a rapidez do processamento da informação, tendo em conta os tipos de alterações do estado operacional do helicóptero TE (Tabela 1.1).

Tabela 1.1. Os principais tipos de alterações no estado operacional dos motores turboeixo dos helicópteros

Tipo de alteração	São causados	Alterações correspondentes
Determinístico	Alterações conhecidas a priori sob a influência de factores controlados (condições de voo, trabalho no recurso, quantidade de amostragem de ar, etc.).	O modelo fornece um ajustamento da caraterística estática para ter em conta a diminuição da eficiência da unidade do motor ao longo do tempo devido ao funcionamento em ciclos de voo. As alterações correspondentes dos parâmetros (em percentagem) são calculadas utilizando os coeficientes de influência da eficiência nos parâmetros do motor, dependendo do modo de funcionamento, seguido de uma soma linear.
Estocástico	Causadas, por exemplo, por diferentes condições térmicas iniciais dos rotores e estatores, alterações nas folgas radiais, etc.), retiradas de ar e de potência não controladas, etc.	Uma vez que o TE de um helicóptero é um sistema estocástico descrito por um espaço de estados de elevada dimensão com um historial, é impossível prever antecipadamente todos os seus estados actuais. Assume-se que a maioria dos desvios em relação às caraterísticas básicas do motor, tendo em conta as correcções, são reflectidos por desvios na eficiência do compressor, na turbina do compressor, nas fugas de ar ao longo do circuito externo e nos valores da amostragem de ar.
Aleatório	Causada por uma	Para eliminar os erros aleatórios do

	alteração não controlada da configuração do motor (danos nas pás do turbocompressor, contaminação da parte do fluxo do motor, fluxo assimétrico em torno da entrada de ar, etc.).	modelo num determinado intervalo, prevê-se que o integrador ACS funcione num modo estável, igualando os parâmetros do modelo aos valores médios medidos nos canais de controlo e de reserva saudáveis, o que garantirá uma deteção estável das falhas do canal através do modelo e uma transição suave para os parâmetros de controlo do modelo em caso de falha do canal.

É de salientar que a avaliação do desempenho da rede é efectuada com base na amostra de teste, onde se calcula o vetor de desvios. As redes neuronais têm vantagens na resolução de tarefas mal formadas, capacidade de tempo real, tolerância a danos e auto-aprendizagem.

Para o efeito, a representação esquemática abrangente dos parâmetros do modelo de configuração da rede neuronal para helicópteros TE é apresentada na Figura 1.6 [166], em que $\mathbf{U} = (u_1\ ,\ u_2\ ...,\ u\ )_m^{\mathrm{T}}$ - é o vetor de influências de entrada (controlo); $\mathbf{Y} = (y_1\ ,\ y_2\ ...,\ y\ )_m^{\mathrm{T}}$ - é o vetor dos parâmetros de saída do objeto; $\mathbf{Y}^{NN} = (y_1^{NN}, y_2^{NN}, \dots, y_n^{NN})^T$ - é o vetor das saídas da rede neuronal; Δw_{ij} - é o aumento das ligações sinápticas da rede neuronal.

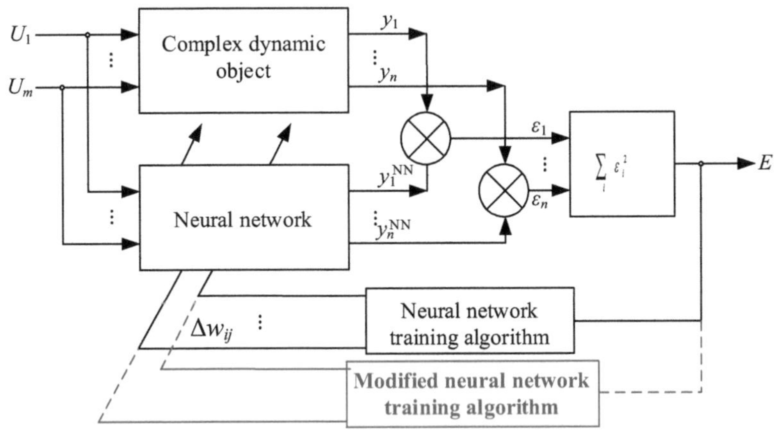

Figura 1.6. Diagrama do modelo de rede neural dos motores de turbina de helicóptero (investigação do autor)

De acordo com a Figura 1.6, as modificações do treino da rede neuronal são efectuadas para melhorar o desempenho ou ajustar o modelo aos requisitos específicos da tarefa. A modificação do treino de uma rede neuronal inclui a alteração da sua estrutura, acrescentando ou retirando camadas e neurónios, alterando as funções de ativação, ajustando os hiperparâmetros da taxa de treino ou os parâmetros de regularização, bem como introduzindo métodos de treino adicionais, como o aumento dos dados ou com base em modelos pré-treinados para transferir o treino. A modificação também pode ser necessária se as caraterísticas dos dados de entrada mudarem, os requisitos de desempenho mudarem ou a tarefa que a rede neural precisa de resolver mudar.

A conversão de um vetor de influências de controlo num vetor de parâmetros iniciais é elucidada pelo operador **F** (que, em geral, pode representar um modelo estático ou dinâmico) [166]:

$$\mathbf{Y} = \mathbf{F}(\mathbf{U}). \tag{1.5}$$

A tarefa de identificar o TE do helicóptero utilizando uma rede neuronal pode ser formulada: utilizando os resultados do processo de formação da rede neuronal proposta, que forma um "conjunto de formação" de vectores ($\mathbf{U}_i$; $\mathbf{Y}_i$) obtidos experimentalmente para uma instância separada do motor, o objetivo é encontrar o operador $\mathbf{F}^{NN}$ dentro da classe de arquitecturas da rede neuronal. Este operador deve representar da melhor forma (aproximada) o operador **F** [166].

A aproximação do operador **F** pelo operador $\mathbf{F}^{NN}$ é considerada óptima se um funcional especificado a partir da diferença ($\mathbf{Y}$ - $\mathbf{Y}^{NN}$) não ultrapassar um determinado pequeno valor ε_{add} , que define a precisão da aproximação do operador **F** [166]:

$$E = ||\mathrm{Y} - \mathrm{Y}^{NN}|| = \sum_{i}^{n} \varepsilon_i^2 \leq \varepsilon_{add}. \tag{1.6}$$

A satisfação da condição (1.6) é garantida pelo treino da rede neuronal, que envolve o ajuste fino dos seus parâmetros utilizando a amostra de treino {(**U**, **Y**)}, e é verificada numa "amostra de teste" meticulosamente organizada [166].

Tendo em conta o que precede, é proposto um conceito científico de construção direta de um modelo de rede neural TE de helicóptero, que é apresentado no Quadro 1.2.

Tabela 1.2. Conceito científico da criação de redes neuronais passo a passo para resolver a identificação de modelos não lineares de motores de turbina de helicóptero task

Estágio	Descrição

Fase 1	O desenvolvimento de critérios e métricas únicos para avaliar a eficácia da monitorização do estado operacional do helicóptero TE. Justificação da necessidade de definir objectivos para garantir a exatidão e a objetividade da avaliação.
Fase 2	Justificação da escolha da estrutura específica da rede neural e determinação do local da sua inclusão no sistema de monitorização do estado operacional do helicóptero TE.
Fase 3	Análise e justificação da escolha do algoritmo de treino da rede neural, tendo em conta as especificidades da monitorização do estado operacional do helicóptero TE para conseguir um treino adaptativo ótimo.
Fase 4	Descrição da realização de experiências num modelo digital utilizando os resultados dos dados de voo para criar uma amostra de treino. Tomada em consideração de novos critérios e métricas para melhorar a precisão do modelo.
Fase 5	Descrição do processo de formação da rede utilizando a amostra de formação formada e o algoritmo de formação.
Fase 6	Justificação do processo de redução e simplificação da rede neuronal para garantir uma preservação óptima da informação e um funcionamento eficaz com um número mínimo de parâmetros.
Fase 7	Justificação das medidas destinadas a aumentar a robustez do funcionamento do modelo de rede neural treinado, tendo em conta possíveis desafios e situações inesperadas.
Fase 8	Descrição do processo de modelação e ensaio de algoritmos para a monitorização do estado operacional e o controlo da operação da E.T. de helicópteros, incluindo o ACS utilizando uma rede neural.
Etapa 9	Justificação da seleção entre implementações de redes neuronais em software e hardware para utilização num sistema real de monitorização do estado operacional de um helicóptero TE.

O conceito científico proposto para a criação passo-a-passo da rede neural para resolver tarefas relacionadas com a monitorização do estado operacional do helicóptero TE define etapas claras para o desenvolvimento e implementação de um sistema inteligente. Os resultados de cada fase, incluindo o desenvolvimento de critérios de avaliação, a seleção de uma estrutura de rede, a análise de algoritmos de formação e a realização de investigação experimental num modelo digital, fornecem uma base sólida para a criação de um sistema de monitorização inteligente eficaz. Em particular, a redução justificada da rede neural e as medidas para aumentar a robustez do modelo indicam um desejo de eficiência óptima. As fases finais, incluindo a modelação e o teste de algoritmos, bem como a seleção de implementações de software ou hardware, sublinham a adequação prática do conceito a sistemas do mundo real que monitorizam o estado operacional de ETs de helicópteros.

Para a aplicação prática do conceito científico proposto para a criação passo-a-passo de uma rede neural para abordar a tarefa aplicada s na monitorização TE de helicópteros (Quadro 1.2), a atenção deve centrar-se no indicador de robustez do modelo, ou "capacidade de generalização", que reflecte a estabilidade dos resultados da modelização em resposta a perturbações nos dados de entrada [167, 168]. A avaliação da robustez ou capacidade de generalização de um modelo de rede neural é efectuada com base num algoritmo baseado no treino multicritério passo a passo (Quadro 1.3).

Tabela 1.3. Algoritmo de formação multicritério passo a passo [168]

Etapa	Descrição
1	2
1	Aqui, q representa o número de exemplos de treino, σ é o limiar para cortar pesos insignificantes, ϵ é o valor de erro do modelo de rede neural e MAX representa o número máximo de épocas de treino para a matriz de dados inicial disponível.

2	Definir o valor 1 ($k = 1$) do contador de épocas de formação.
3	Colocar o número do exemplo de treino igual a l
4	É formulada uma tarefa de otimização multi-critérios para o *l-ésimo* exemplo de estudo: $$E^{(0)(l)}(w)=\frac{1}{2}\left(\left(\sum_{j=1}^{M} w_{j1}^{(2)}\left(\frac{e^{2\sum_{i=1}^{N} w_{ij}^{(1)}x_j-1}-1}{e^{2\sum_{i=1}^{N} w_{ij}^{(1)}x_j-1}+1}\right)-1\right)-d^{(l)}\right)^2 \Rightarrow \min;$$ (1) $$E^{(1)}(w)=\frac{1}{2}\sum_{i=1}^{N}\sum_{j=1}^{M}\frac{\left(w_{ij}^{(1)}\right)^2}{1+\sum_{k=1}^{M}\left(w_{ik}^{(1)}\right)^2}+\frac{1}{2}\sum_{j=1}^{M}\frac{\left(w_{j1}^{(1)}\right)^2}{1+\sum_{k=1}^{M}\left(w_{k1}^{(1)}\right)^2};$$ (2) em que $l=\overline{1,q}$ é o número do exemplo de treino; $d(l)$ é o vetor de saída de referência com o número l.
5	Solução da tarefa de otimização (1) utilizando o método da variável métrica com momento.
6	Encontrar o vetor de direção de otimização p_n para os pesos sinápticos da camada de saída , $w_{j1}^{(2)n}$ $j=\overline{1,M}$ pelo método da métrica variável.
7	Determinação do passo para corrigir os pesos da camada de saída η_n na direção p_n pelo método de minimização direcional.
8	Enumeração dos valores dos pesos sinápticos da camada de saída de acordo com a expressão: $$w_{j1}^{(2)n+1}=w_{j1}^{(2)n}+\eta_n p_n+\alpha\left(w_{j1}^{(2)n}-w_{j1}^{(2)n-1}\right);$$ em que $\alpha[0, 1]$ é o coeficiente de momento.
9	Encontrar o vetor da direção de minimização p_n para os pesos da camada oculta , $w_{j1}^{(1)n}$ $i=\overline{1,N}$ $j=\overline{1,M}$ pelo método da métrica variável.
10	Determinar o tamanho do passo para corrigir os pesos da camada de saída η_n na direção p_n utilizando o método de minimização direcional.
11	Enumeração dos valores dos pesos sinápticos da camada oculta de acordo com a expressão:

	$$w_{j1}^{(1)n+1} = w_{ij}^{(1)n} + \eta_n p_n + \alpha\left(w_{ij}^{(1)n} - w_{ij}^{(1)n-1}\right).$$
12	Resolução da tarefa de otimização (2) utilizando o método de descida do gradiente. O ponto ótimo identificado no passo 5 durante a minimização do critério $E^{(0)(l)}(w)$ serve de ponto de partida para o algoritmo.
13	Listagem dos valores dos pesos sinápticos para a camada de saída com base nas seguintes expressões: $$w_{j1}^{(2)n+1} = w_{j1}^{(2)n+1}\left(1-\eta\frac{1+2\sum_{k\neq j}^{M}\left(w_{k1}^{(2)n+1}\right)^2}{\left(1+\sum_{k=1}^{M}\left(w_{k1}^{(2)n+1}\right)^2\right)^2}\right);$$ $$w_{ij}^{(1)n+1} = w_{ij}^{(1)n+1}\left(1-\eta\frac{1+2\sum_{k\neq j}^{25}\left(w_{ik}^{(1)n+1}\right)^2}{\left(1+\sum_{k}\left(w_{ik}^{(1)n+1}\right)^2\right)^2}\right).$$
14	Se $l < q$, então $l = l + 1$, regressa-se à etapa 4, caso contrário - à etapa 8.
15	A redução da rede neural é efectuada: 1) As ligações sinápticas com um peso inferior a σ em valor absoluto são consideradas insignificantes e são eliminadas da rede neuronal; 2) Um neurónio não relacionado é removido se, como resultado da remoção das ligações sinápticas, um neurónio da camada oculta não estiver ligado aos neurónios de entrada ou de saída.
16	Conclusão do cálculo se: 1) O erro da rede $E^{(0)}(w)$ é inferior ao erro especificado ε: $$E^{(0)}(w) = \frac{1}{2}\sum_{i=1}^{q}\left(y^{(l)}(w) - d^{(l)}\right) \leq \varepsilon.$$ 2) O número máximo de épocas de treino k_{max} foi atingido. Caso contrário, voltar ao passo 3.

1.5. Formação e formação de amostras de ensaio desenvolvimento de um método universal para a identificação de motores de turbina de helicóptero resolução de tarefas em modos de voo

Considerando tudo o que precede, deve ser desenvolvida uma metodologia universal para formar amostras de treino e teste em tarefas relacionadas com a monitorização do estado operacional do helicóptero TE. Isto baseia-se na investigação de Serhii Zhernakov [169, 170], que afirma que o conjunto de modos de funcionamento estáveis para o turbojacto GTE é descrito por um conjunto de dependências funcionais da forma $y_{i_{np}} = f_i\left(G_{T_{np}}\right)$, que $G_{T_{np}}$ representa o consumo reduzido de combustível. Assim, como resultado de estudos analíticos e experimentais, as dependências funcionais dos parâmetros termogás-dinâmicos do processo de trabalho do helicóptero TE foram estabelecidas como dados de entrada (Tabela 1.4).

Tabela 1.4. Parâmetros termogás-dinâmicos do processo de trabalho do helicóptero TE (dados de entrada)

Montagem do motor	Parâmetro	Dependência funcional	Definição
Dispositivo de entrada	pressão de ar total atrás do dispositivo de entrada, $P^*_{вх}$	$P^*_{вх_{np}} = f_1\left(G_{T_{np}}\right)$	é determinado analiticamente
	temperatura total do ar no dispositivo de entrada, $T^*_{вх}$	$T^*_{вх_{np}} = f_2\left(G_{T_{np}}\right)$	é determinado analiticamente
Compressor	velocidade do rotor do turbocompressor, n_{TK}	$n_{TK_{np}} = f_3\left(G_{T_{np}}\right)$	é registado a bordo do helicóptero
	pressão do ar atrás do compressor, P^*_K	$P^*_{K_{np}} = f_4\left(G_{T_{np}}\right)$	é determinado analiticamente
	temperatura do ar após o compressor, T^*_K	$T^*_{K_{np}} = f_5\left(G_{T_{np}}\right)$	é determinado analiticamente

Câmara de combustão	pressão total do gás atrás da câmara de combustão, P_{Γ}^{*}	$P_{\Gamma_{np}}^{*} = f_6\left(G_{T_{np}}\right)$	é determinado analiticamente
	a temperatura dos gases em frente da turbina do compressor, T_{Γ}^{*}	$T_{\Gamma_{np}}^{*} = f_7\left(G_{T_{np}}\right)$	é registado a bordo do helicóptero
Turbina do compressor	pressão total do gás atrás da turbina do compressor, P_{TK}^{*}	$P_{TK_{np}}^{*} = f_8\left(G_{T_{np}}\right)$	é determinado analiticamente
	temperatura do gás atrás da turbina do compressor, T_{TK}^{*}	$T_{TK_{np}}^{*} = f_9\left(G_{T_{np}}\right)$	é determinado analiticamente
Turbina gratuita	pressão total do gás atrás da turbina livre, P_{CB}^{*}	$P_{CB_{np}}^{*} = f_{10}\left(G_{T_{np}}\right)$	é determinado analiticamente
	temperatura do gás atrás da turbina livre, T_{CB}^{*}	$T_{CB_{np}}^{*} = f_{11}\left(G_{T_{np}}\right)$	é determinado analiticamente
	frequência de rotação livre do rotor da turbina, n_{CB}	$n_{CB_{np}} = f_{12}\left(G_{T_{np}}\right)$	é registado a bordo do helicóptero
Dispositivo de saída	pressão total do gás no dispositivo de saída, P_{C}^{*}	$P_{C_{np}}^{*} = f_{13}\left(G_{T_{np}}\right)$	é determinado analiticamente
	temperatura do gás no dispositivo de saída, T_{C}^{*}	$T_{C_{np}}^{*} = f_{14}\left(G_{T_{np}}\right)$	é determinado analiticamente

Para realizar uma experiência computacional, foram obtidos dados sobre o parâmetro termogasodinâmico TV3-117 TE, registados a bordo do helicóptero Mi-8MTV durante o voo: rpm do rotor do gerador de gás n_{TC} nos tempos $t_1 ... t_n$; temperatura do gás em frente da turbina do compressor T_{G}^{*}nos tempos $t_1 ... t_n$; velocidade do rotor da turbina livre n_{FT}

nos tempos t_1 ...t_n . Os valores *de* n_{TC} , T_G^*, n_{FT} são dados em valores absolutos (Tabelas 1.5 - 1.7).

Tabela 1.5. Fragmento da amostra de treino para n_{TC} r.p.m. do rotor do gerador de gás (investigação do autor)

Número	1	2	...	37	...	84	...	115	...	172	...	202	...	256
Valor	0.943	0.982	...	0.948	...	0.957	...	0.962	...	0.974	...	0.935	...	0.981

Tabela 1.6. O fragmento da amostra de treinamento para T_G^* temperatura do gás na frente da turbina do compressor (pesquisa do autor)

Número	1	2	...	29	...	73	...	109	...	164	...	200	...	256
Valor	0.932	0.964	...	0.975	...	0.926	...	0.918	...	0.905	...	0.902	...	0.953

Tabela 1.7. O fragmento da amostra de treino para n_{FT} velocidade livre do rotor da turbina (investigação do autor)

Número	1	2	...	32	...	80	...	105	...	181	...	207	...	256
Valor	0.929	0.933	...	0.909	...	0.932	...	0.941	...	0.955	...	0.926	...	0.973

No processamento preliminar dos valores dos parâmetros termogasodinâmicos do helicóptero TE (n_{TC} , T_G^* e n_{FT}), é avaliada a homogeneidade das amostras de treino (Tabelas 1.5 - 1.7). O critério pelo qual a homogeneidade da amostra de treino é determinada é o critério de Fisher-Pearson, que é definido como [171]:

$$\chi^2 = \frac{\sqrt{N \cdot (N-1)}}{N-2} \cdot \frac{\frac{1}{N} \cdot \sum_{i=1}^{N}(x_i - \bar{x})^3}{\left(\frac{1}{N} \cdot \sum_{i=1}^{N}(x_i - \bar{x})^2\right)^{\frac{3}{2}}}. \quad (1.7)$$

em que $N = 256$ é o tamanho da amostra de treino, x_i é o valor do *i-ésimo* elemento da amostra de treino (Tabelas 1.5 - 1.7), $\bar{x} = \frac{1}{n} \cdot \sum_{i=1}^{n} x_i$ é o valor médio da amostra de treino.

O nível de significância adotado no trabalho é de 0,01, o que significa que a probabilidade de introduzir um erro de tipo I (rejeitar erradamente a hipótese nula verdadeira) é de 1 %. Ou seja, enquanto um teste estatístico indica um resultado significativo, há apenas 1 % de hipóteses de que o resultado seja devido ao acaso e se deva ao ruído ou a variações aleatórias nos dados. Esta significância indica requisitos rigorosos de alto nível para a fiabilidade dos resultados, o que é especialmente importante no contexto das leituras dos sensores de parâmetros termogasodinâmicos TE de helicópteros, garantindo a precisão e a fiabilidade. O número de graus de liberdade é 1 (um tipo de parâmetro em cada amostra de treino: n_{TC} , T_G^* ou n_{FT}). Assim, o valor crítico do teste de Fisher-Pearson para um grau de liberdade a um nível de significância de 0,01 foi de 6,6. Os valores obtidos do critério de Fisher-Pearson são $\chi^2_{n_{TC}} = 4.727$, $\chi^2_{T_G^*} = 4.645$, $\chi^2_{n_{FT}} = 5.619$ são inferiores ao valor crítico $\chi^2_{critical} = 6.6o$ que indica a homogeneidade da amostra de formação dos parâmetros termodinâmicos do helicóptero TE.

Para confirmar os resultados da avaliação da homogeneidade das amostras de treino (ver Quadros 2-4) utilizando o critério de Fisher-Pearson, foi efectuada uma experiência idêntica utilizando o critério de Fisher-Snedecor, que é definido como [172]:

$$F = \frac{S_1^2}{S_2^2} = \frac{\frac{1}{n_1 - 1} \cdot \sum_{i=1}^{n_1} \left(x_i^{(1)} - \bar{x}^{(1)}\right)^2}{\frac{1}{n_2 - 1} \cdot \sum_{i=1}^{n_2} \left(x_i^{(2)} - \bar{x}^{(2)}\right)^2}, \quad (1.8)$$

em que n_1 e n_2 são as dimensões da primeira e da segunda amostra de formação, $x_i^{(1)}$, $x_i^{(2)}$ são o *i-ésimo* elemento da 1ª e 2ª amostras de treino, respetivamente, $\bar{x}^{(1)}$, $\bar{x}^{(2)}$ são os valores médios da 1ª e 2ª amostras de treino, respetivamente.

Para calcular o critério de Fisher-Snedecor de acordo com (1.8), as amostras de treino dos valores dos parâmetros termodinâmicos TE dos helicópteros (ver Quadros 1.5 - 1.7), constituídas por 256 elementos cada, são divididas aleatoriamente em duas amostras iguais de 128 elementos cada, ou seja, $n_1 = n_2 = 128$. O nível de significância do critério de Fisher-Snedecor também é aceite como 0,01 e o número de graus de liberdade é 1, o que indica que os parâmetros TE do helicóptero são de um tipo em cada amostra de treino: n_{TC}, T_G^* ou n_{FT}. Assim, o valor crítico do teste de Fisher-Snedecor para um grau de liberdade a um nível de significância de 0,01 foi de 6,6. Os valores obtidos do critério de Fisher-Snedecor são $F_{n_{TC}} = 4.727$, $F_{T_G^*} = 4.645$, $F_{n_{FT}} = 5.619$ são inferiores ao valor crítico $F_{critical} = 6.6o$ que confirma a homogeneidade das amostras de formação dos parâmetros termodinâmicos do helicóptero TE.

No processamento preliminar dos valores dos parâmetros termodinâmicos do gás de helicóptero TE (n_{TC} , T_G^* e n_{FT}), a representatividade das amostras de treino e de teste é avaliada através de uma análise de clusters, cujo objetivo é separar o conjunto de dados de entrada $X = \{x_1, x_2, ..., x_n\}$ (ver Quadros 1.5 - 1.7) em k clusters disjuntos, em que k é um número pré-determinado de clusters (assume-se $k = 8$). Cada agrupamento é um grupo de objectos que é considerado mais semelhante entre si do que com objectos de outros agrupamentos. Tendo em conta os resultados de [173, 174], foi aplicado o método de análise de clusters *k-means*, baseado na minimização da soma das distâncias quadradas entre os objectos dos clusters e os seus centróides (o *j-ésimo* centro do cluster) $C = \{\mu_1, \mu_2, ..., \mu_n\}$, em que $\mu_j \in R^d$.

Para cada valor x_i dos parâmetros termodinâmicos dos helicópteros TE n_{TC}, T_G^* e n_{FT}, a distância a todos os centróides é calculada e o objeto é atribuído ao agregado com o centróide mais próximo, de acordo com a expressão:

$$r_{ij} = \begin{cases} 1, \text{if } j = \arg\min_l \|x_i - \mu_l\|^2, \\ 0, \text{otherwise} \end{cases} \quad (1.9)$$

em que $j = \arg\min_l \|x_i - \mu_l\|^2$ significa que o objeto x_i pertence ao *j-ésimo* agrupamento, com $r_{ij} \in \{0,1\}$.

O método *k-means* minimiza a soma da distância ao quadrado entre as caraterísticas e os respectivos centróides. A função objetivo é apresentada como:

$$J = \sum_{j=1}^{k} \sum_{i=1}^{N} r_{ij} \cdot \|x_i - \mu_j\|^2. \quad (1.10)$$

Para cada *j-ésimo* agrupamento, o centróide μ_j é atualizado à medida que todos os objectos atribuídos a esse agrupamento atingem uma média de

$$\mu_j = \frac{\sum_{i=1}^{N} r_{ij} \cdot x_i}{\sum_{i=1}^{N} r_{ij}}. \quad (1.11)$$

Os cálculos de acordo com (1.9)-(1.11) são repetidos até que as atribuições de objectos aos agregados deixem de mudar (até à convergência).

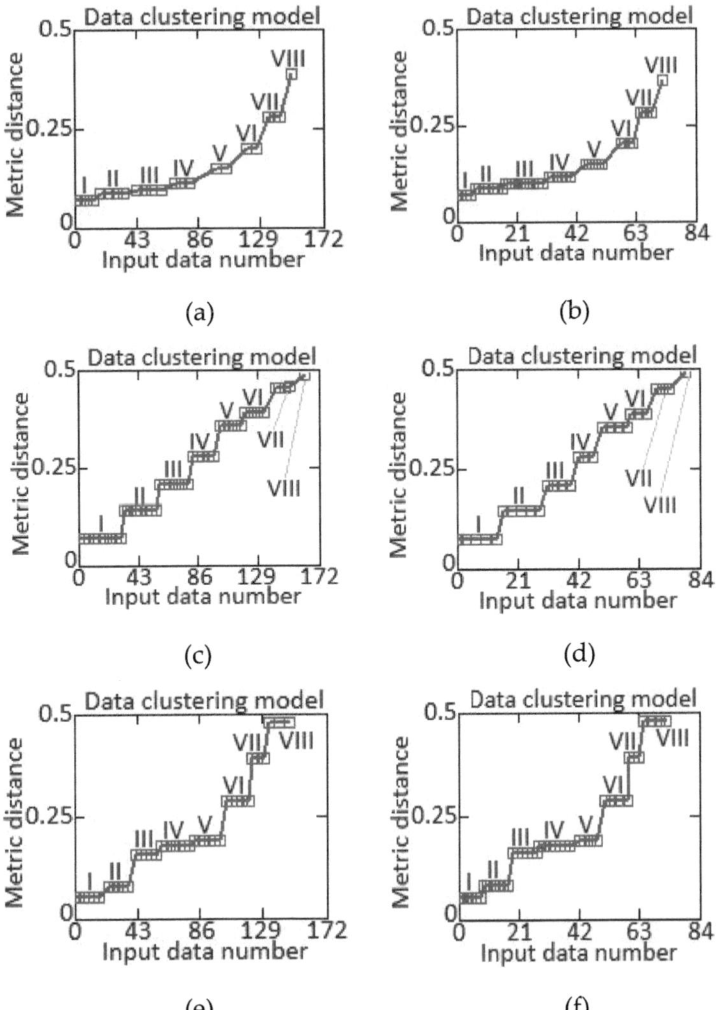

Figura 1.7. Resultados da análise de clusters: (a) amostra de treino para o parâmetro n_{TC} , (b) amostra de teste para o parâmetro n_{TC} , (c) amostra de treino para o parâmetro T_G^*(d) amostra de teste para o parâmetro T_G^*(e) amostra de treino para o parâmetro n_{FT} , (f) amostra de teste para o parâmetro n_{FT} (investigação do autor)

Foi utilizado um procedimento de seleção aleatória para selecionar amostras de treino e de ensaio numa proporção de 2:1 (67 e 33 %, respetivamente - 172 e 84 elementos) com base nas amostras de treino dos parâmetros termodinâmicos do helicóptero TE (ver quadros 1.5 - 1.7). Os resultados da análise de dados de agrupamento das amostras de treino dos parâmetros termogasodinâmicos do helicóptero TE (Tabelas 1.5 - 1.7) revelaram 8 classes (classes I...VIII), ou seja, a presença de oito grupos nas mesmas, o que indica a semelhança da composição nas amostras de treino e de ensaio (Figura 1.7).

Os resultados obtidos permitiram determinar a dimensão óptima da amostra dos parâmetros termodinâmicos do helicóptero TE (quadro 1.8): a amostra de treino é de 256 elementos (100 %), a amostra de controlo é de 172 elementos (67 % da amostra de treino), a amostra de ensaio é de 84 elementos (33 % da amostra de treino).

Tabela 1.8. Resultados da formação de amostras de treino, de controlo e de teste (investigação do autor).

Amostra	Descrição	Dimensão suficiente da amostra
Formação	Foi utilizado para treinar um modelo para resolver tarefas práticas com base nos dados fornecidos.	256 elementos (100 %), $K_1 = 256$
Controlo	Foi utilizado para controlar o funcionamento de uma rede neural e é considerado suficiente para garantir a sua adequação.	172 elementos (67 % da amostra de formação)
Teste	Foi utilizado para avaliar a correspondência entre o modelo construído e a amostra de teste.	84 elementos (33 % da amostra de formação)

De acordo com a investigação de Bakulevsky V.L. [175], a representatividade das amostras de treino e de teste depende não só da quantidade, mas também da estrutura da amostra de treino, ou seja, até que ponto todas as categorias de objectos da população geral (classes) estão representadas e até que ponto estão descritas (Quadro 1.9).

Tabela 1.9. Principais caraterísticas da amostra do estudo (de acordo com a investigação de Bakulevsky V.L. [175])

Nome	Descrição	Expressão analítica
A exaustividade da amostra do estudo	O rácio entre o número de instâncias de treino para cada classe e o número total de caraterísticas utilizadas no conjunto, e este rácio varia entre 3 e 5. O fornecimento de classes com exemplares didácticos é um critério para determinar a exaustividade.	$F_{HB} = \frac{N_F}{N}$, em que N_F é o número de classes que satisfazem a condição especificada e N é o número total de classes.
Uniformidade da amostra de formação	Indica até que ponto as instâncias de treino estão distribuídas uniformemente pelas diferentes classes.	$\Delta C = \sqrt{\frac{\sum_{i=1}^{k}([C_i]-[C_k])^2}{k-1}}$, em que $[C_i]$ - é o número de conjuntos de treino para a classe i.
Irregularidade da amostra de formação	Determina o grau de distribuição desigual das instâncias educativas entre as diferentes classes.	$R_{HB} = \sqrt{\frac{\sum_{i=1}^{k}\Delta C_i}{k}}$
Contradição da amostra educativa	Determina o número de objectos que têm caraterísticas comuns, mas que, ao mesmo tempo, pertencem a classes	$A_{HB} = \frac{N_A}{N}$, em que N_A é o número de conjuntos em conflito na amostra e N é o número total de conjuntos.

	diferentes.	
Repetibilidade da amostra de treino	Indica o número de conjuntos idênticos incluídos na mesma classe.	$P_{HB}=\frac{1}{n_c}\sum_{k=1}^{n_c}\frac{n_k^P}{n_k^C}$, em que n_k^P e n_k^C - são, respetivamente, o número de conjuntos repetidos e o número total de conjuntos para a classe k, e n_c é o número de classes na amostra de treino.

Para verificar a suficiência do tamanho da amostra de treino, à semelhança de [175], foi aplicada a teoria das "curvas de treino": interpolação e extrapolação de gráficos de erros de treino e generalização com base em vários pontos experimentais, bem como a procura de regiões de mínimos e aproximações assintóticas. Se a dimensão da amostra de treino for insuficiente para reduzir os erros de treino e de generalização a um único nível assintótico, recomenda-se o aumento da dimensão da amostra de treino ou a utilização de um modelo menos complexo.

Para fazer uma experiência semelhante à de [175], o programa Statistica Neural Network construiu uma rede neural de teste (arquitetura perceptron de três camadas) com parâmetros idênticos aos das Tabelas 1.5-1.7 sobre o estudo das variáveis de entrada. O conjunto de dados para a rede neural (com 256 observações) foi dividido em três partes: o conjunto de dados de treino (editado manualmente), os conjuntos de controlo e de teste (alterados automaticamente em função do tamanho da amostra de treino).

A conclusão sobre a correspondência das quantidades de amostras pela rede neural é feita com base nos SLEs mínimos calculados para as amostras de treino E_{train} , o controlo $E_{control}$ e as amostras de teste E_{test} . A eficácia do modelo é determinada pelo valor do erro da amostra de treino

E_{train}. Os resultados da experiência são apresentados na Tabela 1.10 e na Figura 1.8.

Tabela 1.10. Erros no registo dos parâmetros termodinâmicos dos motores de turbina de helicóptero (modificação do autor)

A dimensão da amostra de formação (de acordo com os quadros 1.5 - 1.7)	LES, %		
	Erro da amostra de treino E_{train}	Erro de amostragem de controlo $E_{controlo}$	Erro da amostra de ensaio E_{test}
16	10.624	9.997	11.863
32	8.357	8.074	10.526
48	6.882	6.723	9.447
64	5.314	5.011	8.211
80	4.097	3.832	7.085
96	2.932	2.428	5.431
112	2.003	1.522	3.992
128	1.238	0.933	2.985
144	0.875	0.615	1.863
160	0.611	0.488	0.927
176	0.399	0.324	0.738
192	0.215	0.196	0.516
208	0.117	0.102	0.322
224	0.086	0.063	0.107
240	0.043	0.035	0.062
256	0.025	0.025	0.026

Observação 1. Se as amostras de treino e de ensaio não forem homogéneas de acordo com um dos critérios de Fisher-Pearson ou Fisher-Snedecor, utilizam-se métricas alternativas para avaliar o conjunto de dados sobre os parâmetros termogasodinâmicos do helicóptero TE

(Quadro 1.11), que podem ser menos sensíveis à diferença na distribuição dos dados entre as amostras de treino e de ensaio. É importante ter isto em conta ao escolher os indicadores de avaliação para garantir a fiabilidade e a adaptabilidade do modelo. Se pelo menos duas métricas alternativas não mostrarem a homogeneidade das amostras de treino e de ensaio, é utilizada a sequência adequada de etapas para modificar a matriz de dados dos parâmetros termodinâmicos do helicóptero TE (quadro 1.12).

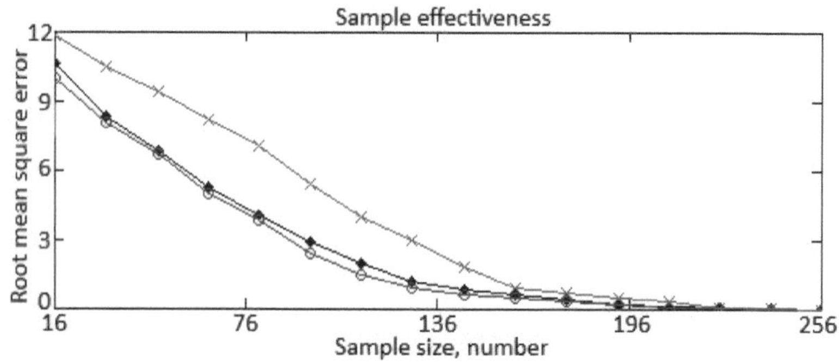

Figura 1.8. Erros no registo dos parâmetros termogasodinâmicos dos motores de turbina de helicóptero em função da dimensão da amostra de treino: (**curva vermelha**) Amostra de treino, (**curva azul**) Amostra de controlo, (**curva preta**) Amostra de ensaio (modificação do autor)

Tabela 1.11. Métricas alternativas para a avaliação do conjunto de dados dos parâmetros termogás-dinâmicos dos motores de turbina de helicóptero (investigação do autor)

Tipo	Métricas	Descrição
Classificação	F1F1 - média harmónica	Combina exatidão e exaustividade para pequenas quantidades de dados
	Coeficiente de Gini	É utilizado para medir a eficácia dos modelos de classificação.
	AUC-ROC	A área sob a curva ROC indica a qualidade da classificação binária.

Regressões	Erro médio absoluto (MAE)	Mede o valor absoluto médio dos desvios entre as previsões e os valores reais.
	Coeficiente de determinação (R-quadrado)	Indica a proporção da variação da resposta que é explicada pelo modelo (quanto mais próximo de 1, melhor).
	Erro percentual médio (MAPE)	Mede a percentagem média dos desvios absolutos.
	Coeficiente de correlação de Pearson	Mede o grau de relação linear entre os valores reais e previstos.
Agrupamento	Coeficiente de silhueta	Pertence ao intervalo [-1, 1], em que um valor elevado indica agrupamentos bem definidos e mutuamente separados.
	Índice Rand ajustado	Compara pares de objectos e determina se pertencem ao mesmo grupo nas distribuições verdadeira e presumida. O valor ARI situa-se no intervalo [-1, 1], em que 1 é uma correspondência perfeita, 0 é uma distribuição aleatória e -1 é uma incompatibilidade total.
	Coeficiente de Gini	Mede o grau de separação dos clusters por classe, tendo em conta o tamanho e o conteúdo dos clusters.
	Índice Davis-Bouldin	Utiliza as distâncias mútuas entre clusters e o seu tamanho para determinar a qualidade do agrupamento. Um valor baixo indica um melhor agrupamento.
	Índice de Kalinsky-Harabas	É definido como o rácio entre a variância dentro do agrupamento e a variância entre agrupamentos. Um valor mais elevado indica um melhor agrupamento.
Tarefa de classificação	Média Média Precisão	Especifica a precisão média da classificação das caraterísticas.
	Ganho acumulado	Utilizado para avaliar a qualidade da

	descontado normalizado	classificação.
	Coeficiente de correlação de Spearman	Mede o grau de dependência entre as classificações das duas variáveis.
Conclusão	Estas métricas podem ser utilizadas como alternativas para avaliar a eficácia do conjunto de dados dos parâmetros termogasodinâmicos do helicóptero TE nas tarefas relevantes aplicadas à monitorização do helicóptero TE. É importante escolher uma métrica que melhor reflicta as especificidades das tarefas aplicadas na monitorização da ET de helicópteros.	

Tabela 1.12. As principais fases da modificação do conjunto de dados sobre os parâmetros termodinâmicos dos motores de turbina de helicóptero (no caso de heterogeneidade das amostras de treino e de ensaio) (modificação do autor)

Estágio	O nome do palco	Descrição do palco
Fase 1	Análise das causas dos desacordos	É efectuada uma análise das razões que podem causar diferenças entre as amostras de formação e de teste.
Fase 2	Criação de subamostras homogéneas	São criadas subamostras que são mais homogéneas de acordo com determinados critérios (por exemplo, uma ligeira diferença - em partes por mil - entre os valores dos parâmetros termodinâmicos TE do helicóptero), dentro das amostras de treino e de ensaio.
Fase 3	Verificação repetida da homogeneidade das amostras de treino e de teste, tendo em conta as	Realização de uma verificação repetida da homogeneidade das amostras de treino e de teste, tendo em conta as subamostras criadas de acordo com os critérios Fisher-Pearson e Fisher-Snedecor e, se necessário, métricas alternativas

	subamostras criadas	para avaliar o conjunto de dados. Se, de acordo com os resultados da verificação, as amostras de treino e de teste não forem homogéneas, é efectuada a transição para a fase 4.
Fase 4	Aplicação de técnicas de equilíbrio de amostras	O equilíbrio de amostras é uma prática de ajustamento da distribuição desigual de categorias na amostra de formação para aumentar a objetividade e a eficiência dos modelos de aprendizagem automática. As principais aplicações das técnicas de equilíbrio de amostras incluem: Subamostragem - redução do número de instâncias de uma classe maior para uniformizar a distribuição; Superamostragem - adição de instâncias adicionais de uma classe mais pequena para aumentar a sua representação; Criar instâncias sintéticas de uma classe mais pequena para aumentar a sua representação.
Fase 5	Verificação repetida da homogeneidade das amostras de treino e de teste, tendo em conta as subamostras criadas e a aplicação de técnicas de equilíbrio de amostras	Realização de uma verificação repetida da homogeneidade das amostras de treino e de teste, tendo em conta as subamostras criadas e a aplicação de técnicas de equilíbrio de amostragem de acordo com os critérios Fisher-Pearson e Fisher-Snedecor e, se necessário, métricas alternativas para avaliar o conjunto de dados. Se, de acordo com os resultados da verificação, as amostras de treino e de teste não forem homogéneas, procede-se à passagem para a fase 6.
Fase 6	Utilizar a validação cruzada	Em vez de se utilizar uma amostra de ensaio, procede-se a uma validação cruzada para obter estimativas mais estáveis e objectivas dos

		parâmetros termodinâmicos do TE do helicóptero (a validação cruzada é um procedimento de avaliação e teste em várias subamostras diferentes de dados). Se, de acordo com os valores dos principais indicadores resultantes da validação cruzada (por exemplo, o valor médio do erro, o desvio-padrão dos erros, as curvas de treino e de validação, as curvas ROC, as matrizes de confusão, etc.), as amostras de treino e de teste não forem homogéneas, é efectuada a transição para a fase 7; caso contrário, o algoritmo termina.
Fase 7	Extensão de dados	A quantidade de dados dos parâmetros termogás-dinâmicos do helicopter TE é aumentada ou o conjunto de dados original é alargado para tornar as amostras mais representativas.
Fase 8	Verificação repetida da homogeneidade das amostras de treino e de teste, tendo em conta as subamostras criadas, a aplicação de técnicas de equilíbrio da amostragem e a expansão dos dados	Verificar novamente a homogeneidade das amostras de treino e de teste tendo em conta as subamostras criadas, a aplicação de técnicas de equilíbrio de amostragem e a expansão de dados de acordo com os critérios Fisher-Pearson e Fisher-Snedecor e, se necessário, métricas alternativas para avaliar o conjunto de dados. Se, de acordo com os resultados da verificação, as amostras de treino e de teste não forem homogéneas, a etapa 7 é repetida até que as amostras de treino e de teste se tornem homogéneas.

Observação 2. Se as amostras de treino e de teste não forem representativas com base nos resultados da agregação, então utiliza-se a

sequência adequada de fases para modificar a matriz de dados sobre os parâmetros termodinâmicos do TE do helicóptero (Quadro 1.13).

Tabela 1.13. Principais etapas da modificação da matriz de dados dos parâmetros termogás-dinâmicos do TE do helicóptero (no caso da homogeneidade das amostras de treino e de teste, mas na ausência da sua representatividade) (investigação do autor)

Número da fase	O nome do palco	Descrição do palco
Fase 1	Alterar o algoritmo de agrupamento	Utilizando um dos seguintes algoritmos de agrupamento: O algoritmo K-means é utilizado para dividir os dados em k clusters, em que k é um determinado número. Agrupamento hierárquico - efectua o agrupamento através da construção de uma hierarquia de agrupamentos, que pode ser representada sob a forma de uma árvore (dendrograma). Algoritmo Denso para Agrupamento de Dados Espaciais com Ruído - agrupa dados tendo em conta a sua densidade, capaz de detetar agrupamentos de qualquer forma e reconhecer ruído. Agrupamento por deslocamento médio - procura a densidade máxima da função de verosimilhança no espaço de caraterísticas para identificar agrupamentos. Agrupamento hierárquico aglomerativo - também utiliza uma abordagem hierárquica, mas começa com pontos individuais e funde-os gradualmente. Modelos de mistura gaussiana - representam cada cluster como uma distribuição de probabilidade

		gaussiana e atribuem probabilidades a cada ponto de pertencer a diferentes clusters. Algoritmo para encontrar clusters em dados espaciais com base na densidade - analisa os dados com base nas suas distâncias e densidades, criando uma abordagem para detetar clusters. Agrupamento espetral - utiliza métodos espectrais para transformar dados e identificar agrupamentos num novo espaço. Algoritmo de propagação de proximidade - Determina os clusters com base na passagem de mensagens entre os pontos de dados. O método de agrupamento difuso C-means é uma extensão do algoritmo K-means, que permite atribuir elementos de dados parcialmente a vários agrupamentos. Se, de acordo com os resultados do agrupamento utilizando os algoritmos de agrupamento apresentados, as amostras de treino e de teste não forem representativas, é efectuada a transição para a fase 2.
Fase 2	Aumentar a quantidade de dados	A quantidade de dados sobre os parâmetros termodinâmicos TE do helicóptero é aumentada ou o conjunto de dados original é alargado para tornar as amostras mais representativas.
Fase 3	Reagrupamen to	Ao efetuar uma nova agregação utilizando os algoritmos de agregação fornecidos, as amostras de treino e de teste não são representativas, pelo que o passo 2 é repetido até as amostras de treino e de teste se tornarem representativas.

Com base no que precede, foi criado um método universal para formar amostras de treino e de ensaio homogéneas e representativas, utilizando uma série de dados registados a bordo do helicóptero, os parâmetros termodinâmicos do helicóptero TE para a classe TE (GTE com uma turbina livre) (Figura 1.9).

De acordo com os resultados da investigação obtidos para as amostras de formação $S_{навч}$ e de teste $S_{тест}$, ambas constituídas por n observações, e para verificar a homogeneidade das quais são utilizados os critérios de Fisher-Pearson e Fisher-Snedekor, e para a sua representatividade é feita a análise de clusters, é possível formular o teorema da homogeneidade e representatividade das amostras. Este teorema estabelece que, se a amostra de treino $S_{навч}$ e a amostra de teste $S_{тест}$ forem homogéneas e representativas, pode considerar-se que estas amostras estão prontas para serem utilizadas em tarefas práticas de modelização, classificação, previsão, etc. (Este teorema reflecte a importância da preparação qualitativa das amostras para análise e modelação, assegurando a sua homogeneidade e representatividade, o que, por sua vez, contribui para a fiabilidade e a exatidão dos resultados da resolução das tarefas aplicadas de monitorização do estado operacional dos helicópteros.

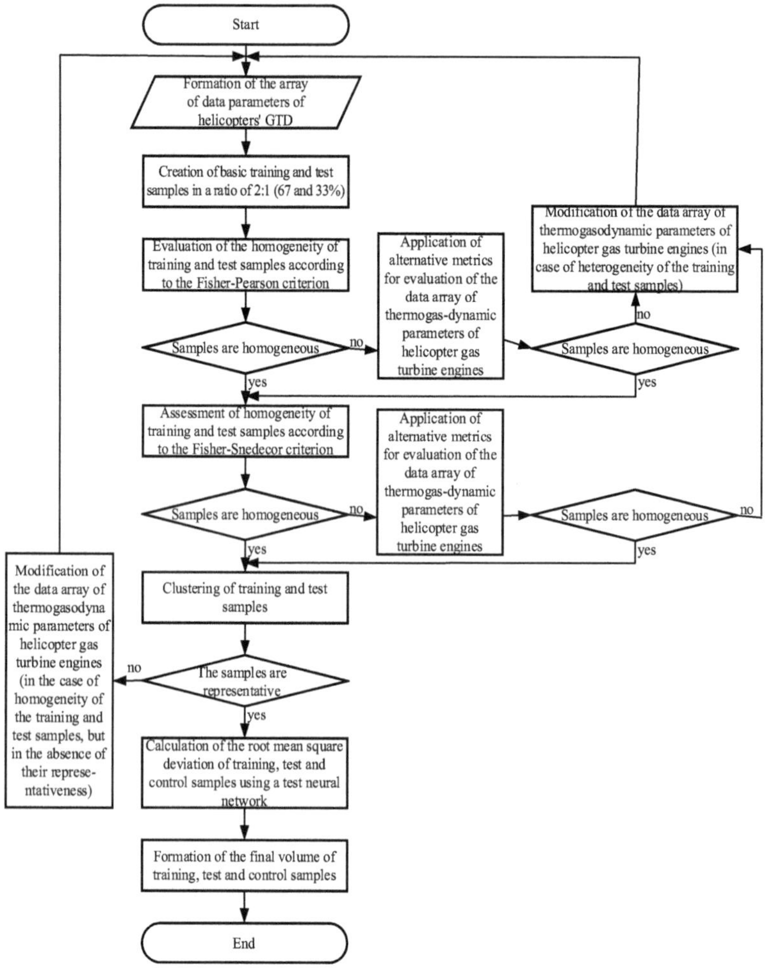

Figura 1.9. Algoritmo para a implementação do método universal de formação de amostras de treino e de teste homogéneas e representativas com base na matriz de dados registados a bordo do helicóptero dos parâmetros termogás-dinâmicos dos motores de turbina de helicóptero (investigação do autor)

Para provar este teorema, designamos $S_{train} = \{x_1, x_2, ..., x_n\}$ e i $S_{test} = \{y_1, y_2, ..., y_n\}$, em que n é o número de observações em cada amostra.

Assume-se que os testes Fisher-Pearson e Fisher-Snedecor confirmam a homogeneidade. Assume-se que $H(S_{train})$ e $H(S_{test})$ são medidas de homogeneidade das amostras de treino S_{train} e de teste S_{mecm}. É então possível formular uma equação que caracteriza o grau de homogeneidade das amostras de estudo S_{train} e de teste S_{test} :

$$\begin{cases} H(S_{train})=H_{train}; \\ H(S_{test})=H_{test}. \end{cases} \tag{1.12}$$

Se S_{test} for significativamente diferente de S_{train}, então a medida de homogeneidade para S_{test} não seria cumprida, ou seja, $H(S_{test}) \neq H_{test}$ e $H_{mecm} \neq H_{навч}$, o que contradiz o pressuposto da homogeneidade.

Na fase de avaliação da representatividade das amostras de treino S_{train} e de teste S_{mecm}, os resultados da sua análise de clusters são S_{train} e S_{test}. Se o S_{test} mostrar que o S_{test} é representativo da população, ou seja, os clusters do S_{test} reflectem a distribuição da população, então o S_{test} é representativo. Ao mesmo tempo, a representatividade é descrita como:

$$\begin{cases} C_{train}=P_{population}; \\ C_{test}=P_{population}; \end{cases} \tag{1.13}$$

em que $P_{população}$ é a distribuição da população. Se os clusters C_{test} apresentados não corresponderem à $P_{população}$, então a $P_{população}$ não é representativa.

Assim, está matematicamente provado que, se a amostra de treino S_{train} e a amostra de teste S_{test} forem homogéneas e representativas, pode presumir-se que ambas as amostras estão prontas para serem utilizadas em tarefas práticas de modelização, classificação, previsão, etc. (em particular, as tarefas de identificação de modelos não lineares do TE do helicóptero) com uma elevada probabilidade de sucesso.

1.6. Capítulo 1 Conclusões

1. Mostra-se que o desenvolvimento do sistema de controlo automático dos helicópteros TE, que segue o caminho da sua complicação e da implementação de novas funções de controlo, provoca uma melhoria constante dos métodos existentes de identificação dos modelos dinâmicos dos motores de turbina de helicóptero e o desenvolvimento de novos métodos de identificação. Daqui se conclui que a tarefa de desenvolver novos métodos de identificação de modelos não lineares de TE de helicópteros é relevante e oportuna.

2. A análise realizada aos métodos de identificação conhecidos revelou a necessidade de desenvolver métodos de redes neuronais para a identificação de modelos não lineares de ET de helicópteros, tanto em estado estacionário como não estacionário (transiente), que tenham em conta a natureza não linear das propriedades dinâmicas do objeto de controlo.

3. É proposto um conceito científico da criação passo a passo de uma rede neural para a resolução de tarefas aplicadas de monitorização de ET de helicópteros, que fundamenta a redução da rede neural e medidas para aumentar a robustez do modelo, o que indica um esforço para alcançar a máxima eficiência.

4. Propõe-se um método universal de formação de uma amostra de treino e teste homogénea e representativa para a resolução de tarefas aplicadas de monitorização do estado operacional dos motores de turbina de helicópteros com base no conjunto de dados sobre os parâmetros termogasodinâmicos dos TE de helicópteros registados a bordo do helicóptero para a classe TE (GTE com uma turbina livre). Esta abordagem permite criar um modelo eficaz de rede neural para o estado operacional do helicóptero TE, resolvendo as tarefas de monitorização

aplicadas e atingindo um nível elevado de precisão para a classe TE (motores de turbina a gás com uma turbina livre).

CHAPTER 2

DESENVOLVIMENTO DE UM MÉTODO DE REDE NEURAL PARA O PROCESSO DE TRABALHO DOS MOTORES DE TURBINA DE HELICÓPTERO VALORES ÓPTIMOS IDENTIFICANDO A RESOLUÇÃO DE TAREFAS NO MODO DE OPERAÇÃO DE VOO

2.1. Declaração do problema do processo de trabalho dos motores de turbina de helicópteros, identificando os valores óptimos no modo de operação de voo

O desenvolvimento e operação de ETs de helicópteros requerem a utilização de modelos matemáticos, que podem ser caracterizados como representações matemáticas que encapsulam o sistema real ou os aspectos essenciais do seu projeto, apresentados de forma a transmitir informação pertinente sobre o sistema. As metodologias de otimização existentes facilitam a determinação da combinação mais eficaz dos parâmetros do produto antes do início do fabrico do protótipo. A otimização multi-critério é particularmente crucial, apesar de aumentar significativamente a carga de trabalho computacional. Frequentemente, as relações entre as funções objetivo e as variáveis independentes são representadas por sistemas de equações diferenciais parciais ou de equações integro-diferenciais, resolúveis apenas através de métodos numéricos, bem como por dependências empíricas em forma de tabela, que são inerentemente multidisciplinares.

Relativamente aos helicópteros TE e suas variantes, que constituem sistemas técnicos complexos, e aos diferentes componentes do motor, são desenvolvidos numerosos modelos matemáticos durante a sua criação e funcionamento. Estes incluem a tensão-deformação, os estados térmicos das pás, os discos, os rotores, outros elementos do compressor, a turbina do compressor, a câmara de combustão, modelos de turbinas livres, etc. Alguns modelos termogasodinâmicos descrevem o processo de trabalho dentro dos elementos do motor, ilustrando as relações entre pressão, temperatura, ar e fluxo de gás em vários pontos da conduta do motor. A importância dos modelos matemáticos para o TE de helicópteros, como objectos reguladores nos processos de desenvolvimento, criação e ajuste de motores, está a aumentar continuamente devido a vários factores objectivos [176].

A complexidade do projeto do motor, a escalada do custo dos materiais de projeto e o elevado custo resultante dos ensaios de campo sublinham a impraticabilidade dos ensaios à escala real em todas as condições de funcionamento dos motores multimodo. Além disso, a capacidade de criar modelos matemáticos de alta precisão e reatividade que descrevam com exatidão os processos do motor em várias condições de voo é inestimável. Durante a fase de operação de voo do helicóptero, os métodos de otimização numérica direta exigem cálculos algorítmicos extensos, que até os computadores modernos têm dificuldade em completar num determinado período de tempo. Em contrapartida, os métodos de otimização analítica das funções objectivas ultrapassam esta limitação, permitindo a formação do modelo de transferência com uma precisão especificada para avaliações exaustivas. Os TE de helicópteros (incluindo o TE TV3-117) com uma turbina livre formam subsistemas dentro do sistema mais amplo da aeronave, com os seus processos de trabalho definidos por numerosos parâmetros.

Embora este complexo seja bastante grande, a escolha da parte significativa dos parâmetros (σ_{in} , σ , $_{cc}\eta_T^* \ \eta_C^*$, φ_{out} etc.) para o modo de cálculo é efectuada dentro de um intervalo tão estreito que a avaliação do seu valor mais provável não é, geralmente, particularmente difícil. Os valores de tais parâmetros necessários para o cálculo não são optimizados, mas previstos [174, 175]. Por conseguinte, apenas são selecionados para otimização os parâmetros do processo de funcionamento que determinam o sistema fechado das equações de cálculo dos parâmetros termodinâmicos do motor e que podem variar numa vasta gama de valores.

O número de parâmetros optimizados depende principalmente do tipo de helicóptero TE. No processo de trabalho do helicóptero TE (incluindo o TV3-117), como é sabido, a tarefa de distribuição de energia livre entre o rotor principal e a unidade de escape não é relevante, pelo que aqui estamos a falar de otimização ou apenas um parâmetro é o π_C^* no nível selecionado T_G^* caso em que o design e o nível tecnológico da parte "quente" do motor são atingidos, ou dois parâmetros do processo de trabalho são T_G^* e π_C^* se a temperatura das partes da turbina for definida para obter os indicadores mais favoráveis (racionais) do subsistema.

Os cálculos baseados no método dos elementos finitos (MEF) utilizados na prática moderna requerem uma quantidade significativa de tempo de computador. De acordo com os resultados experimentais, para o cálculo do TV3-117 TE no modo de cruzeiro I (a uma r.p.m. constante do rotor), é necessário efetuar 4,6 × 10^{17} operações de vírgula flutuante. Utilizando um supercomputador com um desempenho de 0,6 teraflops, este cálculo pode ser efectuado em 14 dias, desde que não haja perdas na paralelização de tarefas. Em casos de otimização multiobjectivo, estes cálculos têm de ser repetidos 1000 ou mais vezes. Assim, é muito importante utilizar desenhos optimizados e modelos aproximados, que podem reduzir significativamente o número de cálculos necessários.

Sabe-se [176, 177] que as redes RBF são uma ferramenta poderosa em tarefas de otimização, especialmente nos casos em que os dados de entrada têm uma forma complexa e não estruturada. As suas principais vantagens são a capacidade de treinar dependências não lineares, a elevada velocidade de treino e a relativa simplicidade de implementação. As redes RBF utilizadas em tarefas de otimização permitem encontrar eficientemente soluções óptimas mesmo em espaços complexos e multidimensionais, o que as torna uma ferramenta importante em muitos domínios, incluindo a aviação, a engenharia, a cibersegurança e a ciência dos dados.

Com base na discussão acima mencionada, a investigação conduziu uma experiência computacional utilizando a rede RBF polimórfica proposta, destinada à otimização dos parâmetros do TE do helicóptero [178]. Os parâmetros operacionais do helicóptero TE, cruciais para as equações termogasodinâmicas que regem o motor, foram selecionados para otimização [179], com alguns parâmetros previstos em vez de optimizados em casos específicos [180]. O foco principal na otimização do funcionamento do TE de helicópteros está nos parâmetros-chave, tais como a temperatura do gás em frente à turbina do compressor ou o aumento da pressão total do compressor para alcançar o desempenho ótimo do sistema [178]. Dado que os critérios de eficiência apresentam dependências de tipo quadrático dos parâmetros operacionais, recomenda-se a utilização de um modelo de paraboloide elíptico de segunda ordem para a sua aproximação. O método dos mínimos quadrados é adequado para resolver esta tarefa devido à sua simplicidade e capacidade de aproximação fiável de funções. São também considerados métodos robustos de avaliação dos resultados experimentais para mitigar erros significativos [178]. O modelo de regressão generalizado da operação do helicóptero TE, em que os parâmetros são optimizados, é formulado da seguinte forma, de acordo com [178]:

$$y = ax_1^2 + bx_2^2 + cx_1x_2 + dx_1 + ex_2 + j, \tag{2.1}$$

onde x_1 representa uma variável independente correlacionada com o aumento do nível de pressão no compressor, e x_2 representa uma variável independente correlacionada com a temperatura do gás em frente à turbina do compressor. Os coeficientes *a*, *b*, *c*, *d*, *e* e *f* deste modelo são estimados pelo método dos mínimos quadrados.

Para encontrar as derivadas parciais da função *y* e determinar o seu mínimo ou máximo juntamente com os valores correspondentes x_1 e x_2 de acordo com o sistema de equações [178]:

$$\begin{cases} y'_{x_1} = 2ax_1 + cx_2 + d = 0, \\ y'_{x_2} = 2bx_2 + cx_2 + e = 0. \end{cases} \tag{2.2}$$

Para otimizar tarefas de parâmetro único, esta abordagem permite a utilização das funções $y = f\left(T_G^*\right)$ ou $y = f\left(\pi_C^*\right)$ (Fig. 2.1).

Encontrar uma solução combinada da função objetivo e um plano, deslocado dos extremos por *ΔY*, resulta numa curva fechada semelhante a uma elipse no plano x_1 - x_2 (π_C^* - T_G^*) para cada função critério Y_i . Estas linhas definem os limites das áreas de valores racionais dos parâmetros do fluxo de trabalho.

Com base em [178], a tarefa que envolve a minimização simultânea de múltiplos critérios com *m* variáveis independentes, *n* objectivos, *p* restrições de desigualdade e *q* restrições de igualdade parece ser "a minimização de $f(x)$ sob a condição $g(x) > 0$, $h(x) = 0$", onde $x = (x_1 \ldots x_m$

) ∈ X é o vetor de soluções, X é o espaço de parâmetros, $f(x)^T = [f_1\ (x)...f_n\ (x)]$ são os objectivos, $g(x)^T = [g_1\ (x)...g_p\ (x)]$ são restrições na forma de desigualdades, $h(x)^T = [h_1\ (x)...h_q\ (x)]$ são restrições na forma de igualdades. O vetor solução $a \in X$ domina o vetor $b \in X$ se a seguinte condição for satisfeita

$$\forall i \in \{1,...,n\} : f_i(a) \leq f_i(b) \wedge \exists j \in \{1,...,n\} : f_j(a) < f_j(b). \quad (2.3)$$

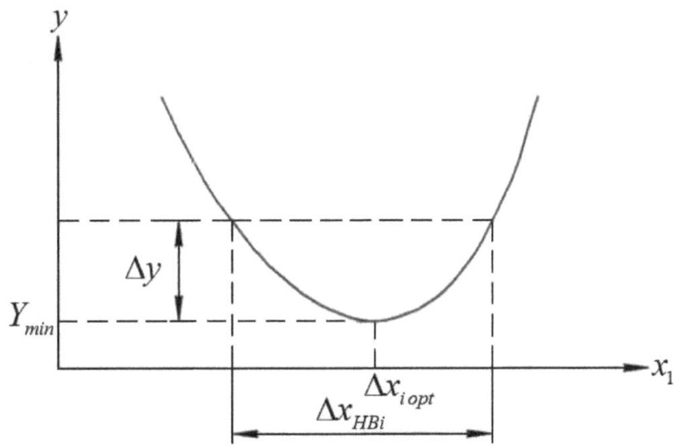

(a)

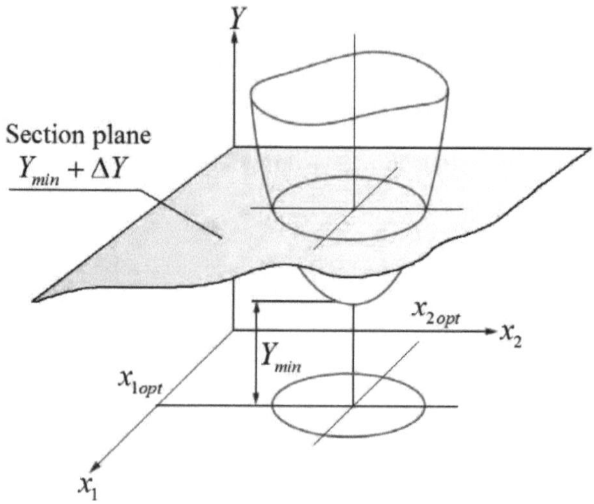

(b)

Figura 2.1. Diagrama da formação da gama de parâmetros mais favorável para tarefas com um parâmetro (**a**) e das regiões de valores racionais dos parâmetros para tarefas com dois parâmetros (**b**) [178]

Um vetor a é não dominado no conjunto $X' \subseteq X$, se X' não existe nenhum vetor dominante sobre a. As soluções X' são o conjunto para o qual a condição [178, 181] é satisfeita:

$$\forall a' \in X' : \neg \exists a \in X : a \prec a' \wedge \|a - a'\| < \varepsilon \wedge \|f(a) - f(a')\| < \delta. \quad (2.4)$$

onde $\|...\|$ é a métrica da distância, quando $\varepsilon > 0$, $\delta > 0$ é o conjunto ótimo-pareto local e X' é o conjunto ótimo-pareto global se $\forall a' \in X' : \neg \exists a \in X : a \prec a'$ [178].

Assim, o objetivo da otimização multicritério é descobrir o conjunto global de soluções que são Pareto-óptimas. Durante as operações de voo do helicóptero TE, este conjunto é apresentado ao comandante da tripulação do helicóptero, que seleciona uma política regulamentar para determinar as opções de voo subsequentes. As referências [178] defendem a utilização de métodos de otimização multicritério, integrando abordagens heurísticas como os algoritmos evolutivos e genéticos (ver Quadro 2.1, Figura 2.2).

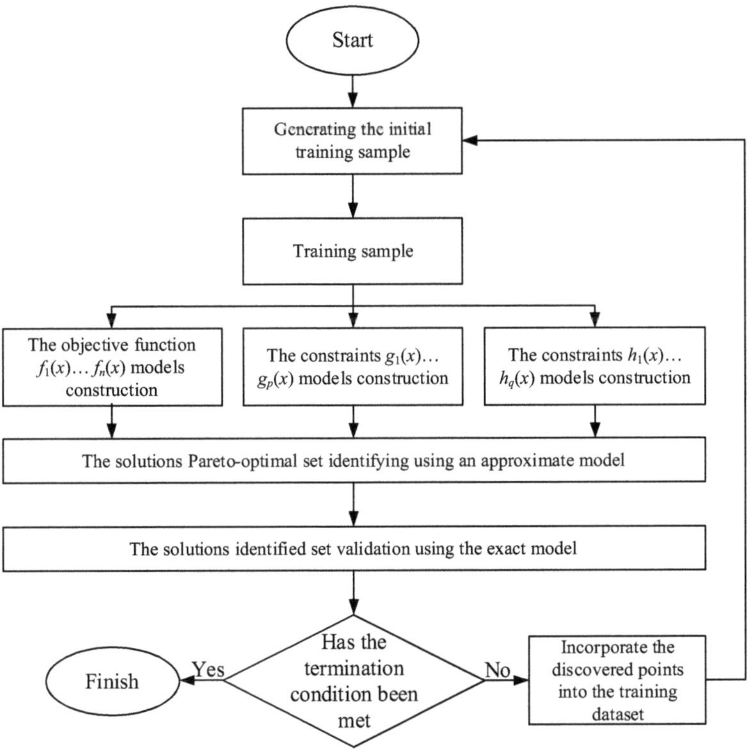

Figura 2.2. Algoritmo do método de otimização multicritério utilizando abordagens heurísticas - algoritmos evolutivos e genéticos [178]

Tabela 2.1. Principais etapas do método de otimização multicritério [178]

Passo	Descrição
1	Uma amostra inicial de treino x_s de tamanho limitado $s \in X$ é criada usando um método de desenho experimental, como o descrito em [50]. Os vectores

	que representam as funções objetivo $f(x_s)$, bem como as restrições $g(x_s)$ e $h(x_s)$ são então computados para todos os pontos adquiridos.
2	Utilizando a amostra de treino x_s e os valores correspondentes de $f(x_s)$, $g(x_s)$ e $h(x_s)$, modelos aproximados de $\tilde{f}(x)$, $\tilde{g}(x)$ e $\tilde{h}(x)$ para todas as relações investigadas.
3	Utilizando os modelos aproximados derivados para $\tilde{f}(x)$, $\tilde{g}(x)$ e $\tilde{h}(x)$ o algoritmo NSGA-II identifica o vetor x_{opt} , que define o conjunto de soluções Pareto-óptimas para a tarefa de otimização multicritério.
4	Os valores exactos das funções $f(x_{opt})$, $g(x_{opt})$ e $h(x_{opt})$ são calculados nos pontos calculados no conjunto de soluções de pontos de conjunto x_{opt} obtidos desta forma. Se a condição de fim dos cálculos não for cumprida, todos os valores obtidos a partir dos modelos exactos são adicionados à amostra de treino: $x = x +_{s\ s\ opt}$, $xf(x) =_s$ f(x) $+_s$ f(x_{opt}), $g(x) =_s$ g(x) $+_s$ g(x_{opt}), $h(x) =_s$ h(x) $+_s$ h(x_{opt}).
5	O regresso à fase 2 implica uma nova reconstrução dos modelos aproximados.
6	São estabelecidos os critérios para a conclusão dos cálculos: • o erro relativo global e do modelo construído atinge um mínimo especificado: $e = \frac{1}{k \cdot (n+p+q)} \cdot \sum_{j=1}^{n+p+q} \sqrt{\sum_{i=1}^{k} \left(\frac{M_{ij}(x) - F_{ij}(x)}{F_{ij}(x)} \right)^2} \leq \varepsilon,$ em que k representa o número de soluções no conjunto Pareto-ótimo identificado; $M_{ij}(x)$ representa o valor das funções $f(x)$, $g(x)$ ou $h(x)$, determinado utilizando o seu modelo aproximado; $F_{ij}(x)$ representa o valor derivado da mesma função a partir do modelo exato, e ε é um número positivo suficientemente pequeno. O cumprimento deste critério indica que a qualidade dos modelos aproximados construídos permite a sua substituição eficaz pelos modelos exactos; • identificar um ou mais vectores $f(x)$ que satisfaçam os critérios especificados $f(x) \leq_{fexpert}$, dadas as restrições $g(x) > 0$ e $h(x) = 0$, em que $_{fexpert}$ denota os valores da função objetiva fornecidos por peritos, suficientes para garantir as caraterísticas exigidas do produto;

	• atingir o número máximo admissível de cálculos com modelos exactos; • que exceda o limite de tempo de computação permitido.

2.2. Desenvolvimento da rede neural de função de base radial

Neste trabalho, é proposta uma rede RBF polimórfica como modificação da rede RBF tradicional, que tem as seguintes caraterísticas

• funções de base radial multidimensionais - funções de base radial unidimensionais em vez disso, são utilizadas funções de base radial multidimensionais na camada oculta, o que permite uma melhor aproximação de funções complexas que dependem de várias variáveis independentes,

• multiplicação das saídas dos elementos radiais - na segunda camada, em vez da soma das saídas da RBF, uma de cada grupo, é utilizada a multiplicação, o que permite à rede RBF identificar melhor as relações entre as variáveis independentes,

• a estrutura dinâmica da camada oculta - o número e a localização dos centros RBF são determinados automaticamente durante o treino da rede, o que a torna mais resistente ao novo treino.

A rede RBF polimórfica proposta corresponde à seguinte afirmação (proposição): se $f(x_1, x_2, ..., x_n)$ - uma função contínua qualquer que depende de n variáveis independentes, e $\varepsilon > 0$ é um número arbitrário, então existe uma rede RBF polimórfica com um número suficiente de funções de base radial multidimensionais na camada oculta e uma multiplicação por somatório na segunda camada, que pode aproximar f com uma precisão não inferior a ε. Para qualquer $\varepsilon > 0$, é possível construir uma rede RBF polimórfica suficientemente grande com funções de base radial multidimensionais na camada oculta. Dado o número suficiente de funções em cada grupo e a afinação correta dos parâmetros da rede, é possível aproximar a função f em qualquer conjunto finito de dados de entrada com uma precisão inferior a ε. A substituição da soma das saídas dos elementos radiais, um de cada grupo, pela multiplicação permite que a rede detecte relações entre variáveis independentes com maior precisão. Com uma definição de parâmetros adequada e uma função radial em número suficiente na segunda camada, uma rede RBF polimórfica pode aproximar a função f com qualquer precisão.

Assim, a nova estrutura proposta para a rede RBF (Fig. 2.3) tem na entrada um vetor de parâmetros de entrada $x = (x_1, x_2, ..., x_n)$. A camada oculta contém m neurónios, cada um dos quais é uma função de base radial multidimensional, e os pesos de cada neurónio da camada oculta são calculados como [182-185]:

$$w_{ij} = \varphi\left(\|x - c_i\|\right) = e^{-\frac{\left(\|x-c_j\|\right)^2}{2\cdot\sigma_i^2}}, \tag{2.5}$$

em que $\|x - c_i\| = \sqrt{\sum_{j=1}^{N}\left(x_j - c_{ij}\right)^2}$ é a distância euclidiana entre o vetor de entrada $x = (x_1, x_2, ..., x_n)$ e o *i-ésimo* ($i = 1...L$) neurónio $c_i = (c_{i1} ... c_{iN})$ centro; L é o número de neurónios da camada oculta; N é o número de neurónios da camada de entrada c_i e σ_i são parâmetros da função de base radial para o *i-ésimo* neurónio. O sinal do neurónio da camada de saída é determinado pela soma ponderada das saídas dos neurónios da camada oculta $f_k = \sum_{i=1}^{L} w_i \cdot y_i$, em que w_i é o peso da ligação do *i-ésimo* neurónio da camada oculta ao neurónio da camada de saída. Introduzindo a notação $\mathbf{z} = (z_1 ... z)_p^T$ é o vetor de valores esperados da função (sendo p o número de amostras de treino), $\mathbf{w} = (w_1 ... w)_L^T$ como o vetor de pesos, $\mathbf{G}$ é a matriz radial, que, de acordo com [186], tem aspeto

$$G = \begin{pmatrix} \varphi\|x_1 - c_1\| & \varphi\|x_1 - c_2\| & \dots & \varphi\|x_1 - c_L\| \\ \varphi\|x_2 - c_1\| & \varphi\|x_2 - c_2\| & \dots & \varphi\|x_2 - c_L\| \\ \dots & \dots & \dots & \dots \\ \varphi\|x_p - c_1\| & \varphi\|x_p - c_2\| & \dots & \varphi\|x_p - c_L\| \end{pmatrix}, \quad (2.6)$$

O vetor de pesos é calculado da seguinte forma

$$\mathbf{w} = \mathbf{G}^{+} \cdot \mathbf{z}, \quad (2.7)$$

em que $\mathbf{G}^{+} = (\mathbf{G}\ \mathbf{G}^{T\text{-}1})\mathbf{G}^{T}$ é a pseudo-inversão da matriz retangular **G.**

Assim, o *i-ésimo* neurónio da camada oculta pode ser totalmente descrito por um vetor de $(N + 2)$ números reais, compreendendo $c_i = (c_{i1} \dots c_{iN})$, σ_i, e w_i. Deste modo, a descrição de toda a rede requer uma matriz **R** de dimensões $L \times (N + 2)$. De acordo com [186], recomenda-se a utilização de um método de ajustamento de pesos auto-adaptativo, pelo que a mesma matriz de dimensão $\mathbf{\upsilon}$, contendo variações (parâmetros estratégicos do algoritmo evolutivo), é também incluída na descrição dos neurónios.

A camada de saída contém k neurónios, e a camada de saída de cada neurónio é calculada da seguinte forma

$$y_k = w_k \cdot \sum_{p=1}^{m} \left(w_p \cdot f_p(x) \right)^2, \quad (2.8)$$

em que x é o vetor de dados de entrada, f_p é a função de base radial multidimensional do *i-ésimo* neurónio da camada oculta, s_r é o centro da *p-ésima* função de base radial, σ - largura da função gaussiana, w_k é o peso do *k-ésimo* neurónio da camada de saída.

A rede RBF polimórfica proposta (Fig. 2.3) melhorará a sua capacidade de aproximação de funções complexas que dependem de diversas variáveis independentes. Isto deve-se ao facto de as funções de base radial multivariadas utilizadas permitirem que a rede tenha em conta a estrutura espacial dos dados e de a multiplicação utilizada na segunda camada permitir que a rede detecte melhor as relações entre variáveis independentes.

Para identificar situações em que os parâmetros de determinados elementos se tornam semelhantes, [187] introduziu o conceito de coeficiente de intersecção mútua dos elementos. Para calcular este coeficiente para um elemento de qualquer rede RBF, é necessário encontrar o segundo elemento cujo centro está mais próximo do centro do elemento que está a ser analisado. O coeficiente de intersecção mútua é definido como a soma do valor do primeiro elemento no centro do segundo elemento e o valor do segundo elemento no centro do primeiro elemento:

$$\rho_i = e^{-\frac{\sum_{j=1}^{n}(c_{ij}-c_{dj})^2}{2\cdot\sigma_i^2}} + e^{-\frac{\sum_{j=1}^{n}(c_{ij}-c_{dj})^2}{2\cdot\sigma_d^2}}, \quad (2.9)$$

em que *i* é o índice do elemento para o qual é calculado o coeficiente de intersecção mútua e *d* é o índice do elemento cujo centro é o centro do *i-ésimo* elemento mais próximo.

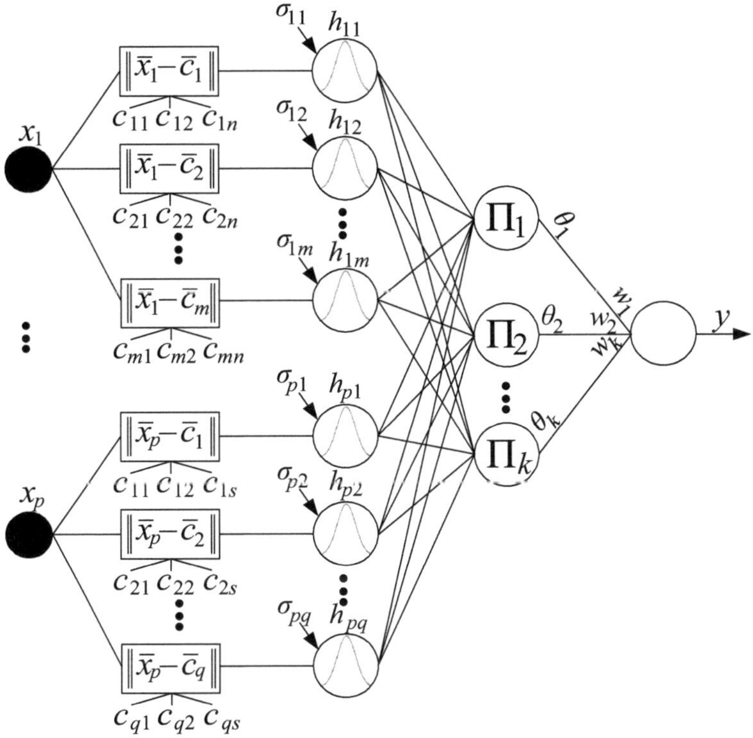

Figura 2.3. A rede RBF polimórfica proposta (investigação do autor)

A proximidade é determinada utilizando a seguinte expressão:

$$d = \arg\min_{k} \sqrt{\sum_{j=1}^{n} \left(c_{ij} - c_{kj}\right)^{2}}. \tag{2.10}$$

De acordo com [188, 189], o coeficiente de intersecção mútua varia entre 0 e 2, atingindo o seu máximo quando os centros dos elementos analisados coincidem. Para garantir a estabilidade, este coeficiente deve ser limitado a 1,95. Em [178], é proposto um algoritmo evolutivo de treino de redes RBF, com as suas principais limitações resumidas na Tabela 2.2.

Tabela 2.2. Desvantagens do algoritmo evolutivo para o treino da rede RBF (investigação do autor baseada em [178])

Desvantagem	Descrição
Inicialização dos parâmetros	A inicialização aleatória dos parâmetros a partir do intervalo (1,0; 1,0) pode levar ao facto de alguns parâmetros estarem demasiado próximos dos limites deste intervalo, o que pode limitar a manobrabilidade do algoritmo.
Função de adaptabilidade	A expressão analítica para calcular a aptidão tem em conta apenas o desvio da saída efectiva da rede em relação à saída esperada. Esta pode não ser uma medida suficiente de adaptabilidade para treinar a rede para funcionar harmoniosamente em diferentes condições.
Mecanismo de seleção da mutação	A mutação dos indivíduos é baseada na sua classificação, mas esta abordagem pode resultar em menos indivíduos aptos a serem selecionados para mutação, enquanto os mais aptos podem permanecer inalterados.
Método de mutação	A mutação gaussiana pode fazer com que as alterações nos parâmetros da função de ativação se tornem demasiado grandes ou demasiado pequenas, o que pode dificultar a convergência do algoritmo.
" Greedy " Algoritmo	A utilização de um algoritmo "guloso", em que se tenta remover um neurónio antes de o adicionar, pode resultar na ausência de soluções óptimas. Isto deve-se ao facto de os neurónios poderem ser removidos mesmo quando existe potencial de melhoria.
Elitismo	A utilização do princípio do elitismo pode conduzir a uma diversidade insuficiente da população e a novas soluções para um desenvolvimento insuficiente.
Mutações sem sucesso	Num caso de mutação mal sucedida, o indivíduo é copiado sem alterações. Isto pode levar a que as más decisões permaneçam na população sem terem oportunidade suficiente para melhorar.

As possíveis modificações do algoritmo podem consistir em melhorar o processo de inicialização dos parâmetros, utilizando estratégias mais eficientes, como a geração de métodos de coeficientes de peso de acordo com as caraterísticas específicas da tarefa. Além disso, pode considerar-se a otimização do mecanismo de seleção para a mutação e a melhoria da função de aptidão:

1. Inicialização melhorada. Em vez de inicializar aleatoriamente a partir do intervalo (1,0; 1,0), os pesos de inicialização dos métodos mais inteligentes são utilizados, tais como os métodos que têm em conta a estrutura da tarefa ou utilizam conhecimentos prévios:

- A inicialização "No" é a inicialização concebida especificamente para redes neurais e proporciona um início de treino mais eficiente, especialmente para funções de ativação do tipo ReLU (Rectified Linear Unit). Os pesos são inicializados de acordo com $w = \{\text{random}\} \cdot \sqrt{\frac{2}{N}}$, onde N é o tamanho da camada anterior, {random} indica que os pesos que multiplicam a entrada x são inicializados com valores aleatórios,
- A inicialização Xavier/Glorot é a entrada e saída da preservação da dispersão de camadas quando multiplicada por factores de ponderação. Os pesos são inicializados de acordo com $w = \{\text{random}\} \cdot \sqrt{\frac{2}{N+M}}$, em que M é o tamanho atual da camada.

Utilização de conhecimento prévio - se existir conhecimento prévio de pesos óptimos para tarefas ou dados semelhantes, então este conhecimento pode ser utilizado para inicializar os pesos. Por exemplo, se existir um modelo pré-treinado em dados semelhantes, os pesos podem ser inicializados a partir desse modelo.

Por exemplo, no neuro-controlo de sistemas dinâmicos com um modelo de referência (Fig. 2.4) [190, 191], os valores dos coeficientes dos pesos da rede RBF são calculados de acordo com o método de gradiente descendente [192, 193]:

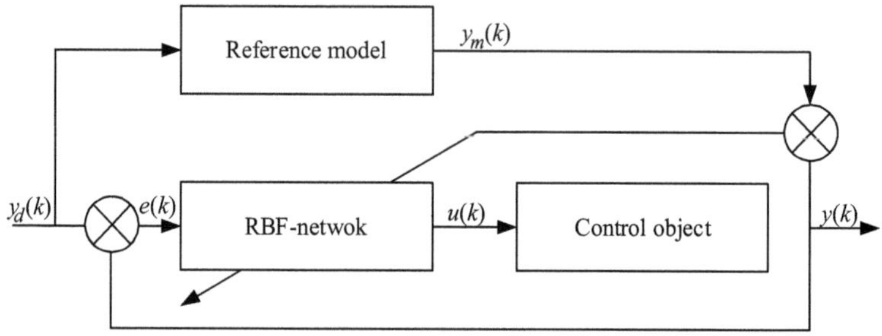

Figura 2.4. A estrutura do sistema de controlo da rede neural adaptativa com um modelo de referência [178]

$$\Delta w_j(k) = -\eta \cdot \frac{\partial E}{\partial w_{ij}} = \eta \cdot e \cdot c(k) \cdot \frac{\partial y(k)}{\partial u(k)} \cdot h_j \cdot w_j(k) = w_j(k-1) + \Delta w_j(k) + \alpha \cdot \Delta w_j(k), \quad (2.11)$$

em que $,\eta \in [0,1]\, \alpha \in [0,1]$ são os coeficientes de velocidade de treino, $u(k) = w_1 \cdot h_1 + w_2 \cdot h_2 + ... + w_m \cdot h_m$ é a saída do neuroregulador e $y(k)$ é a saída do sistema.

Os parâmetros da função de base radial são determinados da seguinte forma:

$$\Delta b_j(k) = -\eta \cdot \frac{\partial E}{\partial w_{ij}} = \eta \cdot e \cdot c(k) \cdot \frac{\partial y(k)}{\partial u(k)} \cdot \frac{\partial u(k)}{\partial b_j} = \eta \cdot e \cdot c(k) \cdot \frac{\partial y(k)}{\partial u(k)} \cdot w_j \cdot h_j \cdot \frac{\| x - c_{ij} \|^2}{b_j^3}, \quad (2.11)$$

$$b_j(k) = b_j(k-1) + \eta \cdot \Delta b_j(k) + \alpha \cdot \left(b_j(k-1) - b_j(k-2) \right), \quad (2.12)$$

$$\Delta c_{ij}(k) = -\eta \cdot \frac{\partial E}{\partial c_{ij}} = \eta \cdot e \cdot c(k) \cdot \frac{\partial y(k)}{\partial u(k)} \cdot \frac{\partial u(k)}{\partial c_{ij}} = \eta \cdot e \cdot c(k) \cdot \frac{\partial y(k)}{\partial u(k)} \cdot w_j \cdot h_j \cdot \frac{x - c_{ij}}{b_j^2}, \quad (2.13)$$

$$c_{ij}(k)=c_{ij}(k-1)+\eta\cdot\Delta c_{ij}(k)+\alpha\cdot\left(c_{ij}(k-1)-c_{ij}(k-2)\right),\tag{2.14}$$

2. Seleção melhorada para a mutação. Para selecionar os indivíduos em vez da mutação por ordem, utilizar estratégias de seleção mais eficientes, como a seleção por torneio, em que vários indivíduos aleatórios são selecionados para comparação. Seja dada uma população *de N* indivíduos. Para realizar um torneio, *k* indivíduos i_1, i_2, ..., i_k (em que *k* é o tamanho do torneio, utilizando normalmente o valor 2 ou 3) são escolhidos aleatoriamente da população. Depois disso, estes indivíduos são comparados de acordo com uma determinada métrica $f(i_1)$, $f(i_2)$, ..., $f(i_k)$ (por exemplo, o valor da função de aptidão [194, 195]). O indivíduo para a mutação *M* é selecionado de acordo com a expressão:

$$M=\arg\max\left(f(i_1),f(i_2),\dots,f(i_k)\right).\tag{2.15}$$

O indivíduo com o melhor valor métrico é considerado o vencedor do torneio e é selecionado para mutação. Assim, a seleção por torneio permite a seleção de um indivíduo para mutação tendo em conta a sua competitividade em comparação com outros indivíduos selecionados aleatoriamente da população.

3. Função de adaptabilidade avançada. São acrescentados critérios adicionais à função de aptidão para ter em conta não só o desvio dos valores originais, mas também as caraterísticas da rede neural, como a robustez, a taxa de formação, etc. A aptidão de todos os indivíduos da população é calculada como $e_m=\frac{1}{T}\cdot\sqrt{\sum_{i=1}^{T}\left(y(t)-z(t)\right)^2}$, em que *T* é o número de amostras do conjunto de dados de treino; *Y*(*t*) e *Z*(*t*) o mecanismo de seleção individual baseia-se na sua classificação, que compara os valores

esperados e os valores reais de saída da rede. Organizar K indivíduos por ordem decrescente com base na função e_m e atribuir-lhes números 0, 1, ..., (K - 1). O indivíduo com o número (K - j) pode então ser escolhido para mutação com uma probabilidade $p(K-j)=j\cdot\left(\sum_{k\ 1}^{K}k\right)^{-1}$. Antes de iniciar a mutação, escolhe-se aleatoriamente um número inteiro n do intervalo (1, L), que indica o número de neurónio a submeter à operação de mutação.

4. Métodos melhorados de mutação. São utilizados métodos de mutação mais complexos, que permitem uma maior flexibilidade na alteração dos parâmetros, por exemplo, a mutação utilizando uma estratégia evolutiva, que envolve as seguintes etapas:

- A seleção de pais é típica, mas a seleção de pais pode ser feita, por exemplo, utilizando a seleção de torneios, em que vários agentes são selecionados aleatoriamente para comparação e é selecionado o que tiver a melhor aptidão,
- geração de mutações para cada progenitor selecionado, são criados os seus mutantes. Assume-se que x é o vetor de parâmetros do pai, e $N(0, \sigma^2)$ é o vetor aleatório com uma distribuição normal com média zero e variância σ^2. Então a mutação parece-se com $x_{new} = x + \sigma - N(0, 1)$,
- A aplicação da mutação são as alterações aleatórias aplicadas a cada parâmetro. Por exemplo, pode utilizar a mutação gaussiana $x_{new} = x + \sigma - N(0, 1)$,
- a estimativa da aptidão do mutante para cada novo agente, a sua aptidão é calculada, por exemplo, utilizando a função de aptidão *aptidão* = $f(x_{new})$,
- Na seleção da nova geração, são selecionados os agentes com os valores de aptidão mais elevados. Esta pode ser uma seleção dos melhores agentes de uma lista ordenada com base na sua função de aptidão

• e iteração - estas etapas são repetidas durante várias gerações, com o objetivo de melhorar as caraterísticas genéticas dos agentes.

5. Estratégias dinâmicas. As estratégias dinâmicas são implementadas para adaptar a probabilidade de mutação e outros parâmetros no processo de evolução, o que pode melhorar a convergência do algoritmo. Por exemplo, seja $p(t)$ a probabilidade de mutação no tempo t, e seja $f(x)$ o valor da função de aptidão para o indivíduo x. Uma das estratégias possíveis é a alteração de $p(t)$ em função da dinâmica dos valores da função de aptidão. Um exemplo ilustrativo é o controlo adaptativo da probabilidade de mutação utilizando regras recursivas [196, 197]:

$$p(t+1) = p(t) + \alpha \cdot \Delta f(t), \tag{2.16}$$

em que $p(t)$ é a probabilidade de mutação no momento t, $p(t + 1)$ é a probabilidade de mutação no momento $t + 1$, α é o coeficiente de variação, $\Delta f(t)$ é a variação do valor da função de aptidão entre os momentos t e $t +$ 1. O sinal $\Delta f(t)$ indica se o valor da função de aptidão física aumentou (valor positivo) ou diminuiu (valor negativo).

2.3. Resultados da identificação dos parâmetros óptimos do processo de trabalho do motor de turbina de helicóptero

Na fase subsequente da experiência computacional, com base nos dados de amostragem de entrada, a dependência que descreve o aumento da pressão total no compressor é aproximada [196]:

$$f(x_1, x_2) = \frac{x_1^{\frac{k-1}{k}} - 1}{x_1^{\frac{k-1}{k}\cdot\frac{1}{x_2}} - 1}, \tag{2.17}$$

em que $k = 1{,}4$ é o significado físico do expoente adiabático, e as variáveis variam entre $0 \leq x_1 \leq 20$ e $0 \leq x_2 \leq 20$.

A expressão selecionada serve de referência devido ao seu papel no cálculo da eficiência do compressor TE do helicóptero, um fator crítico na avaliação do desempenho do motor. Um experimento gerou 625 pares de dados ($[x_1, x_2]$, d) com as variáveis x_1 e x_2 variando uniformemente. Foi utilizada uma configuração de rede neural 2-36-1, com 2 neurónios de entrada, 36 neurónios radiais gaussianos e um neurónio de saída. Foi empregue um algoritmo de treino dedicado, obtendo-se um erro de aproximação máximo de 0,06 após 200 iterações. Os mesmos dados de treino foram utilizados em 20 iterações de treino da rede neural com 26 neurónios radiais, reduzindo o erro de aproximação para 0,02 para a rede RBF polimórfica. A Figura 2.5, a, mostra o diagrama de representação da função, enquanto a Figura 2.5, b, ilustra o erro de aproximação associado. Assim, o método proposto para a construção de redes RBF polimórficas tem potencial para reduzir significativamente o tempo de computação e produzir redes mais eficientes (com menos neurónios e menor erro) em comparação com as abordagens tradicionais.

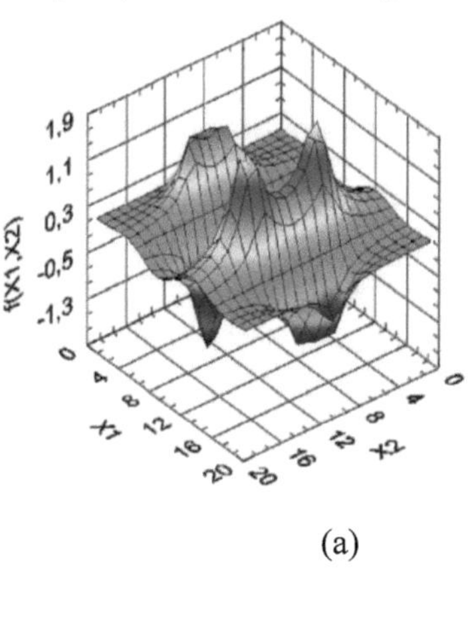

(a)

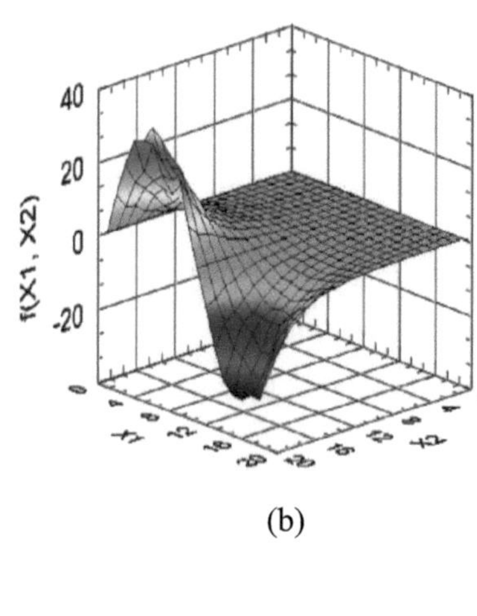

(b)

Figura 2.5. As superfícies 3D que representam a função aproximada são as seguintes: (**a**) A ilustração da função de teste, (**b**) A representação do erro na aproximação da função de teste (pesquisa do autor, publicada em [196])

Além disso, foram construídos modelos alternativos para a função (2.17) utilizando metodologias bem estabelecidas e comummente empregues, incluindo o perceptron multicamadas, a rede de correlação em cascata e o método de consideração de argumentos de grupo. O conjunto completo de dados é constituído por 625 entradas e foi dividido aleatoriamente em subconjuntos de treino (que incluem 90 % das entradas) e de teste (que incluem 10 % das entradas). Deste modo, assegurou-se a avaliação e validação exaustivas dos modelos construídos.

Na fase subsequente da experiência computacional, o treino da rede RBF polimórfica foi efectuado utilizando um conjunto de dados experimentais que consistia em representar o grau de aumento da pressão total no compressor e a temperatura do gás em frente à turbina do compressor. O conjunto de dados de treino era constituído por 256 valores, correspondentes aos parâmetros experimentais mencionados. A partir deste conjunto de dados, foram selecionados 36 nós como centros para as funções de base radial. A saída da rede, que representa uma relação unidimensional, foi treinada usando 32 exemplos específicos detalhados na Tabela 2.3. Foi utilizado um parâmetro de saturação de 0,3 para configurar a rede RBF polimórfica [197].

Tabela 2.3. Resultados da amostragem experimental e do treino da rede RBF polimórfica (investigação do autor)

Núm ero	Temperatura do gás em frente da	O grau de aumento da pressão total no	O grau de aumento da pressão total no compressor ($_{rede}$ *neural*)	$\Delta y = \| y_{train} - y_{rede\ neural} \|$

	turbina do compressor, $T_G(x)_{train}$	compressor (y_{train}) obtido por (2.17)	obtido pela rede RBF polimórfica	
1	0.932	0.860394	0.857214	0.00318 (0.32 %)
2	0.964	0.830571	0.833681	0.00311 (0.31 %)
3	0.917	0.895151	0.892011	0.00314 (0.31 %)
4	0.908	0.841192	0.844352	0.00316 (0.32 %)
...	...	...	...	...
32	0.924	0.881076	0.877886	0.00319 (0.32 %)

Como se pode ver no quadro 2.3, o erro do grau de pressão total obtido com o aumento dos valores do compressor Δy, obtido de acordo com a expressão analítica (2.17) y_{train} e utilizando a $_{rede}$ polimórfica RBF *yneural*, não excede 0,32 %, o que indica a elevada capacidade da rede polimórfica RBF proposta para aproximar dependências analíticas complexas. Ao reduzir o número de neurónios da camada oculta de 36 para 20, o erro Δy quase não aumentou (aumentou 0,08%). Os resultados da análise comparativa do treino da rede RBF polimórfica com outras arquitecturas de rede RBF com interferência aditiva no ruído branco com expetativa matemática nula σ_i = 0,025, o que corresponde a 2,5 % (clássica, rede RBF com uma camada oculta separada para cada variável independente e um número diferente de funções de base radial em cada grupo [198], perceptron RBF [197]) das mesmas estruturas 2-36-1 são apresentados na Tabela 2.4.

Tabela 2.4. Resultados da análise comparativa do treino das redes RBF de diferentes arquitecturas (investigação do autor)

Caraterística	Rede RBF clássica	Rede RBF com uma camada oculta separada para cada variável independente e um número diferente de funções de base radial em cada grupo	Perceptrão RBF	Rede RBF polimórfica
Erro de formação, %	6.64	4.87	0.45	0.38
Erro de ensaio, %	7.38	6.11	7.43	0.73
Tempo de formação, ms	1.0	1.0	1.0	1.0

Como se pode ver no quadro 2.4, o erro de treino da rede RBF polimórfica é de 0,38 %, o que é 17,5 vezes inferior ao erro de treino da rede RBF clássica, 12,8 vezes inferior ao erro de treino da rede RBF com uma camada oculta separada para cada variável independente e um número diferente de funções de base radial em cada grupo [198], e 1,2 vezes inferior ao erro de treino da rede RBF-perceptron [197]. Também a partir do quadro 6, pode ver-se que o erro de teste da rede RBF polimórfica é de 0,73 %, o que é 10,1 vezes inferior ao erro de teste da rede RBF clássica, 8,4 vezes inferior ao da rede RBF com uma camada oculta separada para cada variável independente e as funções de base radial número diferente em cada grupo [198] erro de teste, é 10,2 vezes inferior ao erro de teste da rede RBF-perceptron [197]. O tempo de treino das redes RBF com as arquitecturas especificadas é o mesmo e é de 1 ms. Assim, a principal vantagem da escolha de uma rede RBF polimórfica para os parâmetros do processo de trabalho da ET de helicópteros, que optimiza a resolução de tarefas, é o facto de os erros de formação e de teste terem valores mais baixos.

Para verificar a eficácia da rede RBF polimórfica na tarefa de otimização dos parâmetros do processo de trabalho do helicóptero TE (no exemplo, o TE TV3-117), sete parâmetros independentes relevantes são definidos em [196]: π_C^*, T_G^* , λ_A , λ_C , λ_G , λ_T , λ_{FT} são o gás pelo ar a secção de entrada, o compressor, a câmara de combustão, a turbina do compressor e a turbina livre, respetivamente. Ao escolher uma combinação admissível de parâmetros independentes, as restrições são h_z é a altura da pá do último estágio do compressor e σ_p é a tensão de tração na pá do impulsor do último estágio da turbina. Este modelo permite-lhe variar os valores π_C^* e T_G^* para obter os parâmetros óptimos do processo de trabalho do helicóptero TE. O ${}_{valor}$ *Cspec.* (kg/N-h), e σ_p (kg/mm^2) nas dependências de π_C^* e T_G^* (K) são mostrados na Fig. 2.6, a e b, respetivamente.

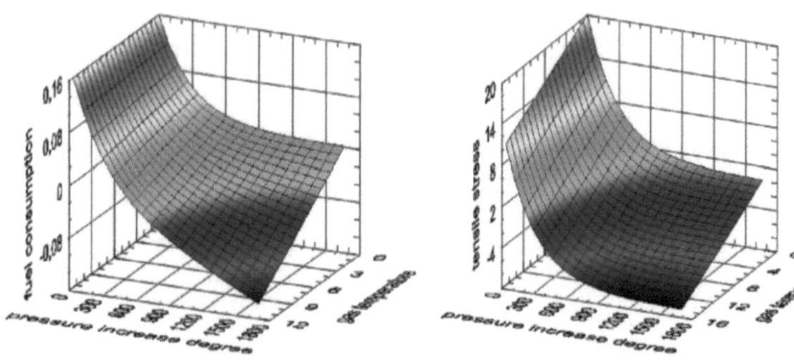

(a) (b)

Figura 2.6. Diagrama que ilustra o impacto das variáveis independentes nas funções objetivo (a) e restrições (b) (investigação do autor)

Ao procurar o regime de funcionamento Pareto-ótimo do TV3-117 TE, o objetivo é minimizar variáveis como o consumo específico de combustível$\pi_C^* = 4...20, T_G^* = 1300...1800$ K, dados os caudais de gás λ_A = 0,6...0,7, λ_K = 0,25...0,35, λ_G = 0,15...0,25, λ_T = 0.4...0.65, λ_{FT} = 0.5...0.7 e restrições: altura da pá do último estágio do compressor $h_z > 15$ mm, tensão de tração na pá do último estágio da turbina $\sigma_p > 25$ kg/mm^2 e ε = 0.005 nas condições de conclusão dos cálculos (Tabela 2.2, estágio 6). O processo de resolução do conjunto Pareto-ótimo de acordo com o algoritmo de treino desenvolvido pela rede polimórfica RBF é apresentado na Tabela 7. A amostra de treino inicial inclui 45 vectores de solução **x** = (,π_C^* T_G^* , λ_A , λ_C , λ_G , λ_T , λ_{FT}) gerados utilizando um desenho composto central com centros posicionados nas faces [196]. Entre estas 45 soluções, 9 satisfazem os critérios de restrição e 7 são não dominadas. A Tabela 2.5 apresenta o número de neurónios N_h na camada oculta e a aptidão e_m para as variáveis alvo para cada modelo aproximado e restrição utilizando a abordagem da rede RBF polimórfica descrita anteriormente.

Tabela 2.5. O processo de encontrar um conjunto de soluções Pareto-óptimas (investigação do autor, publicada em [196])

Iterações		Primeira iteração	Segunda iteração	Terceira iteração	Resultados
O número da equação na amostra de treino		50	140	230	320
O número da equação que satisfaz a restrição		10	45	110	200
Tamanho do conjunto ótimo de Pareto		8	15	24	40
Modelo $_{Valor}$ *Cspec.*	N_h	37	39	35	-
	e_m	0.00009	0.00011	0.00007	-
Modelo σ_p	N_h	37	40	38	-
	e_m	0.02542	0.01768	0.34325	-

Modelo h_z	N_h	40	35	36	-
	e_m	0.00005	0.00004	0.00004	-
Modelos erro relativo total	e	0.0065	0.0054	0.0037	-

Utilizando o algoritmo NSGA-II [196, 199], foram identificadas 100 soluções Pareto-óptimas com um erro relativo total e = 0,0065 em 500 gerações de treino com uma população de 100 indivíduos. Após a validação em relação ao modelo exato, estas soluções foram integradas na amostra de treino, resultando num total de 140 vectores (incluindo 45 que satisfazem as restrições e 15 do conjunto Pareto-ótimo). Isto marcou a conclusão da primeira iteração. Seguiram-se as iterações seguintes, com um total de três iterações realizadas e 320 chamadas de minimização de funções efectuadas. Os erros relativos para os modelos na segunda e terceira iterações foram e = 0,0054 e e = 0,0037, respetivamente. A Tabela 2.6 apresenta o TE do TV3-117 que selecionou os parâmetros operacionais óptimos de Pareto.

Tabela 2.6. Um exemplo da variante dos parâmetros do processo de trabalho do motor de turbina TV3-117 no modo de voo de helicóptero (investigação do autor, publicada em [196])

Valor *Cspec.*, kg/N-h	σ_p, kg/mm^2	h_z, mm	π_c^*	T_G^*, K	λ_A	λ_C	λ_G	λ_T	λ_{FT}
0.085	12.9	15	13.0	1310	0.685	0.250	0.25	0.640	0.682
0.089	17.4	15	10.9	1302	0.693	0.278	0.25	0.462	0.577
0.092	17.7	15	10.2	1308	0.693	0.299	0.25	0.468	0.581

0.096	17.5	15	8.7	1308	0.693	0.343	0.25	0.507	0.586
0.101	16.9	15	8.6	1354	0.693	0.343	0.25	0.539	0.593
0.109	17.0	15	8.7	1466	0.693	0.343	0.25	0.525	0.599
0.115	17.1	15	8.6	1545	0.693	0.343	0.25	0.508	0.575
0.124	17.7	15	8.2	1638	0.693	0.343	0.25	0.485	0.564
0.130	17.2	16	8.0	1699	0.693	0.343	0.25	0.505	0.542
0.137	21.5	19	6.9	1684	0.693	0.343	0.25	0.443	0.529
0.146	24.2	23	5.3	1686	0.693	0.343	0.25	0.469	0.511

Os resultados de todas as iterações são apresentados na Fig. 2.7, a ("O " é a amostra de treino inicial (50/8), "×" é a primeira iteração (140/15), "□ " é a segunda iteração (230/24), "Δ" é a terceira iteração (320/40); "■ " é a decisão baseada no modelo exato (50000/100)). Esta figura mostra também o conjunto Pareto-ótimo (frente de Pareto) obtido pelo método NSGA-II [196, 199] (com 100 indivíduos e 500 gerações de tamanho da população) com base no modelo exato. Para encontrar este conjunto, foram efectuadas 50000 chamadas de funções de minimização.

Na Fig. 2.7, b ("O " é o modelo aproximado, "×" é o modelo exato: 5 gerações, "■ " é o modelo exato: 500 gerações) compara três conjuntos de soluções Pareto-óptimas: obtidas com base no modelo aproximado proposto (com 320 chamadas do modelo exato), bem como conjuntos obtidos com base no modelo exato com 500 chamadas (com 100 indivíduos e 5 gerações de tamanho da população) e 50000 chamadas (com 100 indivíduos e 500 gerações de tamanho da população).

Os valores da relação de pressão total do compressor e do consumo específico de combustível são normalizados. As funções-alvo podem ser optimizadas para determinados valores dos parâmetros de injeção de combustível e para a escolha da lei de controlo do motor. Uma vez que existe sempre um compromisso entre os objectivos de otimização, a escolha final dos valores dos parâmetros de injeção ideais deve ser determinada pelas condições de funcionamento do motor. Assim, se o objetivo for minimizar o consumo específico de combustível, então deve selecionar-se o modo de funcionamento do motor, que é determinado pelo ponto *P*, mas, neste caso, o aumento da pressão total no valor do compressor aumentará 5,0 %. No entanto, neste caso, existe um risco de danos nas pás do compressor e, consequentemente, uma diminuição do desempenho do motor e um risco de emergência. Se o objetivo for minimizar o consumo específico efetivo de combustível, então o modo de funcionamento do motor será determinado pelo ponto *F*, com o aumento da pressão total no compressor reduzido em 1,0 %. Uma solução de compromisso será o modo de funcionamento do motor, que é determinado pelo ponto *C*, onde o grau de aumento da pressão total no compressor é normal, enquanto o consumo específico de combustível aumenta de forma insignificante em comparação com o valor no ponto *F* - em 10,5 %, o que não é importante para os helicópteros TE. Uma vez que o comandante da tripulação do helicóptero sabe antecipadamente qual dos critérios lhe interessa mais, as soluções individuais que são óptimas de acordo com os critérios mais significativos são consideradas na frente de Pareto resultante [59, 60]. Assim, o comandante da tripulação do helicóptero recebe apoio na tomada de decisões sobre a escolha do modo de funcionamento do motor: com o valor mínimo de consumo específico de combustível, com um grau máximo de aumento da pressão total no compressor, ou uma opção de compromisso dependendo das condições de voo do helicóptero.

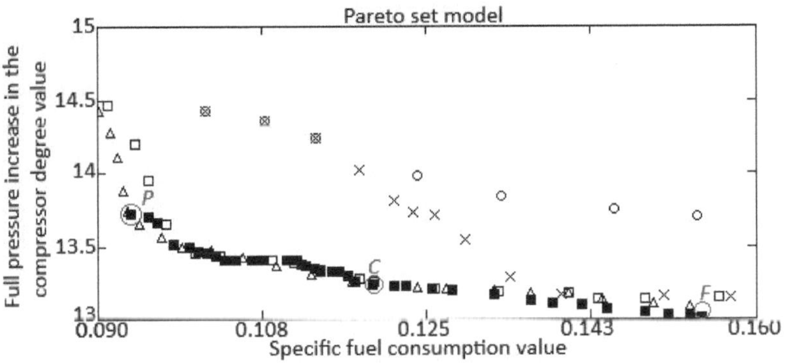

(a)

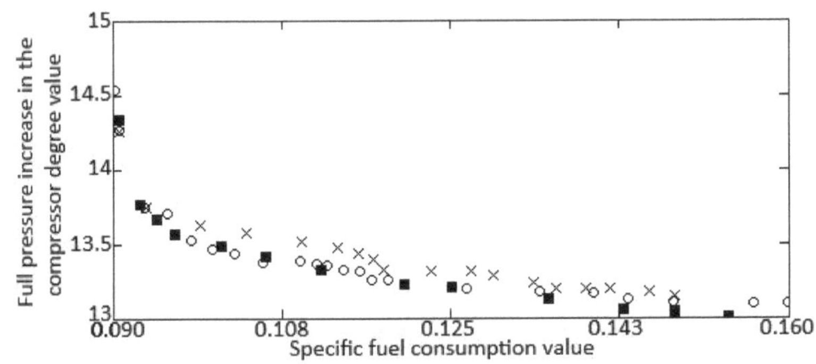

(b)

Figura 2.7. Evolução dos conjuntos de soluções Pareto-óptimas no processo de cálculo (a) e comparação de três conjuntos de soluções Pareto-óptimas (b) (investigação do autor)

2.4. Resultados da análise comparativa da identificação dos parâmetros óptimos do processo de trabalho do motor de turbina de helicóptero

Para avaliar a eficácia dos resultados da resolução de tarefas de otimização multicritério com base na rede RBF polimórfica criada, foram realizadas experiências computacionais comparativas utilizando um algoritmo evolutivo multiobjectivo auto-organizado (SMEA) [200] e um algoritmo evolutivo diferencial multiobjectivo de auto-aprendizagem (Multi-objective Differential Evolutionary Self-Learning algorithm, MDESL) [200, 201]. O algoritmo SMEA utiliza mapas auto-organizáveis (SOM) durante o processo de formação para estabelecer vizinhanças. O algoritmo MDESL para extrair o conhecimento das relações de vizinhança utiliza o agrupamento *k-means* para o subsequente emparelhamento de caraterísticas. O algoritmo de agrupamento *k-means* tem custos computacionais elevados devido à utilização da estratégia iterativa. Os conjuntos de testes TEST_1 - TEST_8, cada um com os parâmetros de valores TV3-117 TE 32, foram utilizados como tarefas de referência. Os conjuntos de teste TEST_1 - TEST_8 foram obtidos dividindo a amostra de treino total em 8 partes iguais. Para efetuar experiências computacionais comparativas, foram escolhidas as seguintes definições de parâmetros para cada um dos algoritmos, tendo em conta as caraterísticas dos conjuntos de dados de teste TEST_1 - TEST_8:

1. Parâmetros gerais: tamanho da população N = 500 para a otimização com dois critérios, dimensão das variáveis (objectos) n = 8, número máximo de gerações evolutivas T = 320, número de execuções de teste é 32, cada instância de teste é executada, condição de paragem - todos os algoritmos param a execução após 50000 cálculos de funções.

2. O algoritmo de otimização multicritério que utiliza parâmetros de

abordagens heurísticas é o algoritmo evolutivo e genético que utiliza a rede RBF polimórfica criada: número de componentes K_{max} = 8, probabilidade de utilização e = 0,6, constante de cruzamento CR = 1 e constante de diferenciação F = 0,7 [200, 202].

3. Parâmetros do algoritmo SMEA: A estrutura SOM é a dimensão do mapa 1-D, número de neurónios 1*100 para a otimização de dois critérios, taxa de formação inicial: τ_0 = 0,9, tamanho da vizinhança T = 5, probabilidade de restrição de emparelhamento β = 0,7.

4. Parâmetros do algoritmo MDESL [200, 202]: número máximo de clusters: K_{max} = 10, comprimento do histórico H = 5, constante de crossover CR = 1 e constante de diferenciação F = 0,6.

Para quantificar a qualidade das frentes de Pareto obtidas como resultado das aproximações, foram utilizados dois indicadores de qualidade: a distância intergeracional invertida (*IGD*) e o hipervolume (*HV*) [200, 203]. A linha diretriz de optimalidade é representada pelo vetor $r^* = (r_1^*, r_2^*, ..., r_k^*)$, onde $r_j^* = \max f_j(x) + 1$, j = 1...k, k é o número da função objetivo da tarefa. De acordo com [204], a diminuição do valor da métrica *IGD* melhora a aproximação P na frente de Pareto real P^* aproximação, e a métrica *IGD* é determinada de acordo com a expressão:

$$IGD(P^*, P) = \frac{\sum_{x^* \in P^*} d(x^*, P)}{|P^*|}, \qquad (2.18)$$

em que P é a frente de Pareto aproximada, P^* é o conjunto de pontos óptimos na verdadeira frente de Pareto, $d(x^*, P)$ é a distância mínima entre os pontos óptimos uniformemente distribuídos x^* e qualquer ponto de aproximação P, $|P^*|$ é a potência P.*

O trabalho também utilizou a métrica *HV*, aumentando o valor que melhora a aproximação de P na frente de Pareto real P^* aproximação. De acordo com [200], a métrica *HV* é calculada como a diferença entre os pontos aproximados *P* e os pontos de referência r^* no espaço alvo de acordo com a expressão:

$$HV = \left(P, r^*\right) = VOL\left(\bigcup_{x \in P}\left(f_1(x), r_1\right) \times \ldots \times \left(f_k(x), r_k\right)\right), \qquad (2.19)$$

onde $r^* = \left(r_1^*, r_2^*, \ldots, r_k^*\right)$ é o ponto de referência de optimalidade no espaço-alvo, dominante para qualquer ponto Pareto-optimal, *VOL*(-) é a medida de Lebesgue.

O algoritmo de otimização multicritério proposto, que utiliza abordagens heurísticas como os algoritmos evolutivos e genéticos com a rede RBF polimórfica criada, foi comparado com os algoritmos SMEA e MDESL, cada um dos quais foi executado 32 vezes de forma independente em determinados conjuntos de teste, tendo sido calculadas as métricas *IGD* e *HV*, cujos valores médios são apresentados nas Tabelas 2.7 e 2.8, respetivamente. As Tabelas 2.7 e 2.8 mostram que o algoritmo de otimização multicritério proposto, que utiliza abordagens heurísticas, é o algoritmo evolutivo e o algoritmo genético com a rede RBF polimórfica, que superou os algoritmos SMEA e MDESL clássicos em todos os oito conjuntos de testes (TEST_1 - TEST_8) de acordo com as métricas IGD e HV. O algoritmo proposto mostrou consistentemente um desempenho superior, enquanto os algoritmos SMEA e MDESL obtiveram resultados médios ou baixos. Além disso, as arestas de aproximação produzidas pelo algoritmo proposto apresentaram a melhor diversidade e proximidade das frentes de Pareto reais entre os três algoritmos testados [205, 206].

Tabela 2.7. Valores médios da métrica *IGD*, calculando os resultados após 32 execuções independentes dos conjuntos de teste TEST_1 - TEST_8 (investigação do autor, baseada em [204])

Número	Conjunto de dados de teste	Valor médio da métrica *IGD*		
		Algoritmo proposto	SMEA	MDESL
1	TESTE_1	1.168	0.876	2.987
2	TESTE_2	1.225	0.924	3.118
3	TESTE_3	1.217	0.899	3.064
4	TESTE_4	1.435	1.022	3.522
5	TESTE_5	1.601	1.113	3.759
6	TESTE_6	1.484	1.095	3.602
7	TESTE_7	1.795	1.192	4.017
8	TESTE_8	1.652	1.156	3.838

Tabela 2.8. Resultados do cálculo dos valores médios da métrica *HV* após 32 execuções independentes do conjunto de testes TEST_1 - TEST_8 (investigação do autor, baseada em [204])

Número	Conjunto de dados de teste	Valor médio métrico *HV*		
		Algoritmo proposto	SMEA	MDESL
1	TESTE_1	5.622	3.832	1.922
2	TESTE_2	5.537	3.693	1.805
3	TESTE_3	5.558	3.713	1.818
4	TESTE_4	5.386	3.407	1.654
5	TESTE_5	5.117	3.235	1.588
6	TESTE_6	5.266	3.303	1.621
7	TESTE_7	5.026	3.092	1.377
8	TESTE_8	5.074	3.101	1.462

A Fig. 2.8 ilustra as frentes de Pareto aproximadas com valores médios de IGD para o algoritmo proposto e o algoritmo SMEA. As frentes do algoritmo proposto convergem de perto para as frentes de Pareto reais em todos os casos de teste, enquanto as frentes do algoritmo SMEA não convergem completamente nos conjuntos de dados TEST_5 - TEST_8 e têm segmentos em falta nos conjuntos de dados TEST_1 - TEST_4. A Fig. 2.9 mostra o indicador de eficiência do IGD em função do número de gerações evolutivas. O algoritmo proposto exigiu menos cálculos do que os outros algoritmos, demonstrando uma eficiência de pesquisa superior em todos os conjuntos de teste TEST_4 - TEST_8. Este facto confirma a vantagem do algoritmo proposto sobre os algoritmos SMEA e MDESL.

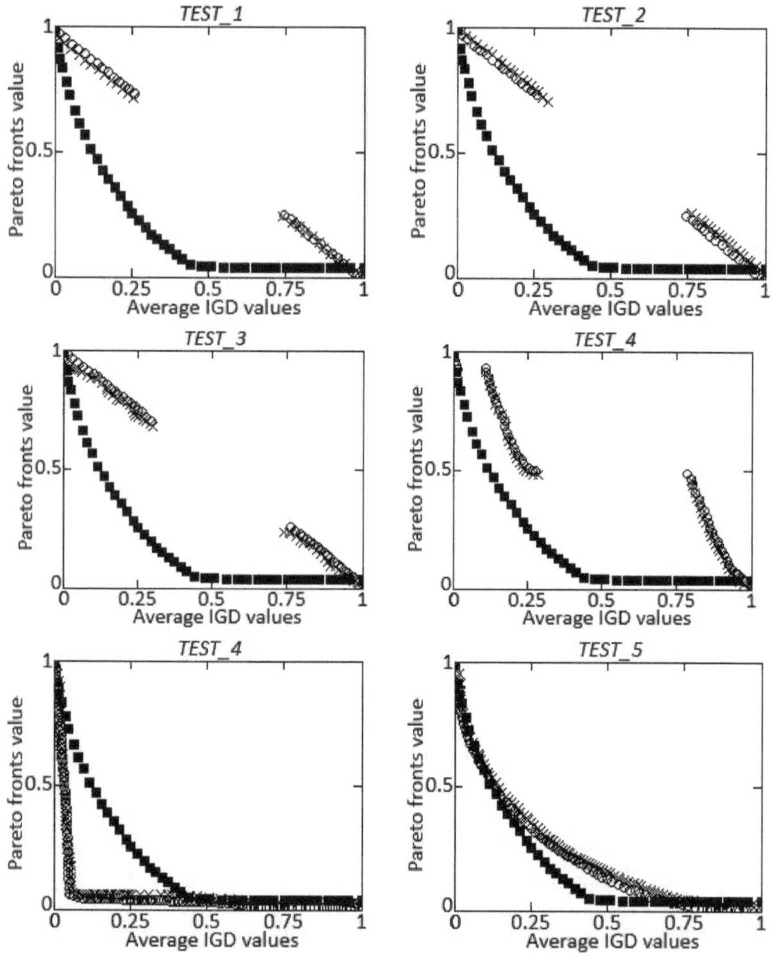

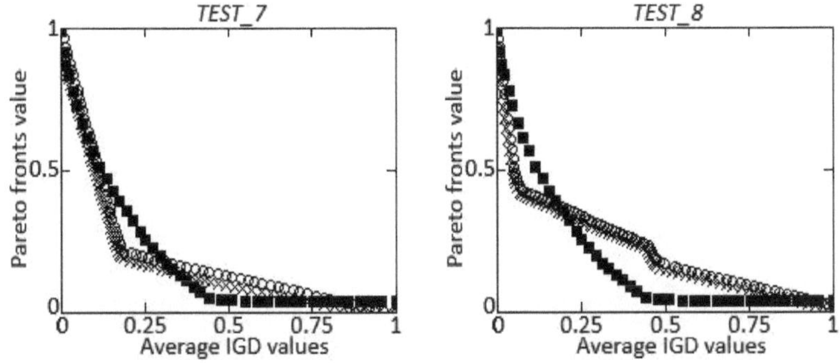

Figura 2.8. Diagramas resultantes das aproximações da frente de Pareto calculadas com valores médios da métrica *IGD* em 32 execuções independentes dos conjuntos de teste TEST_1 - TEST_8 para o algoritmo proposto e o algoritmo SMEA (investigação do autor)

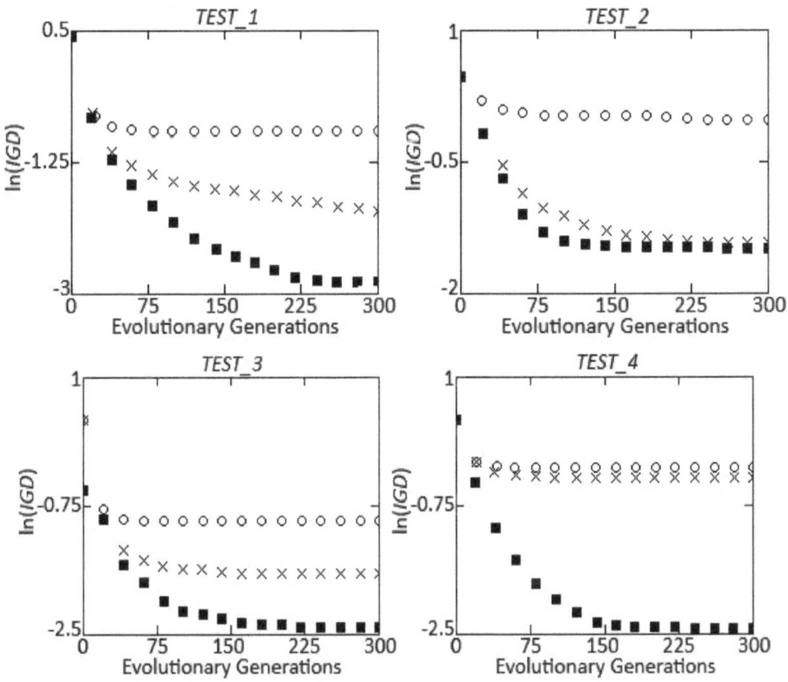

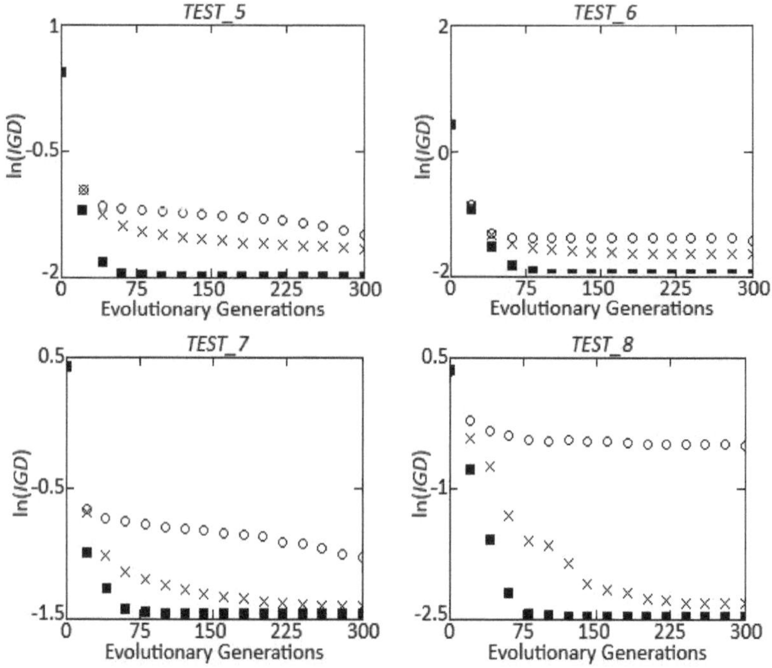

Figura 2.9. Diagramas resultantes que mostram a evolução dos valores médios da métrica *IGD* e dos correspondentes desvios-padrão nos conjuntos de testes TEST_1 - TEST_8 (investigação do autor)

Assim, a comparação entre os algoritmos evolutivos clássicos SMEA e MDESL e o algoritmo de otimização multicritério proposto, utilizando abordagens heurísticas como os algoritmos evolutivos e genéticos utilizando a rede RBF polimórfica criada, demonstrou a superioridade significativa deste último em termos de convergência e diversidade, medida pelos valores métricos *IGD* e *HV*, com custos computacionais mais baixos.

2.5. Conclusões do capítulo 2

1. Pela primeira vez, a nova arquitetura da rede RBF foi criada como

uma rede RBF polimórfica, que difere da rede RBF tradicional na medida em que, devido a uma camada oculta separada para cada variável independente e a um número diferente de funções de base radial multidimensionais em cada grupo e ao elemento de multiplicação da soma dos elementos radiais, a sua utilização permite eliminar as suas deficiências e limitações, nomeadamente

- melhor capacidade de generalização: a rede RBF polimórfica generaliza melhor os novos dados, pelo que é mais resistente à reciclagem. Foi confirmado experimentalmente que o treino da rede RBF polimórfica recém-criada ocorre imediatamente, de forma determinística, no procedimento computacional de um ciclo, enquanto o seu tempo de treino é de 1 ms. Ao mesmo tempo, os seus erros de treino e de teste são de 0,38 e 0,73, respetivamente, que são os mais baixos entre outras arquitecturas de redes RBF nas mesmas condições de treino;

- maior robustez ao ruído: a rede RBF polimórfica é mais robusta ao ruído nos dados de treino. Confirma-se experimentalmente que os erros de treino e de teste da rede RBF polimórfica são 17,5 e 10,1 vezes inferiores, respetivamente, aos erros de treino e de teste da rede RBF clássica, e 12,8 e 8,4 vezes inferiores, respetivamente, aos erros de treino e de teste da rede RBF com uma camada oculta separada para cada variável independente e funções de base radial em cada grupo de número diferente, e 1,2 e 10,2 vezes inferiores, respetivamente, aos erros de treino e de teste da rede RBF-perceptron;

- redução da complexidade computacional: a rede RBF polimórfica possui uma camada oculta estruturada dinamicamente, o que resulta numa menor complexidade computacional de treino. Experimentalmente, confirmou-se que o erro de aproximação para dependências analíticas complexas (por exemplo, as relações entre o aumento da pressão total do motor de turbina TV3-117 no compressor e a temperatura do gás em frente da turbina do compressor) por uma rede RBF polimórfica com uma estrutura 2-36-1 não excede 0,32% em comparação com os cálculos analíticos. A redução do número de neurónios da camada oculta para 20 apenas aumentou ligeiramente o erro em 0,08%.

2. Pela primeira vez, foi criado um algoritmo de treino de uma rede RBF polimórfica, cuja base é um algoritmo evolutivo para o treino de redes RBF clássicas, devido aos métodos de inicialização dos coeficientes de peso utilizados tendo em conta a estrutura das tarefas e dos valores anteriores, à utilização da seleção de torneios para as mutações, aos critérios adicionais acrescentados à função de aptidão para ter em conta a estabilidade e a rapidez do treino da rede RBF polimórfica, bem como a aplicação da estratégia evolutiva de mutação, permitiram obter a rede RBF polimórfica com erros de treino e de teste mais baixos em comparação com a rede RBF clássica, a rede RBF com uma camada oculta separada para cada variável independente e um número diferente de funções de base radial em cada grupo, pela rede RBF-perceptron. Confirmou-se experimentalmente que os erros de treino e de ensaio da rede RBF polimórfica com estrutura 2-36-1 foram de 0,38 % e 0,73 %, respetivamente, enquanto os erros de treino e de ensaio da rede RBF clássica foram de 6,64 % para a estrutura 2-36-1 semelhante e de 7,38 %, os das redes RBF com uma camada oculta separada para cada variável independente e um número diferente de funções de base radial em cada grupo são de 4,87 % e 6,11 %, os das redes RBF-perceptron são de 0,45 % e 7,43 %.

3. A possibilidade de aplicação prática da rede RBF polimórfica recém-criada e o seu algoritmo de treino são demonstrados experimentalmente no exemplo do processo de trabalho do helicóptero TE

(no exemplo do motor de turbina TV3-117), optimizando a resolução de tarefas de acordo com o algoritmo de otimização multi-critério:

- foram obtidas as dependências espaciais da tensão de tração na pá do rotor do último estágio da turbina e o consumo de combustível específico do motor, dependendo da temperatura do gás em frente à turbina do compressor e do grau de aumento da pressão total nos valores do compressor;
- obteve-se a frente de Pareto óptima, o que permitiu obter o funcionamento do motor em três modos adicionais: redução máxima do consumo específico de combustível com a pressão total no compressor a aumentar o valor do grau aumentado em 5,0 %, minimização do consumo específico de combustível com a pressão total no compressor a aumentar o valor do grau reduzido em 1,0 %, a pressão total no compressor a aumentar o valor do grau ótimo com um ligeiro aumento do consumo específico de combustível em 10,5 %;
- foi obtida a versão experimental dos parâmetros do processo de funcionamento do motor de turbina TV3-117 no modo de voo do helicóptero, que consiste no consumo específico de combustível, no grau de aumento da pressão total no compressor e nos valores óptimos dos caudais de gás especificados no dispositivo de admissão, no compressor, na câmara de combustão, na turbina do compressor e na turbina livre, respetivamente, cuja utilização permitirá ao comandante da tripulação do helicóptero ajustar os modos de funcionamento do motor durante o voo do helicóptero, aumentando assim a segurança do voo;
- Foi confirmado experimentalmente que a utilização da rede RBF polimórfica recém-criada e o seu algoritmo de treino na tarefa de otimização dos parâmetros do processo de trabalho do motor de turbina TV3-117 no modo de voo do helicóptero, de acordo com o algoritmo de

otimização multicritério, em comparação com o algoritmo evolutivo multi-objetivo auto-organizado (SMEA) e o algoritmo de auto-aprendizagem evolutiva diferencial multicritério (MDESL), é o mais eficaz, como evidenciado pelos valores mínimos da métrica IGD e pelos valores máximos da métrica HV. Quando se utiliza a rede RBF polimórfica e o seu algoritmo de treino, os valores da métrica IGD situam-se entre 1,168...1,795, enquanto que quando se utiliza o algoritmo SMEA, os seus valores situam-se entre 0,876...1,192, quando se utiliza o algoritmo MDESL situam-se entre 2,987...4,017. Quando se utiliza a rede RBF polimórfica e o seu algoritmo de treino, os valores da métrica HV estão compreendidos entre 5,026...5,622, enquanto que quando se utiliza o algoritmo SMEA, os seus valores estão compreendidos entre 3,092...3,832, quando se utiliza o algoritmo MDESL estão compreendidos entre 1,377...1,922.

As perspectivas de investigação futura são a adaptação dos métodos e modelos desenvolvidos ao conceito geral de monitorização e controlo do funcionamento dos motores de turbina de helicóptero no modo de operação de voo. Este conceito é implementado no sistema pericial de rede neural e no sistema de controlo automático a bordo de motores de turbina de helicóptero com rede neural fechada.

CHAPTER 3

DESENVOLVIMENTO DE UM MÉTODO DE REDE NEURAL PARA OS MODELOS ESTÁTICOS NÃO LINEARES DOS MOTORES DE TURBINA DE HELICÓPTERO QUE IDENTIFICAM A RESOLUÇÃO DE TAREFAS NO MODO DE OPERAÇÃO DE VOO

3.1. Noções básicas sobre a identificação por redes neuronais dos motores de turbina de helicóptero em modos estáticos

Em condições modernas, alcançar uma elevada precisão e produtividade dos resultados da resolução de tarefas de identificação é bastante difícil, uma vez que existem dificuldades com a precisão dos resultados da aplicação de modelos matemáticos, a necessidade de quantidades significativas de informação a priori e a posteriori sobre as caraterísticas das ET de helicópteros, bem como devido aos factores de presença de incerteza e limitações de recursos de informação [207]. Dentre os métodos clássicos de identificação das caraterísticas das TE de helicópteros, os mais comuns são a correlação cruzada, a aproximação estocástica, a máxima verossimilhança, a maximização da probabilidade a posteriori e o LSM [208]. Existe também nas publicações de identificação de caraterísticas de GTE um número significativo, descrevendo vários métodos, nomeadamente redes neuronais [209, 210]. No entanto, os resultados obtidos nem sempre são os ideais, uma vez que é frequentemente utilizado o método de tentativa e erro, e não existem recomendações para a seleção dos algoritmos de treino e para a estrutura das redes neuronais [211]. Relativamente ao TE dos helicópteros, também não existe um método para resolver tarefas semelhantes num contexto de redes neuronais. A análise mostra que as redes neuronais se caracterizam pela universalidade na resolução de tarefas semelhantes, uma vez que podem ser treinadas como aproximadores universais. Em comparação com os métodos clássicos de identificação, o LSM é o mais utilizado em vários domínios, uma vez que é utilizado quando a dependência gráfica é conhecida antecipadamente [212].

Atualmente, os resultados da resolução das tarefas de identificação do GTE do turbojacto nas condições dos ensaios em banco de ensaio pertencem ao professor Serhii Zhernakov [209, 210]: foram obtidas as soluções das tarefas acima referidas sobre a identificação do modelo GTE multimodo, o modelo GTE multimodo inverso e o modelo GTE multimodo dinâmico.

De acordo com os estudos mencionados, a tarefa de identificação do TE do helicóptero em modos estáveis de operação é descrita pelas equações de forma:

$$f_1 (A, U) = 0, \tag{3.1}$$

$$Y = f_2 (A, X), \tag{3.2}$$

em que f_1 e f_2 são funções vectoriais não lineares; A e U são os vectores dos parâmetros do motor.

A tarefa de identificação reduz-se a encontrar uma tal função f^*, que corresponderia à dependência com um grau de precisão dado

$$Y^* = f^* (A, X). \tag{3.3}$$

Neste trabalho, a tarefa de identificação da rede neural TE de helicópteros é resolvida nesses contextos:

– a identificação do modelo multimodo do helicóptero TE de acordo com os parâmetros registados a bordo do helicóptero;

– a identificação do modelo multimodo do TE do helicóptero de acordo com o modelo matemático;

– a identificação do modelo inverso multimodo do TE do helicóptero de acordo com o modelo matemático;

– a identificação do modelo dinâmico multimodal TE do helicóptero (modos transientes de funcionamento do motor).

3.2. Identificação por rede neuronal do modelo multimodo dos motores de turbina de helicóptero com base em parâmetros registados a bordo do helicóptero

A identificação da rede neuronal dos parâmetros termogasodinâmicos do processo de trabalho do helicóptero TE em tempo real (voo do helicóptero) é efectuada calculando o valor de todos os parâmetros especificados com base nos dados registados a bordo do helicóptero (n_{TC}, T_G^*, n_{FT}) no programa Matlab/Simulink (Fig. 3.1) [213, 214].

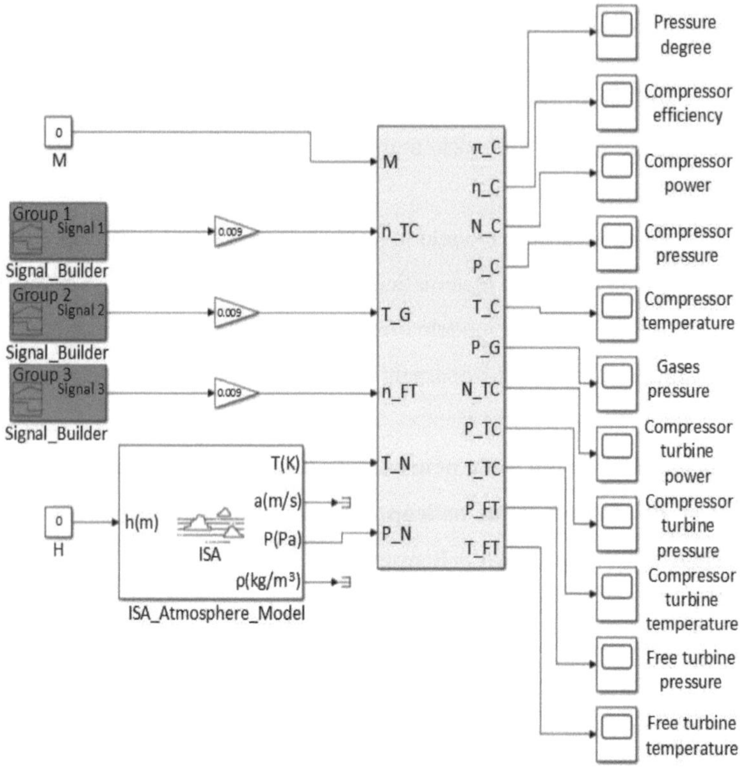

Figura 3.1. Vista geral do fragmento do modelo matemático dos motores de turbina de helicóptero (GTE com uma turbina livre) no programa Matlab/Simulink

Uma vez que o objetivo principal da identificação é obter os parâmetros do processo de trabalho da ETE helicóptero em tempo real, a escolha da arquitetura da rede neural é determinada pelo critério principal que é a velocidade de obtenção dos seus valores. Para simplificar a arquitetura e acelerar os cálculos, foi escolhido um perceptron de três camadas para esta tarefa [213, 214]:

– A camada de entrada contém 7 neurónios que especificam os parâmetros atmosféricos e de bordo (altura de voo h, temperatura T_H , pressão atmosférica P_H, densidade do ar ρ, frequência de rotação do rotor do turbocompressor n_{TK}, frequência de rotação do rotor da turbina livre n_{CB} e temperatura do gás em frente da turbina do compressor T_G^*);

– a camada de saída tem 36 neurónios, que contêm os valores de todos os parâmetros necessários ao processo de funcionamento do motor.

Como funções de ativação dos neurónios para um perceptron de três camadas, a função de ativação do neurónio sigmoide da forma $f(x)=\frac{1-e^{-x}}{1+e^{-x}}$ [213, 214] tornou-se muito comum.

Para determinar o número ótimo de neurónios da camada oculta, a dependência experimental E = *f*(*N*) é apresentada na Figura 3.2, em que *E* é o erro de treino da rede neuronal; *N* é o número de neurónios da camada oculta (assume-se que o número de neurónios na camada de entrada é 7, na camada de saída é 36). O menor erro de treino da rede neuronal é observado com 53 neurónios na camada oculta, com a estrutura óptima da rede neuronal 7-53-36 [213, 214].

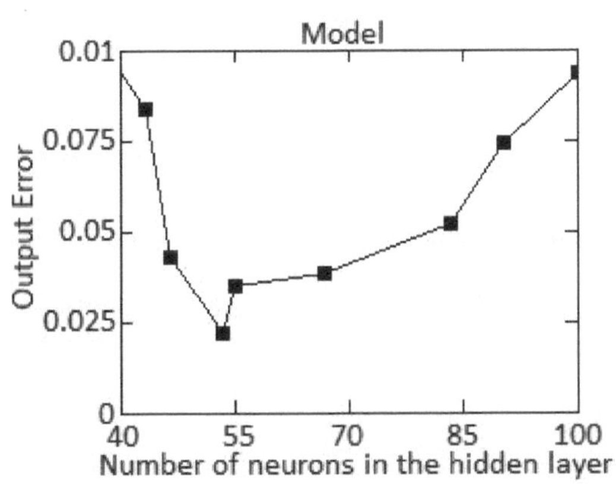

Figura 3.2. Diagrama da dependência do erro de treino da complexidade da rede neuronal (modificação do autor)

Como algoritmos de formação utilizados:

1. Algoritmo de retropropagação:

$$W_{hk}^{(3)}(t)=W_{hk}^{(3)}(t-1)+\eta\delta_k^{(3)}(t)\cdot F_h^{(2)},$$
$$W_{jh}^{(2)}(t)=W_{jh}^{(2)}(t-1)+\eta\delta_h^{(2)}(t)\cdot F_j^{(1)},$$
$$W_{ij}^{(1)}(t)=W_{ij}^{(1)}(t-1)+\eta\delta_j^{(1)}(t)\cdot Y_j^{(s)},\qquad (3.4)$$

em que η é o valor que especifica a velocidade de convergência, enquanto que

$$\delta_k^{(3)}(t)=2\cdot\frac{\partial f}{\partial t}\cdot\left(F_k^{(3)}(t)-F_k^{(s)}\right),$$
$$\delta_h^{(2)}(t)=\frac{\partial f}{\partial t}\cdot\sum_{k=1}^{H}W_{hk}^{(3)}(t-1)\cdot\delta_k^{(3)}(t),$$
$$\delta_j^{(1)}(t)=\frac{\partial f}{\partial t}\cdot\sum_{h=1}^{H}W_{jh}^{(2)}(t-1)\cdot\delta_h^{(2)}(t),\qquad (3.5)$$

em que $\frac{\partial f}{\partial t}$ é a derivada da função de ativação do neurónio (sigmoide).

2. Algoritmo de propagação rápida:

$$\Delta W_{ij}(t)=-\eta\cdot\left(\frac{\partial E(W(t))}{\partial W_{ij}}+\gamma\cdot W_{ij}\right)+\alpha_{ij}^{(t)}\cdot\Delta W_{ij}(t-1),\qquad (3.6)$$

em que $\alpha\in[0;1]$ é o coeficiente de momento; $\gamma = 10^{-4}$ é o coeficiente de minimização dos valores absolutos dos coeficientes de ponderação.

3. Algoritmo de gradientes conjugados:

$$\Delta W(t)=\eta\cdot p(t)+\alpha\cdot(W(t)-W(t-1)),$$
$$p(t)=-\left[H(W(t))\right]^{-1}\cdot g(W(t)),\qquad (3.7)$$

em que $p(t)$ é o vetor de direção do gradiente; $g(W(t))$ é o valor do gradiente; H é a matriz Hessiana.

4. Algoritmo Quasi-Newton:

$$\Delta W(t+1) = W(t) + \Delta W, \qquad \Delta W = \eta \cdot p(W). \tag{3.8}$$

5. Algoritmo de Levenberg-Marquardt:

$$W(t+1) = W(t) - \left(\left[J(W(t))\right]^T \cdot J(W(t)) + \mu \cdot I\right)^{-1} \cdot \left[J(W(t))\right]^T \cdot E(W(t)), \tag{3.9}$$

em que w é um vetor de pesos ajustáveis da rede neuronal; J é a matriz Jacobi (Jacobiana) das derivadas da função de erro em função dos parâmetros ajustáveis; H - matriz Hessiana, aproximada pela expressão: $H = \left[J(W(t))\right]^T \cdot J(W(t))$, T é símbolo de transposição; μ é um parâmetro escalar; I é uma matriz unitária.

Os resultados de uma análise comparativa do treino do perceptron de três camadas proposto, em que o algoritmo backpropagation foi escolhido como algoritmo de treino, garantindo uma elevada taxa de convergência e precisão do processo de treino, são apresentados na Tabela 3.1.

Tabela 3.1 - Resultados do treino da rede neural Perceptron

Algoritmo de formação	LES	Número de épocas de treino	Número de etapas de formação
Retropropagação	2.73024	1220	53
Gradiente conjugado	4.00261	1360	61
Propagação rápida	4.29965	1380	68
Quasi-Newton	4.31782	1420	72
Lewenberg-Marquardt	4.32009	1440	75

Durante a experiência, o consumo de combustível na câmara de combustão é controlado pelo bloco funcional "Signal Builder" com a determinação dos dados dos parâmetros de entrada em cada momento. Os restantes sinais são colocados a zero para definir as condições de ensaio do motor no solo. A simulação foi efectuada durante 30 segundos. O valor dos parâmetros n_{TC}, n $_{,FT}T^{*}_{G}$, a velocidade de voo M e a altura de voo H são dados à entrada do modelo (Fig. 3.3). Os parâmetros atmosféricos são então enviados para a unidade de cálculo do dispositivo de entrada, onde é calculado o valor do consumo de combustível G_T , que também é utilizado posteriormente como parâmetro de entrada para a rede neural.

(a) (b) (c)

Figura 3.3. Dependência do consumo de combustível na câmara de combustão com o tempo, como saída de controlo, e os parâmetros de velocidade de voo M e altura de voo h como influências excitantes (investigação do autor)

No processo de modelação, a natureza dos efeitos semelhantes à serra (Figura 3.4) foi aplicada para maximizar a gama esperada de alterações nas condições de voo e nas condições de funcionamento do motor. Os seguintes parâmetros são selecionados como sinal de saída: eficiência do compressor (C_EFF), grau de aumento da pressão total no compressor (Pi_C), potência do veio da turbina do compressor (N_TC) e funcionamento da turbina do compressor (A_TC).

(a) (b) (c)

Figura 3.4. Dependência do consumo de combustível na câmara de combustão em função do tempo, como saída de controlo, e dos parâmetros de velocidade de voo *M* e altura de voo *h* para os motores de turbina de helicóptero validação do modelo de rede neuronal (trabalho do autor)

Os valores dos parâmetros do motor para treino foram normalizados como $Y_{нормм} = \frac{Y}{Y_1}$, usando valores relativos, onde *Y* representa as saídas do motor e Y_1 são os sinais de saída em $n_{нормм} = 1$, $H = 0$, $M = 0$. Um passo importante é o treinamento da rede neural resulta em reprodutibilidade que foi alcançada pela normalização dos sinais de entrada e saída.

Como resultado da modelação dos modelos matemáticos universais e de rede neuronal do helicóptero TE, foram obtidos os gráficos dos processos transientes (Fig. 3.5, a, em que 1 é um modelo de rede neuronal e 2 é um modelo matemático universal). A Fig. 3.5, b mostra o valor do erro do modelo de rede neural em comparação com o modelo matemático universal do helicóptero TE, e a Fig. 3.5, c - o valor do erro para o modelo matemático universal do helicóptero TE. O carácter semelhante das curvas foi obtido para os restantes parâmetros iniciais.

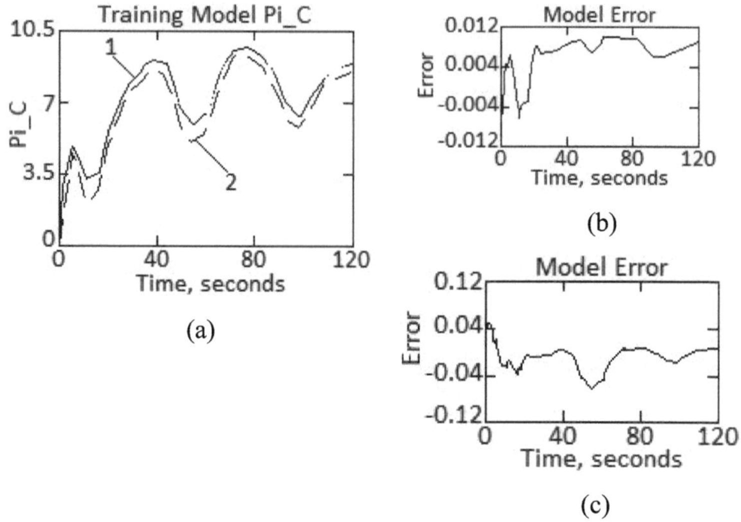

Figura 3.5. Resultados da modelação dos modelos matemáticos e de redes neuronais universais dos motores de turbina de helicóptero (investigação do autor)

A Fig. 3.6 mostra diagramas do erro de treinamento da rede neural ao longo do tempo para o parâmetro identificado de grau aumentado na pressão total no compressor (a - na amostra de treinamento, b - na amostra de teste). Portanto, o erro de treinamento da rede neural de acordo com o parâmetro especificado, tanto na amostra de treinamento quanto na amostra de teste, não excede 1%. De acordo com os resultados dos estudos experimentais, foi estabelecido que, para os restantes 35 parâmetros do processo de trabalho do motor, o erro de treino da rede neural (nas amostras de treino e de teste) também se manteve a um nível não superior a 1%.

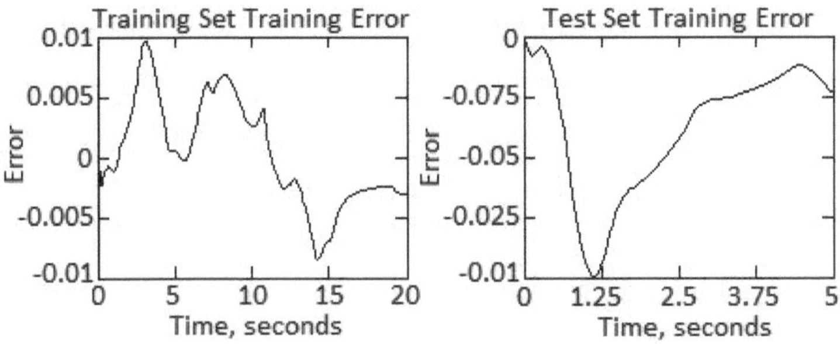

(a) (b)

Figura 3.6. Diagrama da dependência do erro de treino da rede neural em relação ao tempo para o parâmetro identificado do grau de aumento da pressão total no compressor (no modo de descolagem) (Matlab) (modificação do autor)

Os valores de erro médio e os valores de desvio de acordo com os gráficos acima para cada parâmetro de saída são mostrados na Tabela 3.2, onde M_1 é o modelo de rede neural desenvolvido, M_2 é o modelo com os parâmetros dados.

Tabela 3.2. Resultados da determinação dos erros e desvios médios dos parâmetros

Parâmetro	Valor			
	C_EFF	Pi_C	N_TC	A_TC
Desvio M_2 , %	2.162	2.339	2.246	2.401
Desvio M_1 , %	0.923	0.766	0.814	0.808
$_2$ M/ M_1	2.342	3.053	2.759	2.972

A análise dos resultados obtidos mostra que o desvio médio do erro do modelo de rede neural desenvolvido foi de 0,766 a 0,923%, enquanto que para os modelos matemático e de rede neural universal TE de helicóptero, esse valor variou de 2,162 a 2,401%. Verificou-se que o desvio para o segundo modelo é 2,342...3,053 vezes superior ao do primeiro. É de salientar que o tempo de cálculo do primeiro modelo foi de 5,12 s, enquanto que o do segundo foi de 33,61 s, o que é 6,56 vezes superior ao tempo de cálculo do modelo de rede neuronal desenvolvido.

Foi estudada a exatidão da análise comparativa dos métodos da rede neural (perceptron de três camadas da arquitetura 7-53-36) e clássico (modelo matemático universal do TE de helicóptero) para a identificação dos parâmetros do processo de trabalho do TE de helicóptero. O erro máximo absoluto de identificação quando se utiliza um perceptron de três camadas da arquitetura 7-53-36 é 3,06 vezes inferior ao do modelo matemático universal da ET de helicópteros. Ao mesmo tempo, o perceptron de três camadas da arquitetura 7-53-36 permite um erro de identificação não superior a 0,64%.

Ao contrário de [215], onde se propõe a utilização de arquitecturas de redes neuronais padrão do tipo NARX para modelar o movimento de aeronaves (o treino foi efectuado em modo batch e em tempo real), em [216] é utilizada uma arquitetura NARX gaussiana modificada com um regressor de seleção dos dados de entrada baseado num algoritmo de gradiente modificado. Esta modificação é justificada pela utilização de modelos NARX bastante desactualizados com modelos de aprendizagem automática desactualizados. A estrutura da rede neuronal proposta em [216] é constituída por duas partes: blocos não lineares e lineares (Fig. 3.7, em que u_1, u_2, ..., u_n são sinais de entrada; c_{i1}, c_{i2}, ..., c_{in} são coordenadas do centro do i-ésimo elemento; σ_i é a largura da função radial *do* i-ésimo elemento).

O bloco não linear aceita apenas os regressores de entrada selecionados pelo algoritmo de gradiente modificado. Um bloco linear é um único neurónio que aceita todos os regressores de entrada e de saída.

A justificação para a transição de um perceptron de três camadas para uma rede NARX híbrida com uma camada de base radial baseia-se em vários factores (Tabela 3.3), e as caraterísticas científicas desta transição encontram-se na Tabela. 3.4.

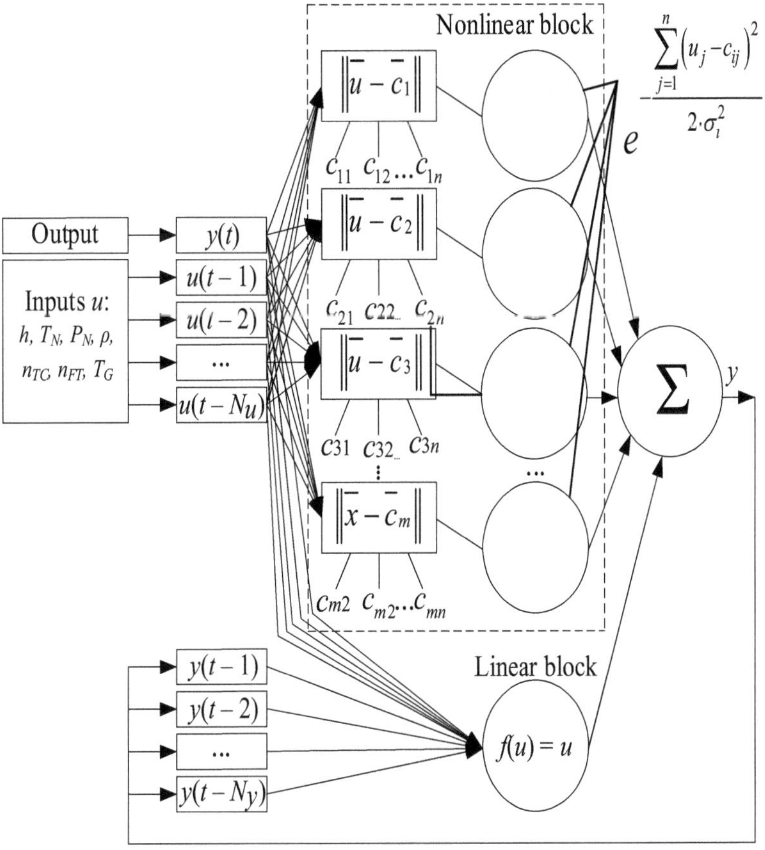

Figura 3.7. Diagrama estrutural modificado de uma rede neuronal para a identificação dos parâmetros termodinâmicos dos motores de turbina de helicóptero, criada com base numa arquitetura do tipo NARX com uma camada não linear de base radial (investigação do autor)

Tabela 3.3. Factores da transição de um perceptron de três camadas para uma rede NARX híbrida com uma camada de base radial para a identificação dos parâmetros termodinâmicos dos motores de turbina de helicóptero

O fator	Descrição
Complexidade do sistema	O sistema TE de um helicóptero é um sistema dinâmico complexo com um comportamento não linear e inter-relações entre vários parâmetros. Os perceptrons de três camadas podem não ser suficientemente flexíveis para modelar um sistema tão complexo.
Tendo em conta a dinâmica	A rede híbrida NARX permite ter em conta as propriedades dinâmicas do sistema com base nas dependências temporais entre entradas e saídas. Isto é especialmente importante para a previsão dos parâmetros do processo de funcionamento do motor que podem mudar ao longo do tempo.
Lidar com a incerteza	As ET de helicópteros estão sujeitas a várias influências externas e a alterações das condições de funcionamento. As redes NARX híbridas de camada de base radial podem adaptar-se melhor à incerteza dos dados e fornecer previsões mais exactas em diferentes condições.
Utilização de dados contextuais	As redes NARX híbridas com uma camada de base radial permitem a inclusão no modelo tanto de valores de parâmetros actuais como de dados históricos. Isto pode ser útil para analisar estados anteriores do sistema e identificar padrões de alterações de parâmetros.

Quadro 3.4. Fundamentação científica da passagem de um perceptron de três camadas para uma rede NARX híbrida com uma camada de base radial

Nome	Descrição
Disposição n.º 1. Modelação inovadora de dependências complexas através de uma combinação de modelos autoregressivos não lineares e funções de base radial	

<table>
<tr><td rowspan="2">Combinação de modelos autoregressivos não lineares e funções de base radial</td><td>Os modelos não lineares autoregressivos NARX são capazes de captar relações dinâmicas complexas entre variáveis de entrada e de saída.</td></tr>
<tr><td>As funções de base radial conferem flexibilidade ao modelo, o que permite a adaptação a diferentes formas de dados, o que é especialmente importante na modelação de parâmetros termodinâmicos com uma natureza não linear.</td></tr>
<tr><td>Modelação eficaz de dependências complexas</td><td>Os parâmetros de funcionamento do TE de um helicóptero podem apresentar dependências complexas e não lineares que são melhor descritas por uma rede NARX híbrida de camada de base radial. Isto permite prever com maior exatidão as alterações dos parâmetros em diferentes condições de funcionamento do helicóptero.</td></tr>
<tr><td colspan="2">Disposição n.º 2. A rapidez de resolução da tarefa de identificação de um helicóptero TE utilizando a rede híbrida NARX com uma camada de base radial e comparando os seus resultados com a utilização de um perceptrão de três camadas</td></tr>
<tr><td>Precisão da modelação</td><td>Comparação de coeficientes de precisão, por exemplo, SLE, em amostras de treino e de teste.</td></tr>
<tr><td>Generalização de novos dados</td><td>É avaliado o grau em que o modelo generaliza o seu conhecimento a novos dados não utilizados durante a formação.</td></tr>
<tr><td>Estabilidade e sustentabilidade</td><td>Análise da estabilidade dos modelos em várias condições, incluindo alterações dos parâmetros externos.</td></tr>
<tr><td colspan="2">Posição nº 3. Utilização simultânea de resultados de simulação utilizando um perceptron de três camadas e uma rede NARX híbrida de camada de base radial a bordo de um helicóptero</td></tr>
<tr><td>Utilizar um perceptron de três camadas</td><td>É utilizado para avaliar rapidamente os parâmetros termogasodinâmicos actuais do TE do helicóptero e assegurar uma resposta a condições que mudam rapidamente.</td></tr>
<tr><td>Utilização de uma rede NARX híbrida</td><td>É utilizado para uma análise mais profunda das alterações dinâmicas dos parâmetros, tendo em conta as dependências</td></tr>
</table>

com uma camada de base radial	temporais e prevendo valores futuros.
Conclusão	
A utilização combinada do perceptron de três camadas e de uma rede NARX híbrida com uma camada de base radial permite combinar as vantagens de ambos os modelos, proporcionando ao helicóptero TE uma identificação mais precisa e flexível dos parâmetros termodinâmicos em tempo real.	

Tal como em [215], o modelo de rede neural implementa um mapeamento dinâmico descrito por uma equação de diferenças da seguinte forma:

$$\hat{y}(t) = \psi\left(\hat{y}(t-1), \hat{y}(t-2), \ldots, \hat{y}(t-N_y), u(t-1), u(t-2), \ldots, u(t-N_u)\right); \quad (3.10)$$

em que o valor do sinal de saída $y(t)$ para um dado momento t é calculado com base nos valores $y(t-1), y(t-2), \ldots, y(t-N_y)$ deste sinal para uma sequência de momentos anteriores, bem como nos valores do sinal de entrada (controlo) $u(t-1), u(t-2), \ldots, u(t-N_u)$ externos ao modelo NARX. No caso geral, a duração da história das saídas e dos controlos pode não coincidir, ou seja, . $N_y \neq N_u$

Em contraste com [215], em [216] é proposto o uso da arquitetura gaussiana da camada não-linear da rede NARX ao invés da arquitetura sigmoidal da rede NARX, uma vez que na tarefa de identificar os parâmetros do processo de trabalho do TE de helicóptero, a resposta do neurônio deve ser máxima para algum valor específico de entrada. A remoção dos regressores de saída do bloco não linear aumenta a confiabilidade do modelo de rede neural do helicóptero TE e permite o uso de mais de um regressor de saída nos modelos. A redução do número de regressores de entrada desnecessários e a obtenção de modelos estruturalmente parcimoniosos melhoram a robustez e reduzem a sensibilidade a alterações de parâmetros. Além disso, a implementação destes modelos no âmbito do sistema pericial para monitorizar o TE de helicópteros é muito mais expedita devido ao menor número de parâmetros avaliados:

$$N_Y = \left(N_{НЛ\,рег} + 1\right) \cdot \left(N_{НБ} + 1\right); \qquad (3.11)$$

em que $N_{НЛрег}$ é o número de regressores utilizados no bloco não linear, $N_{Лрег}$ é o número de regressores utilizados no bloco linear, $N_{НБ}$ é o número de neurónios utilizados no bloco não linear.

A modelação do TE dos helicópteros pela rede híbrida NARX permite reduzir a tarefa de identificação ao treino da rede neuronal e ao ajuste dos seus parâmetros de peso. Neste caso, o critério de treino (funcional minimizado) é geralmente escolhido como sendo um funcional de erro quadrático, que é minimizado utilizando o algoritmo Levenberg-Marquardt modificado desenvolvido como método de otimização não linear.

3.3. Desenvolvimento do algoritmo de Levenberg-Marquardt modificado como método de otimização não linear

O treino de modelos de objectos dinâmicos complexos utilizando uma rede neuronal (Fig. 3.1) é efectuado através da apresentação sequencial de vectores de atraso pré-preparados e dos valores de saída correspondentes, ajustando simultaneamente os pesos das camadas ocultas através de um determinado procedimento [217]. O processo de treino da rede neuronal inclui a aplicação do método Levenberg-

Marquardt. O método combina os métodos de descida mais íngreme (ou seja, minimizando o erro de treinamento ao longo de um gradiente) e o método de Newton (ou seja, usando um modelo quadrático para acelerar a busca do mínimo da função de erro [218]. O método de Levenberg-Marquardt destina-se a otimizar modelos de regressão não linear da forma $F(\mathbf{u}) = \sum_{i=1}^{N}(f_i(\mathbf{u}) - y_i)^2$e, como critério de otimização, utiliza o erro quadrático médio (MSE) do modelo no conjunto de treino, que minimiza.

O método de Levenberg-Marquardt combina as ideias do método de Gauss-Newton e da descida do gradiente. Em cada iteração, este método actualiza os parâmetros **u** da seguinte forma:

$$\mathbf{u}_{k+1} = \mathbf{u}_k - (J^T J + \lambda_k I)^{-1} J^T \Delta\mathbf{y}, \qquad (3.12)$$

em que J - é a matriz Jacobiana de $J_{ik} = \frac{\partial f_i}{\partial u_k}$que descreve as derivadas parciais de um modelo relativo aos parâmetros; $\Delta\mathbf{y}$ - é o vetor que representa a disparidade entre os valores actuais do modelo e os dados reais; I - é a matriz de identidade; λ_k - é o parâmetro de regularização que controla o tamanho do passo em cada iteração.

De acordo com a investigação de Serhii Parkhomenko [218, 219], na maioria das vezes, para procurar a matriz Jacobiana, são utilizadas várias variações das fórmulas de diferença para calcular as derivadas, incluindo a derivada de diferença central [220]. De acordo com [218, 219] para a rede híbrida NARX y_i valores podem ser escritos como:

$$y(u,w) = f_1\left(\sum_{i=1}^{N_i} \widetilde{w}_i \cdot f_2\left(\sum_{j=1}^{N_u} w_{ij} \cdot u_j + \sigma_i\right) \cdot f_3\left(\sum_{l=1}^{N_l} w_{il} \cdot u_l + \sigma_i\right) + \tilde{\sigma}\right), \quad (3.13)$$

em que $y(u, w)$ mostra a dependência de um valor de saída y_i dos valores vectoriais dos parâmetros de entrada u e dos correspondentes coeficientes de ponderação w, u_j - é o valor recebido pelo *j-ésimo* neurónio de entrada, w_{ij} - é o coeficiente de ponderação que liga o *j-ésimo* neurónio de entrada ao *i-ésimo* neurónio da camada oculta não linear, σ_i - é o coeficiente de polarização do *i-ésimo* neurónio da camada oculta não linear, $\widetilde{w}_i$ - é o coeficiente de peso que liga o *i-ésimo* neurónio da camada oculta não linear ao neurónio de saída, $\tilde{\sigma}$ - é o coeficiente de polarização para o neurónio de saída, f_1 (-), f_2 (-) e f_3 (-) - são as funções de ativação para o neurónio de saída e os neurónios das camadas ocultas não lineares e lineares, respetivamente, N_u - é o número de entradas, N_i e N_l - são o número de neurónios das camadas ocultas não lineares e lineares, respetivamente. A função de base radial é escolhida como função de ativação para os neurónios das camadas de saída e não linear oculta e para os neurónios da camada linear oculta - uma função linear.

De acordo com [218, 219], ao calcular a matriz **Hessiana**, é conveniente usar a fórmula $\mathbf{H} = J^T$ J, que é derivada das premissas:

- a função $y(u, w)$ tem uma ordem de não linearidade baixa: as segundas derivadas $\frac{\partial^2 y(u,w)}{\partial w_i \partial w_j}$ não tomam valores muito grandes;

- A matriz **H** é considerada numa pequena vizinhança do vetor de minimização w, para a qual os valores de $y(u, w)$ estão próximos do valor desejado f_i (**u**), ou seja $|f_i(\mathbf{u}) - y(u,w)| \approx 0$.

Com uma operação eficiente de multiplicação de matrizes escalares, a procura de **H** é rápida, enquanto o tempo para calcular o vetor de alterações de peso depende do número variável w_{ij} . As experiências mostram [218, 219] que raramente é necessário resolver mais de três sistemas por iteração, o que não afecta muito o tempo de execução do algoritmo. O cálculo da matriz Jacobiana ocupa a maior parte do trabalho do algoritmo de Levenberg-Marquardt, pelo que a redução do custo da sua procura acelera o treino da rede neuronal. Um destes métodos consiste em abandonar o cálculo da matriz J completamente exacta em favor da sua versão aproximada. Por exemplo, o método de Broyden calcula J_{n+1} utilizando a matriz J_n calculada no passo n de acordo com a fórmula [218, 219]:

$$J_{n+1} = J_n + h^T \cdot \frac{y(u, w_{n+1}) - y(u, w_n) - J_n \cdot h}{h^T \cdot h}, h \qquad (3.14)$$
$$= w_{n+1} - w_n,$$

De um ponto de vista teórico, a utilização desta aproximação em cada passo do algoritmo de Levenberg-Marquardt faz sentido. No entanto, na prática, a aproximação torna-se mais grosseira ao longo do tempo, o que afecta o vetor de gradiente J^T E e requer um novo cálculo da matriz Jacobiana utilizando métodos mais precisos após uma seleção mal sucedida de um vetor de alterações de peso δ. O cálculo analítico das derivadas parciais melhora a precisão dos cálculos e permite encurtar o processo através da reutilização de dados intermédios, reduzindo o número de chamadas a funções complexas. À semelhança de [218, 219], neste trabalho foi efectuada a seguinte substituição:

$$s_i = \sum_{j=1}^{N_u} w_{ij} \cdot u_j + \sigma_i; \quad S = \sum_{i=1}^{N_i} \widetilde{w}_i \cdot f_2(s_i) \cdot f_3(s_i) + \widetilde{\sigma}\,; \; 1 \leq j \leq N_u. \tag{3.15}$$

Assim, obtemos:

$$\frac{\partial y(u,w)}{\partial w_{ij}} = u_j \cdot [E \cdot C \cdot s_i]; \; \frac{\partial y(u,w)}{\partial \sigma_i} = [E \cdot C \cdot s_i]; \; \frac{\partial y(u,w)}{\partial \widetilde{w}_i} = \frac{[E \cdot C'] \cdot [E \cdot s_i]}{1 + [E \cdot s_i]}, \tag{3.16}$$

$$\frac{\partial y(u,w)}{\partial \widetilde{\sigma}} = [E \cdot C']; C = \frac{\partial^2 C}{\partial S^2} \cdot [E \cdot S]; \; \frac{\partial^2 C}{\partial S^2} = \alpha \cdot [E \cdot C']; \; \frac{\partial C}{\partial s_i} = \frac{\widetilde{w}_i \cdot [E \cdot C'^2] \cdot [E \cdot s_i]}{(1 + [E \cdot s_i])^2}.$$

O método analítico de cálculo da matriz Jacobiana não é aplicável em todos os casos, uma vez que para cada novo modelo de rede neuronal é necessário rever as fórmulas. No entanto, requer menos cálculos do que a utilização de derivadas de diferenças centrais, mantendo a exatidão. A distribuição dos cálculos das linhas da matriz J entre as linhas permite o seu preenchimento em paralelo, uma vez que os elementos são calculados de forma independente. Isto corresponde ao padrão de fita. De acordo com [220], τ - é o número máximo de threads que funcionam em simultâneo. Para $\tau \ll N$, cada thread processa, em média, cerca de $\frac{N}{\tau}$ linhas da matriz J. A linha J representa a unidade mínima de processamento dentro de um bloco paralelo, Ξ - conjunto de números de linhas J processadas pela thread t. Como $H^* = J^T$ J, então, segundo [220], para economizar memória, não é necessário armazenar as matrizes J^T e J separadamente. Para quaisquer $n \in [1, N]$ e $m \in [1, M]$a igualdade $J_{nm} = J_{nm}^T$ é verdadeira, o que permite obter os elementos J^T e J *trocando* os índices. Para calcular o elemento da matriz Hessiana de acordo com [220]

$$H_{pq}^{*} = \sum_{i=1}^{N_u} J_{qi}^{T} \cdot J_{ip} = \sum_{i=1}^{N_u} J_{iq} \cdot J_{ip}\, ; 1 \leq p \leq M;\ 1 \leq q \leq M. \quad (3.17)$$

é necessário conhecer todos os elementos das *p-ésima* e *q-ésima* colunas de *J*. A forma mais simples é esperar que uma matriz J inteira seja calculada, mas isso causa um ponto de sincronização em que todos os processos devem esperar que o cálculo seja concluído antes de continuar. Decompor a matriz H^{*} numa soma permite-nos evitar este problema [220]:

$$H^{*} = \sum_{t=1}^{\tau} \left({}^{[t]}H \right) = {}^{[1]}H + {}^{[2]}H + \cdots + {}^{[\tau]}H = \left\{ {}^{[t]}H_{pq} \right\}_{M \times M}, \quad (3.18)$$

em que ${}^{[t]}H$ - é a matriz da soma acumulada do fluxo *t*, ${}^{[t]}H_{pq}$ - é o elemento desta matriz.

Para cada linha calculada da matriz *J* em [220], todos os seus elementos são multiplicados uns pelos outros, o que leva à obtenção de um termo da matriz:

$${}^{[t]}H_{k}^{+}\Big|_{ij} = J_{ik}^{T} \cdot J_{kj} = J_{ki} \cdot J_{kj}; k \in \Xi, 1 \leq i \leq M; 1 \leq j \leq M, \quad (3.19)$$

em que ${}^{[t]}H_{k}^{+}\Big|_{ij}$ é o elemento da matriz ${}^{[t]}H_{k}^{+}$.

Combinando as matrizes de um fluxo, é formada uma matriz de soma cumulativa na forma:

$${}^{[t]}H = \sum_{k \in \Xi_i} {}^{[t]}H_{k}^{+}, \quad (3.20)$$

que, quando adicionada a matrizes de outros fluxos fora da região paralela, resulta numa matriz *Hessiana* finita H^{*}.

Assim, a combinação dos cálculos da linha *J* e da matriz *H* num bloco paralelo foi conseguida distribuindo os cálculos de um produto matricial escalar por[t] H. O cálculo $g = J^T \tilde{\varepsilon}(w)$ também requer todos os elementos da *p-ésima* coluna da matriz J [220]:

$$g_p = \sum_{i=1}^{N_u} J_{pi}^T \tilde{\varepsilon}(w) = \sum_{i=1}^{N_u} J_{ip} \tilde{\varepsilon}(w), 1 \le p \le M. \quad (3.21)$$

Decompondo o vetor g em vectores cumulativos[t] g para cada thread, e depois decompondo-os em vectores de termos ${}^{[t]}g_k^+$ para todas as linhas J processadas num único segmento, obtém-se um método de cálculo semelhante ao utilizado para calcular H :*

$$ {}^{[t]}g_k^+\big|_i = J_{ik}^T \tilde{\varepsilon}(w) = J_{ki} \tilde{\varepsilon}(w), g = \sum_{k \in \Xi_i} {}^{[t]}g_k^+, g = \sum_{t=1}^{\tau} {}^{[t]}g, k \in \Xi_i, 1 \le i \le M. \quad (3.22)$$

Após a conclusão do processamento da cadeia J e de todos os cálculos relacionados (3.17-3.22), esta perde a sua importância e, por conseguinte, o seu armazenamento na RAM, bem como o de toda a matriz J no seu conjunto, torna-se redundante. É suficiente efetuar uma pesquisa linha a linha em várias threads para obter uma matriz de derivadas parciais para os coeficientes de ponderação, utilizando pares de valores de entrada e de valores esperados, o que permite uma poupança de memória significativa.

Na abordagem dinâmica, para selecionar o parâmetro de regularização λ_k em cada iteração do método de Levenberg-Marquardt, propõe-se a utilização de um algoritmo que ajusta adaptativamente o seu valor em função da variação do erro nas iterações atual e anterior. Seja ΔE_k a variação do erro entre a iteração atual e a anterior, ou seja, $\Delta E_k = E_k - E_{k-1}$, em que E_k é o valor da função de erro na iteração atual k e E_{k-1} é o valor da função de erro na iteração anterior k - 1. Então, podemos determinar o novo valor de Λ_k da seguinte forma:

$$\Lambda_k = \begin{cases} \alpha \cdot \lambda_k, \text{if } \Delta E_k > 0 \\ \beta \cdot \lambda_k, \text{if } \Delta E_k < 0 \\ \lambda_k, \quad \text{if } \Delta E_k = 0 \end{cases} \tag{3.23}$$

em que α e β são coeficientes que controlam o aumento ou a diminuição do valor de Λ_k no caso de uma alteração do erro. Por exemplo, $\alpha > 1$, $0 < \beta < 1$.

Esta abordagem permite que o parâmetro de regularização Λ_k seja alterado de forma adaptativa, dependendo da direção da alteração do erro em cada iteração, o que pode ajudar a acelerar a convergência do método e melhorar a sua eficiência.

Uma escolha eficiente do valor inicial do parâmetro de regularização λ_k no método Levenberg-Marquardt pode ser essencial para garantir uma convergência rápida e evitar potenciais tarefas como o sobreajuste ou a subconvergência. Matematicamente, isto pode ser feito da seguinte forma:

1. Método analítico - é possível estimar analiticamente o valor inicial do parâmetro de regularização, tendo em conta as caraterísticas da função de erro e do gradiente. Por exemplo, se a função de erro tiver valores grandes, o valor inicial de λ_k pode ser escolhido relativamente grande para garantir a estabilidade do algoritmo. Se a função de erro tiver valores pequenos, o valor inicial de λ_k pode ser escolhido relativamente pequeno para permitir que o algoritmo convirja rapidamente.

2. Método heurístico - podem ser utilizadas heurísticas ou regras de ouro para selecionar o valor inicial λ_k . Por exemplo, o valor inicial de λ_k pode ser escolhido como um pequeno valor fixo com base num pressuposto de escalas típicas de parâmetros ou de valores da função de erro.

3. Método de otimização - os métodos de otimização também podem ser utilizados para selecionar o valor inicial ótimo de λ_k que minimiza a função de erro na fase inicial. Por exemplo, pode utilizar-se a pesquisa em

grelha ou métodos de otimização como a descida gradiente para selecionar o valor inicial de λ_k de forma a minimizar a função de erro.

A escolha de um valor inicial eficaz para o parâmetro de regularização λ_k pode ter um impacto significativo no desempenho do método Levenberg-Marquardt, pelo que é importante prestar atenção a este aspeto e aplicar técnicas matemáticas adequadas para garantir a escolha óptima.

Uma vez que uma função de erro contém por vezes vários mínimos locais ou tem diferentes escalas de alteração, é aconselhável utilizar o método de otimização multi-escala para ajustar adaptativamente o passo em diferentes direcções de parâmetros. Em cada iteração do algoritmo de otimização, é selecionado um tamanho de passo de base η, que é utilizado para atualizar os parâmetros com base num gradiente da função de erro. Para cada parâmetro u_i , é calculada a sua escala de variação caraterística Δu_i , por exemplo, como o desvio padrão ou a escala de uma variação do parâmetro em iterações anteriores. A dimensão do passo η é ajustada de forma adaptativa para cada parâmetro u_i pela sua escala de variação caraterística, o que nos permite ter em conta as diferenças de escala entre parâmetros e adaptar a dimensão do passo para cada parâmetro:

$$\eta_i = \frac{\eta}{\Delta u_i}. \qquad (3.24)$$

Estes parâmetros são actualizados utilizando o tamanho do passo adaptado η :$_i$

$$u_i^{(k+1)} = u_i^{(k)} - \eta_i \frac{\partial E}{\partial u_i}. \qquad (3.25)$$

Este processo permite que o tamanho do passo varie de forma adaptativa em diferentes direcções de parâmetros, o que pode melhorar a convergência do algoritmo de otimização e ajudar a evitar ficar preso em mínimos locais ou saltos na função de erro devido a diferenças de parâmetros em grande escala. Tendo em conta o acima exposto, (3.12) é reescrita como:

$$\mathbf{u}_{k+1} = \mathbf{u}_k - \left({}^{[t]}H + \Lambda_k I\right)^{-1} J^T \Delta\mathbf{y} + \eta_i \frac{\partial E}{\partial u_i}. \tag{3.26}$$

A expressão (3.26) é o método de Levenberg-Marquardt modificado. O algoritmo de Levenberg-Marquardt ajusta os pesos da rede neural utilizando uma aproximação quadrática da superfície de erro. Esta aproximação garante que o mínimo é rapidamente encontrado, mas o risco de atingir um extremo local na superfície de treino aumenta.

Em tarefas complexas de identificação de objectos dinâmicos, é frequente encontrar superfícies de erro com numerosos planaltos e vales, o que torna a tarefa de mínimos locais uma das principais dificuldades para alcançar a máxima eficiência. Para ultrapassar esta tarefa, foram desenvolvidas e testadas duas abordagens heurísticas para evitar que o processo de pesquisa fique preso em mínimos locais [221].

De acordo com [221], a primeira heurística exige que o algoritmo dê passos "arriscados" numa direção aleatória ao longo da superfície de erro com um comprimento de passo crescente, para "saltar" do mínimo local. Após várias tentativas infrutíferas, neste caso, 4, o mínimo encontrado é considerado o mais pequeno e o algoritmo conclui o seu trabalho segundo as regras do algoritmo original. Esta heurística foi testada em 4 conjuntos de dados, incluindo 64 variáveis numéricas de entrada e 1 variável de saída. Para cada conjunto de dados, é determinada a arquitetura óptima da rede neural, incluindo o número de neurónios na camada oculta, minimizando o erro. Esta arquitetura foi identificada através de uma pesquisa exaustiva de opções, variando de 1 a 20 neurónios na camada não linear e de 1 a 10 neurónios na camada linear. Em seguida, à semelhança de [221], foram efectuadas 50 execuções de teste, cada uma das quais incluindo 10 treinos da rede neuronal com diferentes inicializações de pesos para cada conjunto de dados, sem recurso a heurísticas. Na fase final, foram efectuadas mais 50 execuções de teste, em cada uma das quais foram treinadas 10 redes com diferentes inicializações de pesos para cada conjunto de dados, utilizando a heurística proposta em [221]. Os resultados dos testes da rede neural são apresentados na Tabela 3.5.

Tabela 3.5. Resultados dos testes de redes neuronais (investigação do autor, baseada em [221])

Número do conjunto de dados	Desvio-padrão do método tradicional de Levenberg-Marquardt			Desvio-padrão do método de Levenberg-Marquardt modificado		
	Mínimo	Máximo	Média	Mínimo	Máximo	Média
Conjunto de dados 1	6.95	18.38	12.67	2.84	16.12	9.48
Conjunto de dados 2	7.30	22.42	14.86	5.98	19.76	12.87
Conjunto de dados 3	0.22	0.64	0.43	0.14	0.20	0.17
Conjunto de dados 4	4.54	7.12	5.83	3.68	5.22	4.45

Assim, a utilização de heurísticas aumenta a probabilidade de encontrar soluções bem sucedidas. No entanto, vale a pena notar que, em alguns casos, isto pode levar à perda de uma solução óptima previamente encontrada, seguida de "ficar preso" num mínimo local descoberto mais tarde. Esta desvantagem pode ser ultrapassada aumentando o número de passos aleatórios, o que, por sua vez, requer recursos de computação adicionais [221]. As 4 tentativas recomendadas constituem o equilíbrio ideal para a nossa área temática.

De acordo com [221], a segunda heurística consiste em alterar os pesos da rede neural quando é atingido um mínimo local, calculando os coeficientes de ponderação através da fórmula:

$$w_{ij} = w_{ij} + \theta \cdot w_{ij}, \tag{3.27}$$

em que $\theta_1 \leq \theta \leq \theta_2$ - número aleatório. De acordo com [221], os valores de θ_1 e θ_2 são escolhidos através de meios empíricos como resultado de uma experiência. Foram testados vários valores no intervalo [-0,5; 0,5] com passos de 0,05 [222]. Como resultado, foram obtidos os seguintes valores óptimos: θ_1 = -0,035, θ_2 = 0,035.

Assim, quando é atingido um mínimo local, os pesos da rede neuronal sofrem alterações aleatórias num valor que não excede θ em ambas as direcções. Valores grandes de θ frequentemente reiniciam a fase de treinamento anterior, exigindo que a rede neural se recupere e comece a treinar novamente. Isto, no fundo, leva a que a heurística entre no modo de uma série de testes com diferentes pesos iniciais. Pequenos valores de θ podem impedir a rede de sair do mínimo local, e ela voltará a um mínimo original sem beneficiar da heurística. Depois de "sacudir" as escalas, o treinamento continua de acordo com as regras do algoritmo original. Se o novo mínimo não for atingido, é efectuada novamente uma alteração aleatória. Através da experimentação, foi revelado que o número ótimo de alterações aleatórias não deve exceder três. Para avaliar a eficácia da segunda heurística, foram utilizados os mesmos conjuntos de dados que a primeira. Foram também utilizadas as arquitecturas óptimas de redes neuronais encontradas na fase anterior. De igual modo, foram efectuadas 50 execuções de teste: 10 treinamentos de redes neurais com diferentes inicializações de pesos para cada conjunto de dados, utilizando a segunda heurística. Os resultados dos testes da rede neural são apresentados na Tabela 3.6.

Assim, a segunda heurística, tal como a primeira, aumenta significativamente a probabilidade de detetar um mínimo global, mas tem o mesmo inconveniente que a primeira - em alguns casos, pode resultar na perda de uma solução óptima previamente encontrada. Além disso, a sua utilização requer uma seleção empírica dos limites para alterar o parâmetro θ.

Tabela 3.6. Resultados dos testes de redes neuronais (investigação do autor, baseada em [221])

Número do conjunto de dados	Desvio-padrão do método tradicional de Levenberg-Marquardt			Desvio-padrão do método de Levenberg-Marquardt modificado		
	Mínimo	Máximo	Média	Mínimo	Máximo	Média
Conjunto de dados 1	6.95	18.38	12.67	2.84	16.12	9.48
Conjunto de dados 2	7.30	22.42	14.86	5.98	19.76	12.87

Conjunto de dados 3	0.22	0.64	0.43	0.14	0.20	0.17
Conjunto de dados 4	4.54	7.12	5.83	3.68	5.22	4.45

O estudo realizado em [220] é uma experiência computacional destinada a compreender as caraterísticas de uma classe específica de modelos de redes neuronais em estudo.

No ambiente de software Labview, foi desenvolvido um software especial que implementa o método de Levenberg-Marquardt modificado e também automatiza o registo dos resultados das experiências realizadas (Fig. 3.8, 3.9). O programa implementa as seguintes opções de execução simples e paralela:

1) o método tradicional de Levenberg-Marquardt com o cálculo de J utilizando a fórmula da derivada da diferença central;

2) o método de Levenberg-Marquardt com o cálculo de J pelo método de Broyden uma vez em cada duas épocas com as duas abordagens heurísticas descritas acima;

3) o método tradicional de Levenberg-Marquardt com o cálculo de J utilizando fórmulas derivadas analiticamente.

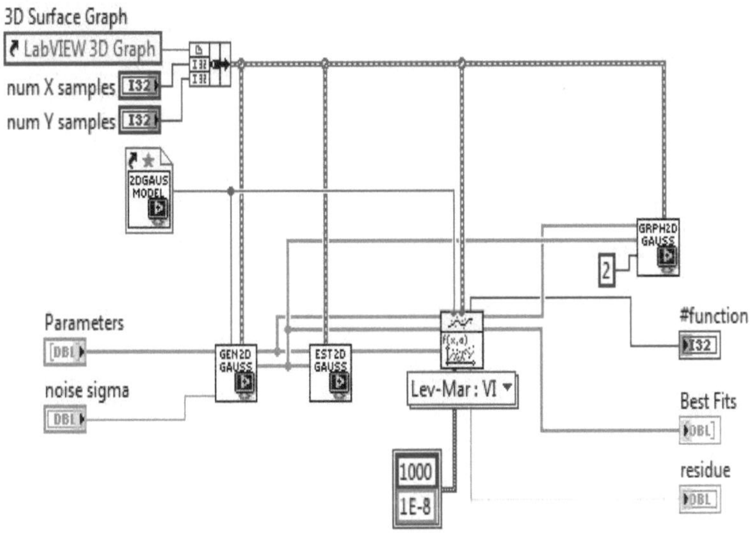

Figura 3.8. Esquema do modelo de rede neuronal do helicóptero GTD

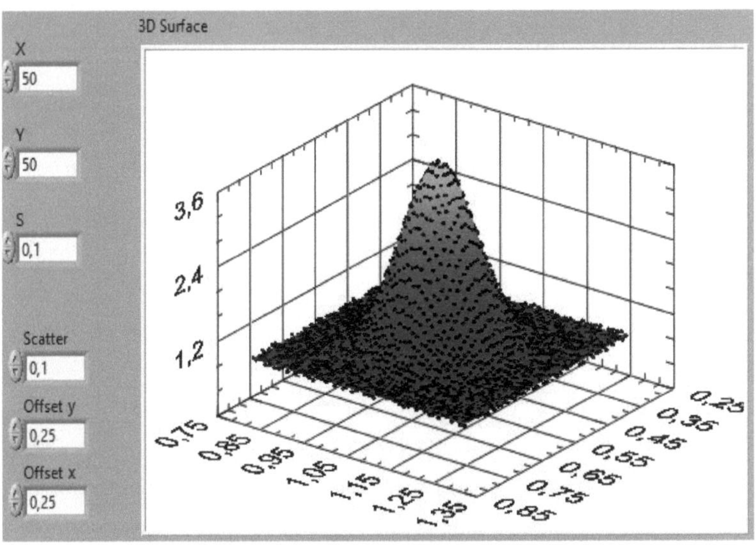

Figura 3.9. Interface de utilizador do software desenvolvido (modificação do autor)

A experiência computacional utilizando o software desenvolvido tem como objetivo avaliar o tempo de execução de cada método tendo em conta os métodos propostos para o cálculo da matriz de Jacobi. Para o treino foi utilizada uma rede híbrida NARX (Fig. 3.7) com 7 entradas, 20 neurónios na camada não linear, 5 neurónios na camada linear e 1 neurónio na camada de saída. Para avaliar a qualidade do ensino, é utilizada a funcionalidade instantânea $\mathbf{u}_{k+1}$. Os resultados dos cálculos são apresentados na tabela. 3.7.

Tabela 3.7. Resultados do treino da rede neural (modificação do autor baseada em [221])

Número do conjunto de dados	Derivado central		Método de Broyden		Cálculo analítico	
	t, segundos	$\mathbf{u}_{k+1}$	t, segundos	$\mathbf{u}_{k+1}$	t, segundos	$\mathbf{u}_{k+1}$
1 fluxo, 7 entradas, 20 neurónios na camada não linear, 5 neurónios na camada linear e 1 neurónio na camada de saída, $N = 256$ (o tamanho total da amostra de treino						
Conjunto de dados 1	121.382	0.988	11.785	0.985	58.639	0.983
Conjunto de dados 2	121.371	0.976	11.559	0.973	58.072	0.971
Conjunto de dados 3	120.989	0.995	10.082	0.992	56.537	0.990
Conjunto de dados 4	121.295	0.969	11.776	0.966	57.759	0.964
6 fluxos, 7 entradas, 20 neurónios na camada não linear, 5 neurónios na camada linear e 1 neurónio na camada de saída, $N = 256$ (o tamanho total da amostra de treino						
Conjunto de dados 1	40.193	0.988	3.902	0.985	19.417	0.983

Conjunto de dados 2	40.323	0.976	3.840	0.973	19.250	0.971
Conjunto de dados 3	39.669	0.995	3.306	0.992	18.281	0.990
Conjunto de dados 4	40.298	0.969	3.912	0.966	19.190	0.964
12 fluxos, 7 entradas, 20 neurónios na camada não linear, 5 neurónios na camada linear e 1 neurónio na camada de saída, $N = 256$ (o tamanho total da amostra de treino						
Conjunto de dados 1	20.298	0.988	1.971	0.985	9.806	0.983
Conjunto de dados 2	20.262	0.976	1.930	0.973	9.695	0.971
Conjunto de dados 3	20.098	0.995	1.675	0.992	9.262	0.990
Conjunto de dados 4	20.216	0.969	1.963	0.966	9.627	0.964

Os resultados da experiência computacional permitem afirmar o seguinte:

1. Ao aumentar o número de neurónios na camada oculta e ao limitar o número de passos, o valor de $E(w)$ aumenta e são necessários mais passos para corrigir os parâmetros.

2. O método de Broyden conseguiu reduzir o tempo de cálculo em cerca de 10...12 vezes em relação à diferença da derivada central, mas $E(w)$ aumentou.

3. Os cálculos diretos permitiram reduzir o tempo de cálculo em cerca de 2,07...2,14 vezes em comparação com a diferença da derivada central. Com um tamanho de amostra de treino pequeno, os cálculos diretos dão geralmente o mínimo $E(w)$.

4. As variantes paralelas dos métodos funcionam, em média, cerca

de 3...6 vezes mais depressa do que a implementação sequencial.

5. $E(w)$ quase não se altera quando o número de threads muda, o que indica a implementação correta do processamento paralelo. A aceleração máxima é de aproximadamente 61,38...120,71 vezes.

A fase seguinte da experiência computacional é dedicada à obtenção e análise do erro da rede neural treinada no produto de software criado, de acordo com os parâmetros identificados. Com a ajuda da amostra de treino, foram obtidos os erros de identificação dos seguintes parâmetros do motor de avião TV3-117: o grau de aumento da pressão total no compressor (Fig. 3.10, em cima à esquerda), a potência no veio da turbina do compressor (Fig. 3.10, em cima à direita), o funcionamento da turbina do compressor (Fig. 3.10, em baixo à esquerda), o consumo de combustível na câmara de combustão (Fig. 3.10, em baixo à direita), em que a "linha amarela" é o erro obtido pela rede neural híbrida NARX com o método clássico de Levenberg-Marquardt, a "linha vermelha" é o erro obtido pela rede neural híbrida NARX com o método de Levenberg-Marquardt modificado, a "linha verde" é a linha de aproximação.

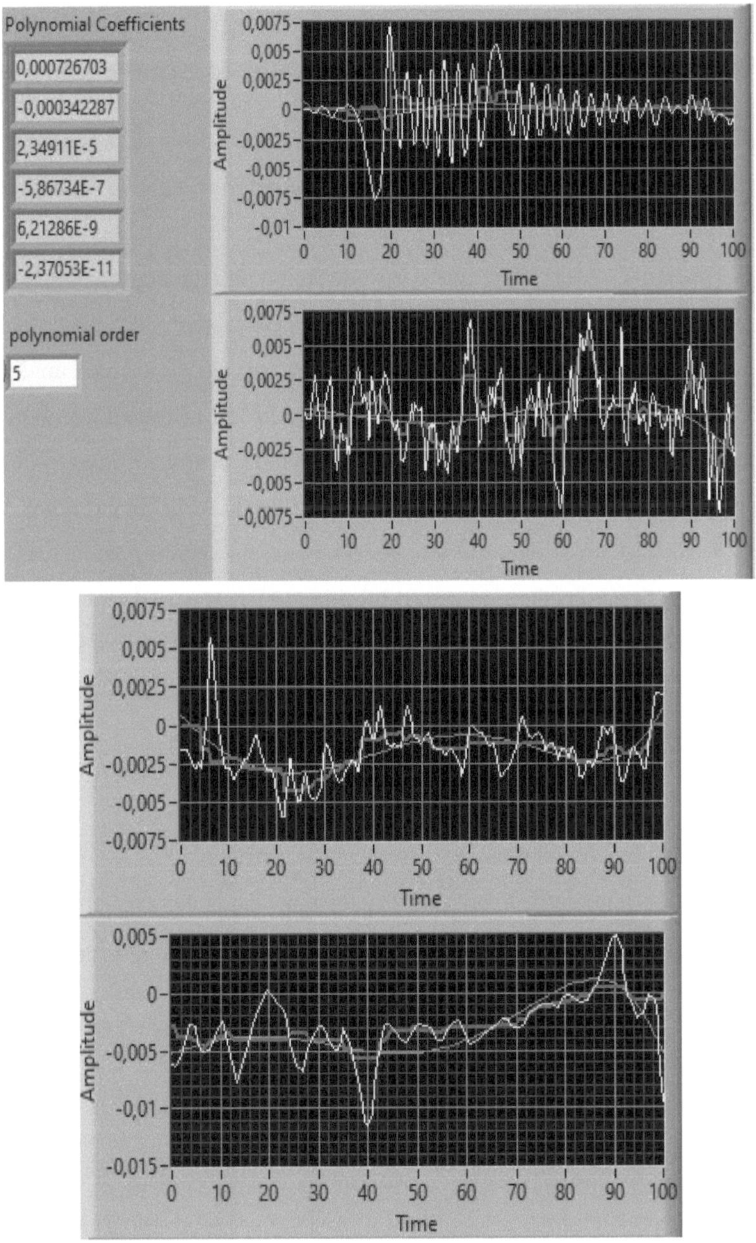

Figura 3.10. Resultados do cálculo do erro de treino da rede neural

(modificação do autor)

Como se pode ver na Fig. 3.10, o erro de treino da rede neural, determinado pelo parâmetro identificado como sendo o grau de aumento da pressão total no compressor, mantém-se inferior a 0,8%, tanto nas amostras de treino como nas de teste. No decurso dos estudos experimentais, observou-se que o erro de treino da rede neuronal para os restantes 35 parâmetros do processo de funcionamento do motor não excedeu 0,8%, tanto nas amostras de treino como nas de teste. A análise dos resultados do processamento do erro médio do método Levenberg-Marquardt modificado para a formação da rede neural híbrida NARX revelou uma diminuição do valor do erro médio de 33%, para o nível de 0,025. Na fase final da experiência computacional, foram calculadas e analisadas as perdas da rede neural híbrida NARX (Fig. 3.11), que é um indicador da dispersão entre os valores previstos pelo modelo e a variável-alvo durante o treino. Neste trabalho, a seguinte expressão é utilizada para calcular a função de perda:

$$L = \frac{1}{n_0} \cdot \sum_{i=1}^{n} \left(y_i - y_i \right)^2, \qquad (3.28)$$

em que n é o número de exemplos, y_i é o valor real da variável-alvo e y_i é o valor previsto da variável-alvo utilizando um modelo de rede neural.

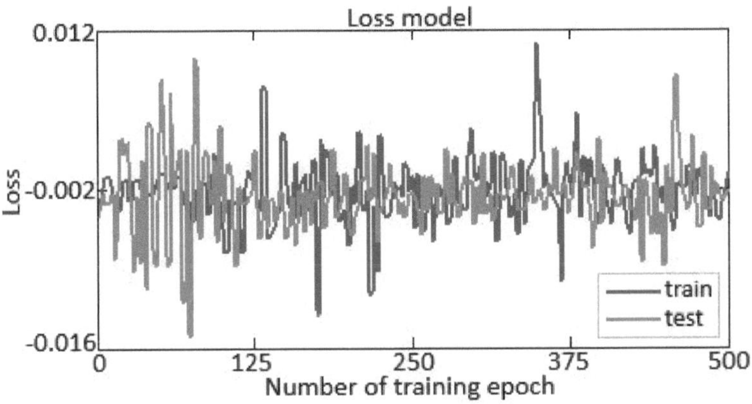

Figura 3.11. Diagrama da função de perda durante o treino e o teste do modelo na amostra de treino: 1 - treino; 2 - validação (investigação do autor)

Os resultados da análise comparativa da exatidão da identificação dos parâmetros do processo de trabalho do TE do helicóptero através da aplicação do método da rede neural e dos métodos clássicos para cada um dos parâmetros do modelo do motor são apresentados no quadro. 3.8.

Tabela 3.8. Análise comparativa da precisão da rede neural e dos métodos clássicos de identificação dos parâmetros do processo de trabalho dos motores de turbina de helicóptero (modificação do autor)

Modelo	Erro absoluto, %				
	Eficiência do compressor	Grau de aumento da pressão total no compressor	Potência do veio da turbina do compressor	Trabalhos no eixo da turbina do compressor	Consumo de combustível na câmara de combustão
Clássico	1.96	1.95	1.96	1.95	1.95
Rede neural: -	0.64	0.66	0.64	0.68	0.65

perceptrão de três camadas	0.41	0.42	0.41	0.43	0.41
- rede híbrida NARX	0.26	0.27	0.26	0.28	0.26
- rede híbrida NARX com um algoritmo Levenberg-Marquardt modificado					

Para analisar a estabilidade das redes neuronais a alterações nos dados de entrada (Quadro 3.8), foi adicionado ruído aditivo sob a forma de ruído branco com expetativa matemática nula $\sigma_i = 0{,}025$, ou seja, 2,5%. Os resultados de uma análise comparativa da exatidão do método de identificação dos parâmetros do processo de trabalho do helicóptero TE utilizando a rede neural e os métodos clássicos para cada um dos parâmetros do modelo do motor em condições de ruído são apresentados no Quadro 3.9.

Tabela 3.9. Análise comparativa da precisão da rede neural e dos métodos clássicos de identificação dos parâmetros do processo de trabalho dos motores de turbina de helicóptero em condições de ruído aditivo (modificação do autor)

Modelo	Erro absoluto, %				
	Eficiência do	Grau de aumento	Potência do veio da	Trabalhos no eixo da	Consumo de combustível

	compressor	da pressão total no compressor	turbina do compressor	turbina do compressor	na câmara de combustão
Clássico	3.07	3.11	3.15	3.14	3.15
Rede neural:					
- perceptrão de três camadas	1.12	1.13	1.09	1.17	1.11
- rede híbrida NARX	0.72	0.74	0.72	0.73	0.71
- rede híbrida NARX com um algoritmo Levenberg-Marquardt modificado	0.42	0.43	0.41	0.42	0.40

A análise da Tabela 3.9 mostra que o erro de identificação, tendo em conta as condições de ruído especificadas, permanece abaixo de certos limiares: para a rede NARX híbrida com o método Levenberg-Marquardt modificado é de 0,43%, para a rede NARX híbrida - 0,71%, para o perceptron de três camadas da arquitetura 7-53-36 - 1,09%, e para o modelo matemático universal do helicóptero TE - 3,15%. Sob a influência do ruído branco, o erro máximo absoluto da aplicação do método de identificação dos parâmetros do processo de trabalho dos motores a gás de helicópteros pelo método dos mínimos quadrados aumentou de 1,96%

para 3,15%. Para o perceptron de três camadas com a arquitetura 7-53-36, este erro aumentou de 0,64 para 1,09%, para a rede híbrida NARX de 0,43 para 0,74%, e para a rede híbrida NARX com o método Levenberg-Marquardt modificado - de 0,28 para 0,43%:

$$K_{error} = \frac{T_{error}}{T_0} \cdot 100\%; \tag{3.29}$$

$$K_{qulity} = \left(1 - \frac{T_{error}}{T_0}\right) \cdot 100\%; \tag{3.30}$$

em que K_{error} e $K_{quality}$ são os coeficientes de identificação falsa e qualitativa, respetivamente; T_{error} é o tempo total das secções correspondentes à classificação errada; T_0 é a duração da amostra estudada (neste trabalho, $T_0 = 5$ s).

A tabela 3.10 apresenta os resultados do cálculo dos coeficientes de identificação falsos e qualitativos do rendimento do compressor, do grau de aumento da pressão total no compressor, da potência no veio da turbina do compressor, do trabalho no veio da turbina do compressor, do consumo de combustível na câmara de combustão.

Quadro 3.10. Resultados do cálculo dos coeficientes de erro e de qualidade (modificação do autor)

Parâmetro	Rede NARX híbrida		Rede NARX híbrida com método Levenberg-Marquardt modificado	
	$K_{пом}$	$K_{пом}$	$K_{пом}$	$K_{якість}$
Eficiência do compressor	0.522	99.872	0.388	99.923
O grau de aumento da pressão total no compressor	0.521	99.872	0.386	99.925

Potência do veio da turbina do compressor	0.523	99.871	0.389	99.921
Trabalhos no eixo da turbina do compressor	0.523	99.871	0.389	99.921
Consumo de combustível na câmara de combustão	0.526	99.872	0.390	99.922

Como se pode ver no quadro. 3.10, as taxas de falsa identificação não ultrapassam: para a rede híbrida NARX - 0,528%, para a rede híbrida NARX a rede com o método Levenberg-Marquardt modificado - 0,386%, e os coeficientes mínimos para a identificação qualitativa são: para a rede híbrida NARX - 99,871%, para a rede híbrida NARX a rede com o método Levenberg-Marquardt modificado - 99,925%.

3.4. Identificação por rede neuronal do modelo multimodo dos motores de turbina de helicóptero com base nos parâmetros calculados por um modelo matemático

No âmbito da tarefa de identificação do modelo multi-modo do helicóptero TE, de acordo com os parâmetros calculados de acordo com o modelo matemático universal do helicóptero TE, é considerado um exemplo de resolução desta tarefa com os parâmetros do motor TV3-117, que é utilizado na central eléctrica do helicóptero Mi-8MTV, com base nos dados sobre o seu funcionamento, que são registados para as condições atmosféricas padrão na Tabela 3.11 (a amostra de treino completa contém 256 linhas). O parâmetro de entrada neste modelo é o consumo de combustível $G_{T_{np}}$, e o parâmetro de saída é o processo de trabalho do helicóptero TE quaisquer parâmetros. Neste documento, são utilizados seis parâmetros iniciais como exemplo. Na fase de análise dos dados, um dos aspectos fundamentais é a avaliação da representatividade da amostra, ou seja, o grau de completude da sua representação. A solução desta tarefa é efectuada através de um dos métodos de análise de clusters ou de análise discriminante. Os resultados da análise são apresentados na Fig. 3.12, a-c (a - amostra inicial (experimental); b - amostra de treino; c - amostra de teste), mostram que, durante o agrupamento, foram selecionadas oito classes. Após a aplicação do procedimento de aleatorização, as amostras de treino e de teste foram determinadas numa proporção de 2:1 (67 e 33%).

Tabela 3.11. Um fragmento da amostra de formação para a identificação do modelo multimodo dos motores de turbina de helicóptero (utilizando o motor TV3-117 como exemplo) (modificação do autor)

Parâmetro de entrada	Os parâmetros iniciais da identificação são seis parâmetros calculados de acordo com o modelo matemático universal TE do helicóptero					
$G_{T_{np}}$	$n_{TK_{np}}$	$G_{B_{np}}$	$P^*_{K_{np}}$	$T^*_{K_{np}}$	$T^*_{\Gamma_{np}}$	$P^*_{TK_{np}}$
0.193	0.538	0.418	0.328	0.445	0.518	0.153
0.131	0.348	0.252	0.205	0.254	0.476	0.056
0.203	0.548	0.427	0.336	0.451	0.524	0.161
0.480	0.798	0.757	0.643	0.809	0.758	0.500
0.150	0.408	0.304	0.243	0.299	0.468	0.085
0.353	0.712	0.619	0.505	0.668	0.671	0.336
0.245	0.587	0.469	0.371	0.480	0.551	0.195
0.733	0.904	0.928	0.851	0.930	0.859	0.774
1.015	1.015	1.036	1.043	1.055	1.019	1.056
0.141	0.379	0.279	0.225	0.275	0.470	0.070
0.153	0.415	0.311	0.248	0.305	0.469	0.089
0.562	0.837	0.825	0.719	0.861	0.793	0.595
0.375	0.731	0.647	0.532	0.700	0.692	0.366
0.133	0.356	0.259	0.210	0.259	0.474	0.059
0.173	0.465	0.355	0.281	0.350	0.479	0.114

0.134	0.358	0.260	0.211	0.261	0.474	0.060

A análise do processo de agrupamento das amostras de treino (Fig. 3.12, a) e de teste (Fig. 3.12, b) mostra que estas, tal como a amostra original (Tabela 3.12, c), incluem oito classes. As distâncias entre os clusters são praticamente coincidentes em cada amostra considerada. Por conseguinte, as amostras de treino e de teste são representativas.

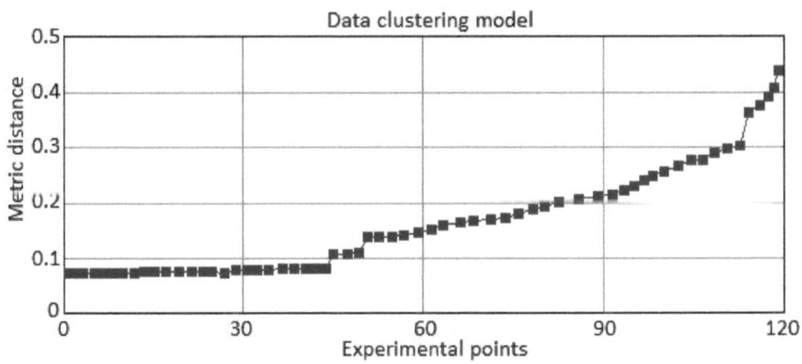

(a)

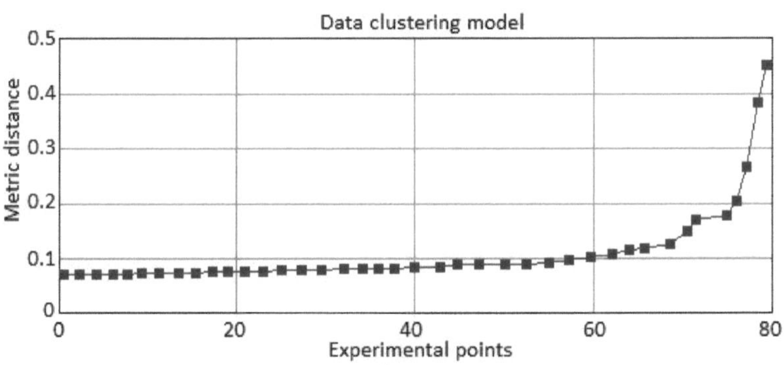

(b)

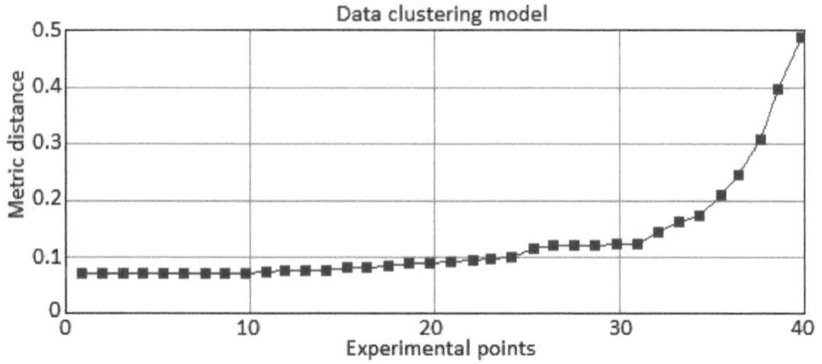

(c)

Figura 3.12. Resultados da medição da distância métrica no processo de clusterização (pesquisa do autor)

Para resolver a tarefa de identificação do modelo multimodal do TE do helicóptero com base numa rede neuronal, semelhante à investigação do Professor Serhii Zhernakov. Em [209, 210], as principais arquitecturas de redes neuronais são as redes perceptron e RBF (tradicionais e polimórficas). A escolha destas arquitecturas é justificada pela análise dos erros obtidos com a aplicação das redes neuronais e dos métodos clássicos de identificação. Nesta fase, a resolução da tarefa em causa utilizando tecnologias de redes neuronais exige a escolha da estrutura óptima da rede neuronal (Fig. 3.13).

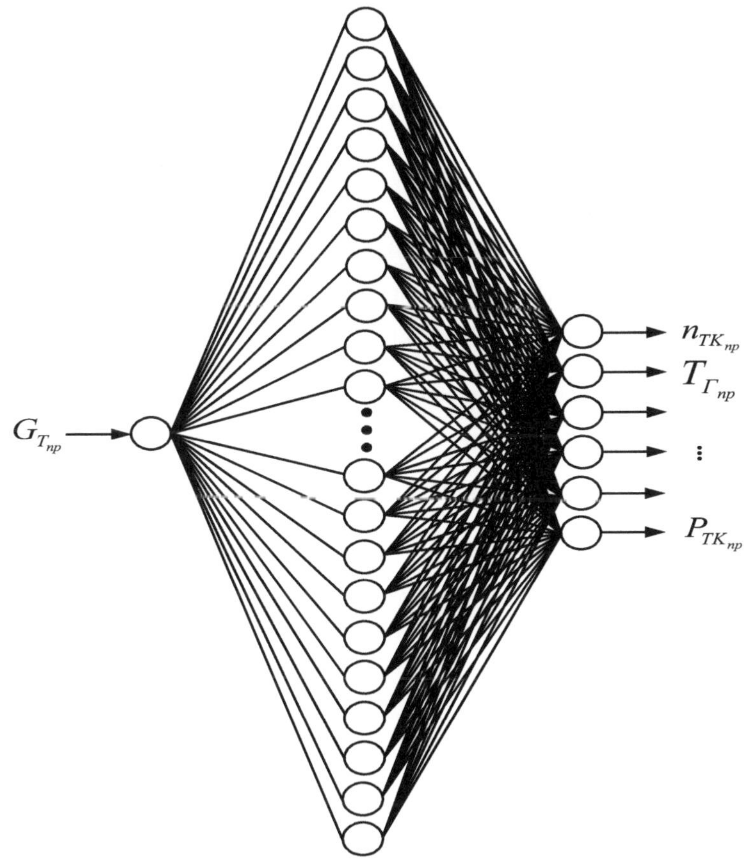

Figura 3.13. A estrutura de um perceptron multicamada para resolver a tarefa de identificação de um modelo multimodo de motores de turbina de helicóptero (no exemplo de seis parâmetros iniciais) (investigação do autor)

A Fig. 3.14 mostra a dependência experimental do erro de treino da rede neuronal (*E*) com o número de neurónios na camada oculta (*N*), em que se assume que o número de neurónios na camada de entrada é 1 e na camada de saída é 6. Também é mostrada uma dependência semelhante para a rede RBF. A partir da fig. A figura 3.14 mostra que as estruturas óptimas das redes neuronais são: para um perceptron - uma estrutura 1-4-6, ou seja, um neurónio na camada de entrada, quatro neurónios na camada oculta e seis neurónios na camada de saída; para a rede RBF - uma estrutura 1-12-6, ou seja, um neurónio na camada de entrada, doze neurónios na camada radial (oculta) e seis neurónios na camada de saída. Estes modelos de redes neuronais do TE de helicópteros permitem calcular os seis parâmetros do motor acima referidos em função do consumo reduzido de combustível $G_{T_{np}}$. A função de ativação para um perceptron é uma função sigmoide. A rede RBF é uma rede de duas camadas (Fig. 3.15), em que a primeira camada efectua uma transformação não linear do parâmetro de entrada $G_{T_{np}}$ sem aplicar pesos de afinação, e a camada de saída combina as saídas obtidas da primeira camada calculando a sua combinação linear ponderada.

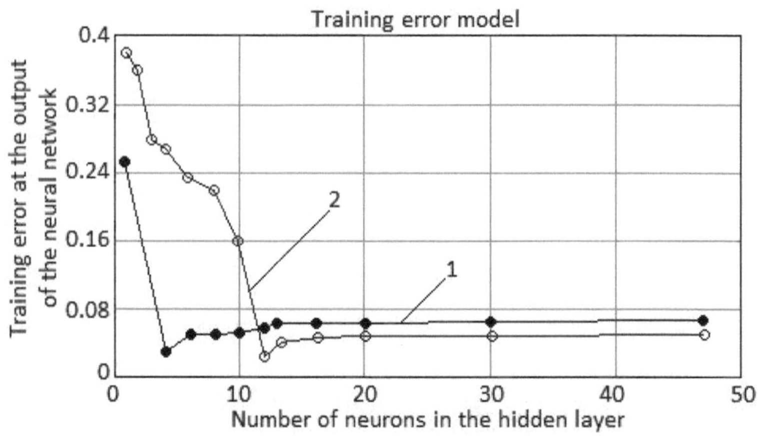

Figura 3.14. Diagrama da seleção de estruturas de redes neuronais óptimas em termos de complexidade para resolver a tarefa direta de identificação: 1 - perceptron; 2 - rede RBF (modificação do autor)

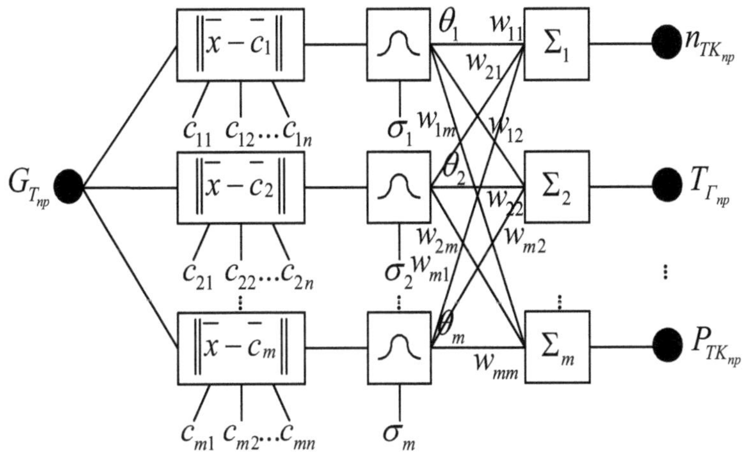

Figura 3.15. A estrutura da rede RBF para resolver a tarefa de identificação do modelo multimodo de motores de turbina de helicóptero (no exemplo de seis parâmetros iniciais) (modificação do autor)

No processo de análise comparativa da precisão dos métodos de identificação de modelos multimodais TE de helicópteros (no exemplo do motor TV3-117), tais como redes neuronais (perceptron, rede RBF e rede RBF com um algoritmo de treino de gradiente modificado) e o método clássico (MNC) para um parâmetro separado - frequência de rotação do rotor do turbocompressor (n_{TK}) na amostra de ensaio (Fig. 3.16, em que 1 - LSM; 2 - perceptron; 3 - rede RBF; 4 - rede RBF polimórfica), verificou-se que o erro de identificação quando se utiliza um neurónio da rede perceptron (curva 2) é 2,6 vezes inferior ao do modelo de regressão polinomial de oitava ordem, construído utilizando LSM (curva 1). Para a rede RBF tradicional (curva 3), este erro é 1,5 vezes inferior, e para a rede RBF polimórfica (curva 4) - 3,25 vezes. Simultaneamente, o perceptron apresenta um erro de identificação que não excede 0,38 %; a rede neural RBF - 0,59 %; a rede neural RBF com um algoritmo de formação de gradiente modificado - 0,23 %; LSM - 0,99 %.

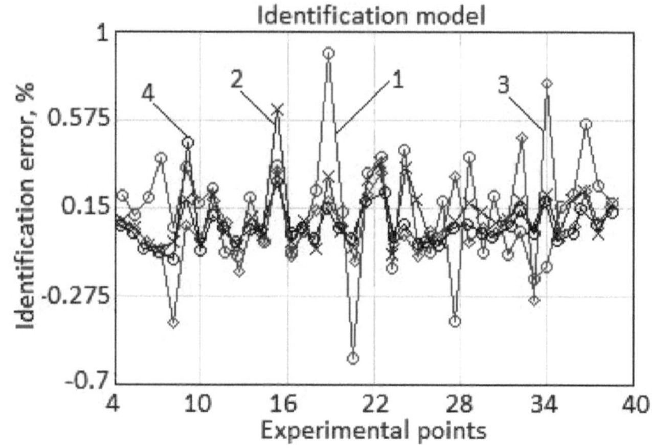

Figura 3.16. Análise comparativa dos erros da rede neural e dos métodos clássicos para os parâmetros de identificação do motor TV3-117 numa amostra de ensaio (investigação do autor)

A Tabela 3.12 mostra os resultados da análise comparativa da exatidão da identificação da rede neural e dos métodos clássicos para cada saída do modelo do motor TV3-117.

Quadro 3.12. A rede neuronal e os métodos clássicos de análise do erro de identificação

Métodos de identificação	Erro absoluto, %					
	$n_{TK_{np}}$	$G_{B_{np}}$	$P^*_{K_{np}}$	$T^*_{K_{np}}$	$T^*_{\Gamma_{np}}$	$P^*_{TK_{np}}$
LSM	0.99	0.89	0.82	0.89	0.89	0.89
Perceptron	0.38	0.63	0.58	0.63	0.62	0.55
Rede RBF tradicional	0.59	0.74	0.68	0.74	0.74	0.74
Rede RBF polimórfica	0.23	0.44	0.38	0.47	0.45	0.37

Os dados obtidos indicam que os valores de erro de identificação dos parâmetros do motor TV3-117 não excedem, respetivamente (%):

perceptron - 0,63; rede RBF tradicional - 0,74; rede RBF polimórfica - 0,47; LSM - 0,99. Para avaliar a resistência das redes neuronais a alterações nos dados de entrada (Tabela 3.12), foi-lhes introduzida uma interferência aditiva sob a forma de ruído branco com expetativa matemática nula $\sigma_i = 0{,}025$, o que corresponde a 2,5 %. Os resultados de uma análise comparativa da exatidão da identificação das redes neuronais e dos métodos clássicos para cada componente do motor TV3-117 sob a condição de exposição ao ruído são apresentados na tabela. 3.13.

Tabela 3.13. Análise do erro da rede neural e dos métodos clássicos de identificação em condições de ruído

Métodos de identificação	Erro absoluto, %					
	$n_{TK_{np}}$	$G_{B_{np}}$	$P^*_{K_{np}}$	$T^*_{K_{np}}$	$T^*_{\Gamma_{np}}$	$P^*_{TK_{np}}$
LSM	2.03	1.75	1.95	2.03	2.14	1.93
Perceptron	0.65	0.72	0.78	0.73	0.83	0.84
Rede RBF tradicional	0.78	0.85	0.84	0.84	0.85	0.84
Rede RBF polimórfica	0.49	0.58	0.63	0.60	0.65	0.65

A interpretação gráfica (Tabela 3.13) é mostrada na Fig. 3.17 (onde 1 - LSM; 2 - perceptron; 3 - rede RBF tradicional; 4 - rede RBF polimórfica): a - para valores $n_{TK_{np}}$, b - para valores . $T^*_{\Gamma_{np}}$

Da análise da Tabela 3.13 e da Fig. 3.17, conclui-se que o erro de identificação nas condições do ruído especificado não excede (%): quando se utiliza um perceptron - 0,84; rede RBF tradicional - 0,85; rede RBF polimórfica - 0,65; LSM - 2,14. Nas condições de ruído branco (σ = 0,025), o erro de identificação dos parâmetros do motor TV3-117 pelo LSM aumentou de 0,99 para 2,14%. Relativamente aos métodos de redes neuronais (perceptron e rede RBF), verifica-se o seguinte aumento do erro, respetivamente: para o perceptron - de 0,63 para 0,84 %; para a rede

RBF tradicional - de 0,74 para 0,86 %; para a rede RBF polimórfica - de 0,47 para 0,65 %. Por conseguinte, uma análise comparativa das redes neuronais e dos métodos clássicos de identificação em condições de ruído mostra que os métodos das redes neuronais apresentam maior resistência a perturbações externas.

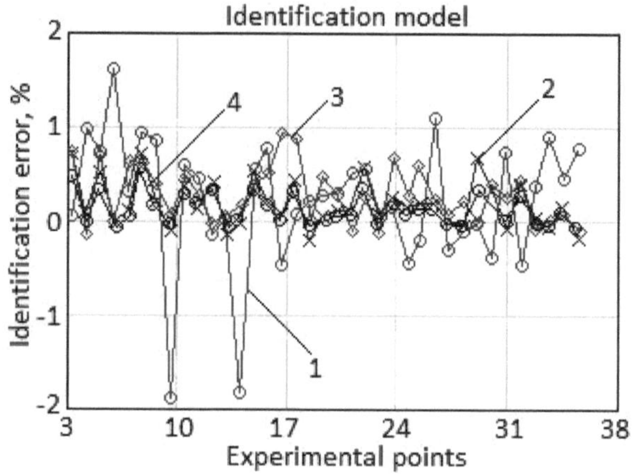

(a)

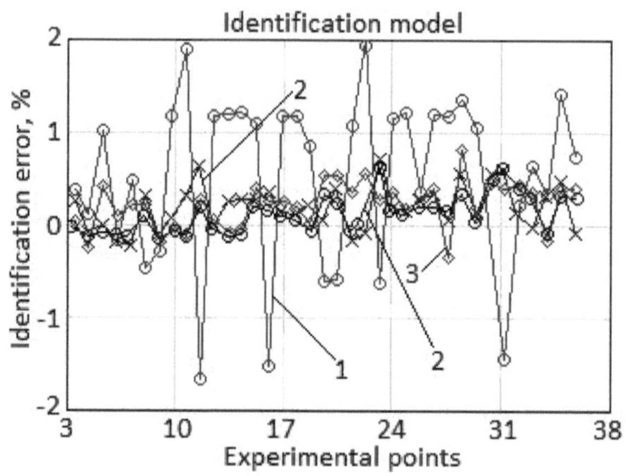

(b)

Figura 3.17. Análise comparativa dos erros da rede neural e dos métodos clássicos para os parâmetros de identificação do motor TV3-117 em condições de ruído (investigação do autor)

3.5. Identificação por rede neuronal do modelo multimodo inverso dos motores de turbina de helicóptero com base nos parâmetros calculados por um modelo matemático

De acordo com a investigação do Professor Serhii Zhernakov [209, 210], assume-se que o helicóptero TE em modos de operação estáveis é descrito por (3.1) e (3.2). Na prática, surge a tarefa das medições indirectas: através das observações do vetor dos parâmetros iniciais do processo de trabalho do helicóptero TE, determinar o valor das suas influências de controlo (i.e., as componentes do vetor U). Por exemplo, com base nos valores medidos dos parâmetros n_{TC} , etc., é necessário calcular o valor do consumo de combustível na câmara de combustão G_T . A formulação analítica desta tarefa, de acordo com [209, 210], consiste em definir a dependência não linear inversa f^{-1} na forma da expressão:

$$U = f^{-1}(A, Y). \quad (3.31)$$

Assim, de acordo com [209, 210], o modelo de rede neural do helicóptero TE deve garantir a minimização do erro de treinamento E de acordo com o procedimento mostrado na Fig. 2.36, onde $\varepsilon = (\varepsilon_1, \varepsilon_2, ..., \varepsilon)_k^T$ é o vetor de discrepâncias entre os valores reais e calculados das influências controladoras, ou seja, $\varepsilon = U - U^*$, e $E = \sum_i \varepsilon_i^2$. Após a conclusão do processo de treino, a rede neural reproduz as caraterísticas do modelo multimodo inverso do TE do helicóptero, que consiste no seguinte: com base nos valores conhecidos dos parâmetros do motor, ajustados às condições atmosféricas padrão, deve ser desenvolvido um modelo de rede neural multimodo para calcular (medição indireta), por exemplo, o consumo de combustível reduzido (Fig. 3.18).

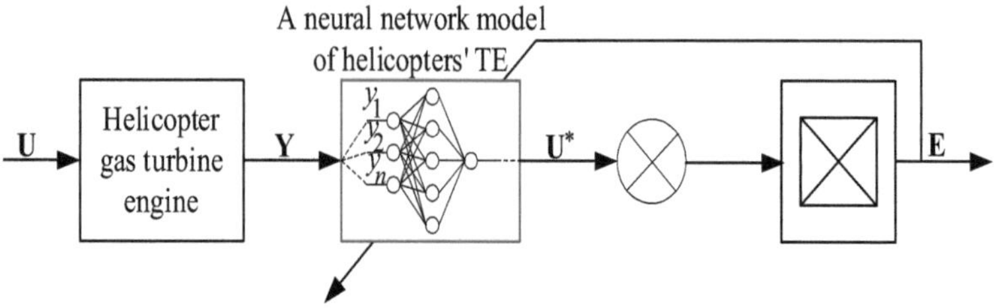

Figura 3.18. O esquema da resolução da tarefa de identificação do modelo inverso multimodal dos motores de turbina de helicóptero (de acordo com a investigação do professor Serhii Zhernakov [209, 210])

A análise dos dados iniciais (amostra de treino) e o seu processamento preliminar são efectuados de forma semelhante à abordagem de resolução direta de tarefas de identificação de modelos multimodo de TE de helicópteros. Durante os estudos experimentais, foram utilizadas arquitecturas básicas de redes neuronais, tais como um perceptron, uma rede RBF tradicional e uma rede RBF polimórfica, para resolver esta tarefa [209, 210].

A este respeito, estudos experimentais mostraram que as redes neuronais de complexidade óptima devem ter 12 (Fig. 3.19, curva 1) e 16 (Fig. 2.37, curva 2) neurónios, respetivamente, na camada oculta. Assim, para resolver a tarefa inversa de identificação do modelo multimodo do helicóptero TE, a estrutura óptima da rede RBF é 6-12-1 e a do perceptron é 6-16-1 com funções sigmóides de ativação dos neurónios.

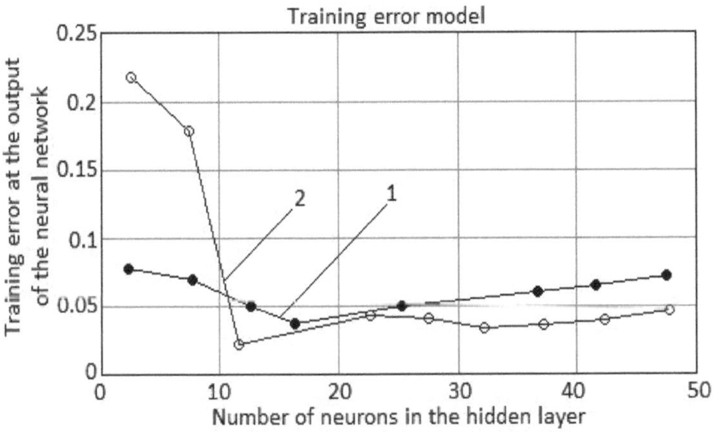

Figura 3.19. Seleção de estruturas de redes neuronais óptimas em termos de complexidade para resolver a tarefa de identificação inversa: 1 - perceptron; 2 - rede RBF (modificação do autor)

Este método inclui uma análise comparativa da precisão dos métodos de rede neural (rede perceptron e RBF) e clássico (LSM) da identificação do modelo multimodo inverso do TE do helicóptero (no exemplo do motor da aeronave TV3-117) na amostra de teste (Fig. 3.20, a) e nas condições da interferência do componente aditivo (ruído branco com expetativa matemática zero $M = 0$ e $\sigma = 0{,}01$, Fig. 3.20, b). Os gráficos da fig. 3.20, a, b são erros de cálculo do consumo de combustível para dois tipos de modelos de redes neuronais (perceptron e RBF), bem como para um modelo de regressão polinomial de oitava ordem, obtido utilizando LSM (1 - método dos mínimos quadrados; 2 - perceptron; 3 - rede RBF tradicional; 4 - rede RBF polimórfica).

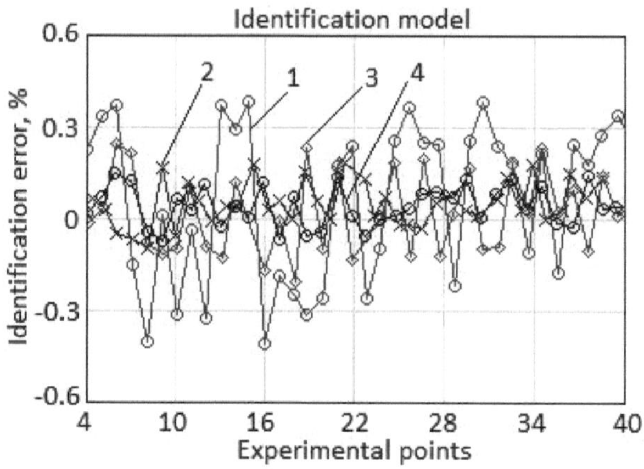

(a)

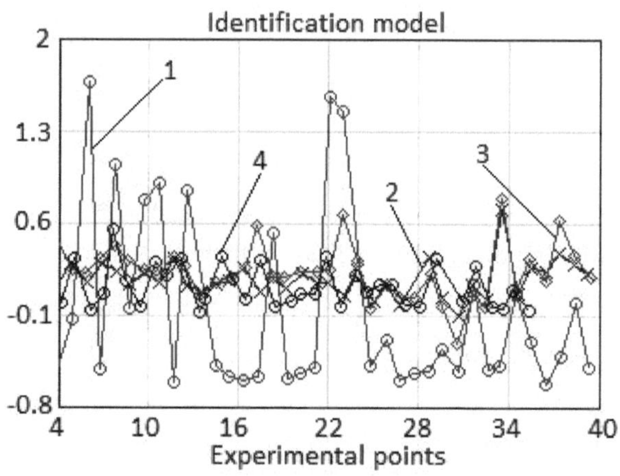

(b)

Figura 3.20. Resultados da investigação da rede neural e dos métodos clássicos de identificação do modelo multimodo inverso do motor TV3-117

Tabela 3.13. Análise comparativa da precisão da rede neural e dos métodos clássicos de identificação do modelo multimodo inverso do motor TV3-117 (determinação do consumo reduzido de combustível por medições indirectas)

Método de identificação	Erro quadrático médio (sem ruído)	Erro absoluto (sem ruído), %	Erro quadrático médio (com ruído)	Erro absoluto (com ruído), %
LSM	0.057	0.393	1.393	1.673
Perceptron	0.018	0.183	0.038	0.710
Rede RBF tradicional	0.046	0.246	0.057	0.794
Rede RBF polimórfica	0.007	0.151	0.014	0.555

A análise dos resultados obtidos (Tabela 3.13) mostra que a rede RBF polimórfica apresenta caraterísticas melhoradas na realização de medições indirectas do consumo de combustível numa vasta gama de operações do motor na ausência de ruído - com um erro não superior a 0,151%; na presença de ruído (σ = 0,01) - com um erro não superior a 0,555%. A utilização do LSM em tais condições conduz a valores de erro: na ausência de ruído - não superior a 0,393%; na presença de ruído - não superior a 1,673%. Por conseguinte, no processo de resolução da tarefa inversa de identificação do modelo multimodal TE dos helicópteros, as redes neuronais revelam-se mais resistentes à influência das distorções dos dados iniciais do que os métodos tradicionais, que, em condições de interferência de ruído, provocam erros de identificação significativos.

3.6. Capítulo 3 Conclusões

1. A peculiaridade da transição de um perceptron de três camadas

para uma rede NARX híbrida com uma camada de base radial na tarefa de identificação da rede neural do modelo multimodal TE do helicóptero de acordo com os parâmetros registados a bordo do helicóptero é cientificamente fundamentada. A utilização de uma combinação de uma rede perceptron de três camadas e de uma rede NARX híbrida com camada de base radial permite fundir as vantagens de ambos os modelos, proporcionando uma identificação mais exacta e flexível dos parâmetros do fluxo de trabalho TE do helicóptero em tempo real, dentro do qual:

– o método de cálculo dos elementos da matriz Hessiana é uma componente da expressão analítica do método de Levenberg-Marquardt foi desenvolvido, o que, devido à contabilização das ligações de peso dos neurónios das camadas não lineares e lineares, permitiu reduzir o tempo de cálculo em cerca de 1,82...1,96 vezes em relação à derivada da diferença central. Ao mesmo tempo, a utilização de cálculos diretos permitiu reduzir o tempo de cálculo em cerca de 11,5...14 vezes em relação à derivada central da derivada;

– pela primeira vez, foi proposta uma descrição analítica do parâmetro de regularização, baseada nos coeficientes de controlo para aumentar ou diminuir o seu valor em caso de variação do erro, na expressão matemática do método de Levenberg-Marquardt, o que afecta significativamente o seu desempenho;

– a modificação complexa proposta do método de Levenberg-Marquardt permitiu selecionar experimentalmente a estrutura óptima da rede neural, reduzir o valor médio do erro de formação da rede neural híbrida NARX com uma camada de base radial em 72% para o nível de 0,4, e também assegurar a estabilidade da função de perda da rede neural para 500 épocas de formação, que ao mesmo tempo não excede 2,5%.

2. O modelo de rede neural universal do GTD dos helicópteros foi

desenvolvido sob a forma de uma rede neural híbrida NARX com uma camada de base radial, na qual, devido à utilização de um método de treino Levenberg-Marquardt modificado, se consegue uma redução do erro máximo absoluto de identificação em quase 2 vezes - de 0,74 para 0,43%.

3. Foram determinados os baixos níveis de erros de identificação dos modelos de redes neuronais de ET de helicópteros (0,71% para a rede híbrida NARX e 1,09% para o perceptron de três camadas) no contexto de condições de ruído, indicando a sua extrema estabilidade e precisão na identificação dos parâmetros do fluxo de trabalho de ET de helicópteros. As taxas mínimas de falsas identificações (0,528% para a rede híbrida NARX e 0,638% para o perceptron de três camadas) sublinham a elevada robustez de ambos os modelos, tendo em conta as diferentes condições e a baixa sensibilidade à influência das interferências sonoras. Estes resultados atestam a eficácia excecional dos modelos desenvolvidos na resolução da tarefa de identificação do modelo multimodal da rede neural TE do helicóptero, de acordo com os parâmetros registados a bordo do helicóptero (em tempo real).

4. A análise dos resultados da identificação dos parâmetros TE do helicóptero de acordo com o seu modelo matemático (no exemplo do motor TV3-117), com base em redes neuronais e métodos clássicos, conduziu aos seguintes resultados:

– foi estabelecido que as redes neuronais resolvem a tarefa de identificação com mais precisão do que os métodos clássicos: o erro de identificação à saída do perceptron é 1,6 vezes inferior ao do modelo de regressão obtido com a ajuda do LSM para a gama considerada de alterações nos modos de funcionamento do motor;

– mostra-se que o erro de identificação do modelo multimodal do motor TV3-117 utilizando um perceptron ao calcular os parâmetros individuais do motor não excedeu 0,63%; para a rede RBF tradicional - 0,74%, para a rede RBF polimórfica - 0,47%, enquanto que para o método clássico (LSM) é de cerca de 1% na gama considerada de alterações nos modos de funcionamento do motor;

– Uma análise comparativa das redes neuronais e dos métodos clássicos de identificação em condições de ruído mostra que os métodos das redes neuronais são mais resistentes a perturbações externas: para o nível de ruído $\sigma = 0,025$, o erro de identificação dos parâmetros do motor da aeronave TV3-117 quando se utiliza um perceptron aumenta de 0,63 para 0,84%; para a rede RBF tradicional - de 0,74 para 0,86%, para a rede RBF polimórfica - de 0,47 para 0,65%, e para o método dos mínimos quadrados - de 0,99 para 2,49%.

5. No processo de resolução da tarefa de identificação do modelo inverso multimodo do TE do helicóptero, de acordo com os parâmetros calculados segundo o modelo matemático (no exemplo do motor TV3-117), foi estabelecido que as redes neuronais resolvem a tarefa de identificação com mais precisão do que os métodos clássicos:

– o erro de identificação à saída de uma rede neuronal do tipo perceptrão é 3,16 vezes inferior, o de uma rede RBF tradicional é 1,24 vezes inferior e o de uma rede RBF polimórfica é 8,14 vezes inferior ao do modelo de regressão obtido utilizando o LSM para a gama considerada de alterações do modo de funcionamento do motor;

– o erro de identificação dos parâmetros TE do helicóptero (no exemplo do motor TV3-117) utilizando o perceptron não excedeu 1,8 %; para a rede RBF tradicional - 4,6 %, para a rede RBF polimórfica - 0,7 %, enquanto que para o método clássico (LSM) é de cerca de 5,7 % na gama considerada de modos de funcionamento do motor;

– os métodos de redes neuronais são mais robustos a perturbações externas: para o nível de ruído $\sigma = 0{,}01$, o erro de identificação do motor TV3-117 quando se utiliza um perceptron aumentou de 1,8 para 3,8 %; para a rede RBF tradicional - de 4,6 para 5,7 %, para a rede RBF polimórfica - de 0,7 para 1,4 %, e para o método dos mínimos quadrados - de 5,7 para 13,93 %;

– os métodos de redes neuronais utilizados permitem a medição indireta dos parâmetros da parte de fluxo do TE do helicóptero em diferentes modos de funcionamento. Utilizando o exemplo do motor TV3-117, determinou-se que, na ausência de ruído, a medição indireta dos parâmetros da parte de fluxo é efectuada com um erro não superior a 0,7, 1,8 e 4,6 %, respetivamente; na presença de ruído ($\sigma = 0{,}01$) - com um erro não superior a 1,4, 3,8 e 5,7 %, respetivamente. Nestas condições, a aplicação do método dos mínimos quadrados (modelo de regressão polinomial de oitava ordem) permite obter o valor do erro: na ausência de ruído - não superior a 5,7 %; na presença de ruído - não superior a 13,93 %.

CHAPTER 4
DESENVOLVIMENTO DE UM MÉTODO DE REDE NEURAL PARA OS MODELOS DINÂMICOS NÃO LINEARES DOS MOTORES DE TURBINA DE HELICÓPTERO QUE IDENTIFICAM A RESOLUÇÃO DE TAREFAS NO MODO DE OPERAÇÃO DE VOO

4.1. Desenvolvimento do modelo dinâmico não linear dos motores de turbina de helicóptero no modo de arranque do motor

Atualmente, não existem modelos dinâmicos não lineares adequados para o modo de arranque da TE de helicópteros, adequados para a criação de malhas de controlo fechadas [222-224]. Por conseguinte, antes de desenvolver um método para a identificação dos parâmetros desse modelo, é necessário determinar a sua forma matemática. Devido às alterações significativas das caraterísticas do motor desde o momento em que a câmara de combustão é acionada até ser atingido o estado de ralenti [225], o modelo dinâmico deve ser não linear. Assume-se que este modelo é representado por um sistema de equações diferenciais na forma normal de Cauchy para as velocidades do rotor e equações algébricas para outros parâmetros do motor. Nesta forma, a forma de representação do modelo dinâmico pode ser utilizada para a síntese e ajuste do ACS do TE do helicóptero e servirá de base para a obtenção das funções de transferência dos parâmetros de propulsão por métodos analíticos. Ao contrário do modo de aceleração, no modo de arranque não existe uma linha de modos em estado estacionário, o que elimina a possibilidade de construção do modelo em "desvios" da "linha de funcionamento". Assim, as considerações acima requerem a apresentação de um modelo dinâmico não linear do helicóptero TE no modo de arranque na seguinte forma matemática:

$$f_1(t) = A_1(t) - n_{TC}(t) + B_1(t) - n_{FT}(t) + C_1(t) - T_G^*(t) + D_1(t) - u(t), \quad (4.1)$$

$$\ldots$$

$$f_N(t) = A_N(t) - n_{TC}(t) + B_N(t) - n_{FT}(t) + C_N(t) - T_G^*(t) + D_N(t) - u(t),$$

em que N é o número de equações do modelo, $f_1(t)$ e $f_2(t)$ são funções vectoriais não lineares, $n_{TC}(t)$ é o valor da r.p.m. do rotor do gerador de gás registado a bordo do helicóptero (é utilizado um sensor D-2M), $n_{FT}(t)$ é o valor da velocidade livre do rotor da turbina, registado a bordo do helicóptero (é utilizado um sensor D-1M), $T_G^*(t)$ é o valor da temperatura do gás à frente da turbina do compressor, registado a bordo do helicóptero (é utilizado um sensor constituído por 14 termopares T-101), $u(t)$ é o vetor das acções de controlo, $A_1(t) \ldots A_N(t)$, $B_1(t) \ldots B_N(t)$, $C_1(t) \ldots C_N(t)$, $D_1(t) \ldots D_N(t)$ são as matrizes dos coeficientes das equações diferenciais e algébricas.

Para ter em conta a influência das condições exteriores (altitude de voo $h = h(t)$, velocidade de voo $v = v(t)$, $M = M(t)$ é o número de Mach à altitude de voo $h = h(t)$, $\rho = \rho(t)$ é a densidade do ar à altitude de voo $h = h(t)$), o sistema (4.1) é representado nas coordenadas dadas.

A natureza não linear da equação (4.1) manifesta-se na dependência dos parâmetros e coeficientes das equações do motor em relação ao tempo. Num caso mais geral, pode tratar-se de qualquer parâmetro que determine o estado do motor em cada momento de arranque (é adotado um determinado parâmetro α). A forma geral do modelo (4.1) deve ser clarificada em cada caso específico. Então, o modelo TE do helicóptero no modo de arranque terá o seguinte aspeto:

$$\frac{\partial n_{TC}}{\partial \alpha} = a_{11}(\alpha) \cdot n_{TC}(\alpha) + a_{12}(\alpha) \cdot n_{FT}(\alpha) + a_{13}(\alpha) \cdot T_G^*(\alpha) + b_1(\alpha) \cdot G_T(\alpha),$$

$$\frac{\partial n_{FT}}{\partial \alpha} = a_{21}(\alpha) \cdot n_{TC}(\alpha) + a_{22}(\alpha) \cdot n_{FT}(\alpha) + a_{23}(\alpha) \cdot T_G^*(\alpha) + b_2(\alpha) \cdot G_T(\alpha),$$

$$\frac{\partial T_G^*}{\partial \alpha} = a_{31}(\alpha) \cdot n_{TC}(\alpha) + a_{32}(\alpha) \cdot n_{FT}(\alpha) + a_{33}(\alpha) \cdot T_G^*(\alpha) + b_3(\alpha) \cdot G_T(\alpha). \quad (4.2)$$

A base teórica para representar o modelo do motor no modo de arranque sob as formas (4.1) e (4.2) é o teorema de Kolmogorov, que resolve a tarefa matemática fundamental de representar algumas funções através de outras. Para identificar o modelo dinâmico do helicóptero TE no modo de partida, propõe-se a utilização de uma forma de representação na forma (4.1) e (4.2). Assim, foram desenvolvidas a estrutura e a forma de apresentação do modelo dinâmico do helicóptero TE no modo de partida, onde os parâmetros do modelo são apresentados como dependências funcionais do parâmetro do modo.

A informação inicial para o desenvolvimento de um método de determinação dos parâmetros dos modelos dinâmicos não lineares do TE do helicóptero no modo de arranque, com base na abordagem proposta para resolver a tarefa de identificação, é a estrutura do modelo matemático não linear do TE do helicóptero e os dados experimentais registados durante o funcionamento normal do motor. Devido a alterações significativas nas caraterísticas do motor desde o momento em que a câmara de combustão é acionada até ao modo de ralenti, o modelo dinâmico tem de ser não linear. Assume-se que o modelo dinâmico do helicóptero TE no modo de arranque pode ser representado por um sistema de equações diferenciais na forma normal de Cauchy para as velocidades do rotor e equações algébricas para outros parâmetros de propulsão.

Os parâmetros n_{TC} (α), n_{FT} (α), $T_G^*(\alpha)$ e G_T (α) os valores dos parâmetros correspondentes à TE do helicóptero determinados experimentalmente, em função do parâmetro de modo α. O parâmetro de modo α é entendido como um determinado valor que permite determinar a "distância" entre o momento de ignição da câmara de combustão e o modo de arranque considerado um momento. No caso mais simples, este pode ser o tempo decorrido desde a ignição do combustível.

O modelo dinâmico não-linear do helicóptero TE na tarefa de identificação do modo de partida é determinar as dependências funcionais dos coeficientes do modelo (4.2) a_{ij} (α). Para a sua resolução, propõe-se um método que consiste num conjunto sistemático de etapas ou procedimentos destinados a determinar os coeficientes do modelo (4.2) a_{ij} (α), que inclui: o tratamento preliminar dos dados experimentais, a sua filtragem de baixa frequência, a obtenção das dependências funcionais dos parâmetros do motor em função do tempo, o cálculo dos valores desses parâmetros e das primeiras derivadas para a velocidade do rotor, a formação e a solução dos sistemas de equações algébricas sobredeterminadas, bem como a formulação das tarefas de determinação dos coeficientes das equações dinâmicas como tarefas de programação quadrática com posterior solução. Como resultado destas etapas, são formadas as matrizes de coeficientes do modelo identificado e são determinadas as suas dependências funcionais com o parâmetro de modo.

Na primeira fase da identificação, os dados iniciais são preparados para garantir a sua adequação para utilização posterior. Os sistemas de registo utilizados nos bancos de ensaio de motores têm, em regra, inconvenientes significativos; na maioria dos casos, os dados contêm interferências, falhas, dados repetidos, omissões de informação e um nível de ruído significativo. Os ficheiros fonte do sistema de registo são traduzidos para o formato de texto e processados com recurso a software apropriado implementado no ambiente computacional do pacote de software MatLab. A Fig. 4.1 apresenta os dados iniciais para o procedimento de identificação na forma de diagramas dos parâmetros TE do helicóptero. A frequência de registo dos parâmetros TE do helicóptero obtida é de 15,75 Hz. O arranque do motor foi efectuado de acordo com o diagrama de tempos. Para além das deficiências do sistema de registo, a informação original, em regra, requer uma filtragem das interferências de alta frequência dos canais de informação e de medição. Na segunda fase do processo de identificação, são criados filtros passa-baixo. A prática mostra que os filtros mais adequados para este efeito são os filtros com uma resposta impulsiva infinita, por exemplo, os filtros Butterworth. No entanto, esses filtros têm um desvio de fase significativo do sinal filtrado. Para o eliminar, a filtragem deve ser efectuada duas vezes: primeiro no sentido direto e depois no sentido inverso. A Fig. 4.2 mostra o resultado da filtragem passa-baixo com um filtro Butterworth de oitava ordem para a temperatura do gás em frente ao parâmetro da turbina do compressor. Na terceira fase, são determinadas as dependências funcionais dos parâmetros apresentados na Fig. 4.1, a partir do tempo decorrido desde o arranque da câmara de combustão (parâmetro de modo α). As dependências funcionais requeridas são necessárias para determinar a partir delas a "linha de trabalho" do modelo e, além disso, para calcular as derivadas de primeira ordem para a frequência de rotação de ambos os rotores. Os valores das derivadas são necessários para obter os valores numéricos dos lados esquerdos das equações do modelo (4.2). A especificidade dos dados experimentais leva à necessidade da sua aproximação por uma rede neural ou por splines cúbicas, que são polinómios interpoladores de ordem complexa *n-ésima*.

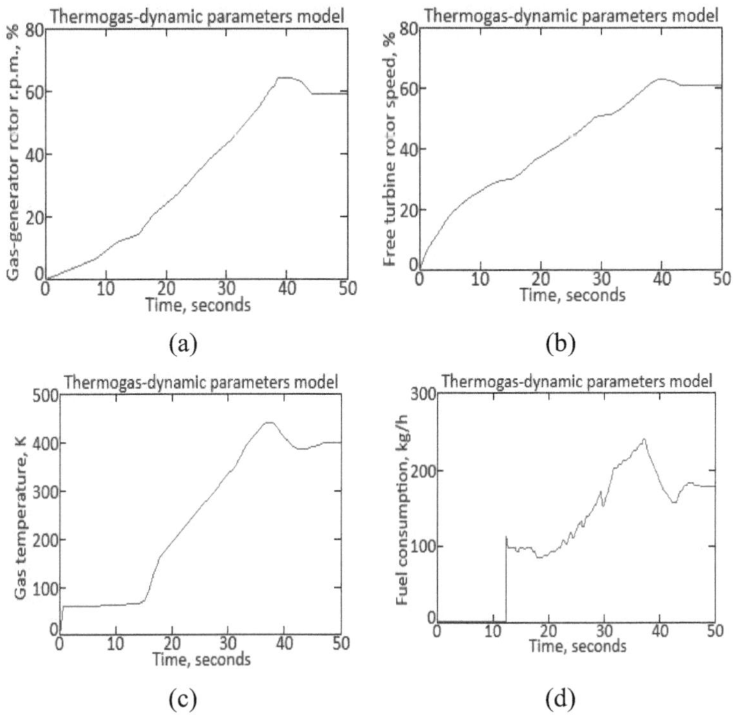

Figura 4.1. Diagramas das alterações nos parâmetros dos motores de turbina de helicóptero (utilizando o exemplo do motor TV3-117) no modo de arranque: (a) Consumo de combustível, (b) Rotor do gerador de gás r.p.m., (c) Velocidade livre do rotor da turbina, (d) Temperatura do gás em frente da turbina do compressor (investigação do autor).

Na quarta fase, os valores dos parâmetros TE do helicóptero são calculados com base nas suas dependências funcionais do parâmetro de modo α. Nesta fase, também são efectuados cálculos para calcular os valores das primeiras derivadas para a r.p.m. do rotor do gerador a gás e a velocidade do rotor da turbina livre.

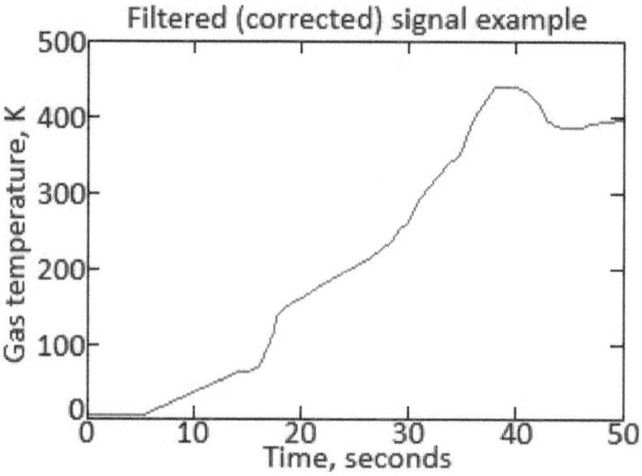

Figura 4.2. Diagrama das alterações da temperatura do gás dos motores de turbina de helicóptero (utilizando o exemplo do motor TV3-117) em frente da turbina do compressor após a aplicação do procedimento de filtragem de baixa frequência no modo de arranque (investigação do autor).

Na quinta etapa, são determinados os coeficientes das equações lineares vectoriais-matriz que formam o modelo (4.2). Para o efeito, utiliza-se uma matriz de dados experimentais $\mathbf{A} = [n_{TC}, n_{FT}, T_G^*, G_T]$ de dimensão $(m \times 4)$, em que o valor m é o número de amostras discretas nos dados experimentais fornecidos, é formada. Em seguida, formam-se os vectores de coeficientes que é necessário determinar, $x_1 = [a_{11}, a_{12}, a_{13}]$, $x_2 = [a_{21}, a_{22}, a_{23}]$, $x_3 = [a_{31}, a_{32}, a_{33}]$. Depois disto, os vectores são compilados a partir dos valores das derivadas das frequências de rotação e dos valores dos outros parâmetros do TE do helicóptero como $B_1 =$

$\frac{\partial n_{TC}}{\partial \alpha}$, $B_2 = \frac{\partial n_{FT}}{\partial \alpha}$, $B_3 = \frac{\partial T_G^*}{\partial \alpha}$. Três sistemas de equações sobredeterminadas são compilados e resolvidos:

$$\begin{cases} A \cdot x_1 = B_1 \\ A \cdot x_2 = B_2 \\ A \cdot x_3 = B_3 \end{cases} \quad (4.3)$$

A solução do sistema (4.3) é efectuada utilizando o método padrão de minimização da soma dos resíduos quadrados. Muitos programas matemáticos utilizam um operador de divisão de matrizes à esquerda para o fazer. Como resultado da resolução do sistema (4.3), são determinados os valores dos elementos dos vectores x_1, x_2 e x_3.

Os valores dos vectores dos coeficientes das equações do modelo dinâmico, obtidos na quinta fase do procedimento de identificação, representam uma estimativa "média" aproximada do parâmetro do modelo, concretizando a sua representação linear. Para tornar o modelo dinâmico de lançamento não linear, é necessário alterar os coeficientes do modelo em função do estado atual do processo de lançamento. Uma das formas possíveis de resolver esta tarefa consiste em determinar a dependência funcional dos coeficientes da equação (4.2) em relação a um parâmetro que caracterize o estado atual do motor durante o processo de arranque, por exemplo, o valor do intervalo de tempo a partir do momento em que a câmara de combustão é inflamada. Para efeitos de unificação, este parâmetro, que pode assumir diferentes valores que caracterizam o estado atual do motor, é designado por parâmetro de modo α. Assim, o resultado desta fase é a representação do modelo TE do helicóptero na forma

$$\frac{\partial n_{TC,i}}{\partial \alpha_i} = a_{11,i}(\alpha_i) \cdot n_{TC,i}(\alpha_i) + a_{12,i}(\alpha_i) \cdot n_{FT,i}(\alpha_i) + a_{13,i}(\alpha_i) \cdot\cdot T_{G,i}^*(\alpha_i) + b_{1,i}(\alpha_i) \cdot G_{T,i}(\alpha_i), \quad (4.4)$$

$$\frac{\partial n_{FT,i}}{\partial \alpha_i} = a_{21,i}(\alpha_i) \cdot n_{TC,i}(\alpha_i) + a_{22,i}(\alpha_i) \cdot n_{FT,i}(\alpha_i)$$
$$+ a_{23,i}(\alpha_i) \cdot\cdot T^*_{G,i}(\alpha_i) + b_{2,i}(\alpha_i) \cdot G_{T,i}(\alpha_i),$$

$$\frac{\partial T^*_{G,i}}{\partial \alpha_i} = a_{31,i}(\alpha_i) \cdot n_{TC,i}(\alpha_i) + a_{32,i}(\alpha_i) \cdot n_{FT,i}(\alpha_i)$$
$$+ a_{33,i}(\alpha_i) \cdot\cdot T^*_{G,i}(\alpha_i) + b_{3,i}(\alpha_i) \cdot G_{T,i}(\alpha_i),$$

$$n_{TC,i+1} = n_{TC,i}(\alpha_i) + h \cdot \frac{\partial n_{TC,i}}{\partial \alpha_i}, n_{FT,i+1} =$$
$$= n_{FT,i}(\alpha_i) + h \cdot \frac{\partial n_{FT,i}}{\partial \alpha_i}, T^*_{G,i+1}$$
$$= T^*_{G,i}(\alpha_i) + h \cdot \frac{\partial T^*_{G,i}}{\partial \alpha_i},$$

em que $a_{ij,0}$ são constantes determinadas como resultado dos sistemas de resolução de equações lineares (4.3), h é o valor do passo de amostragem temporal nos ficheiros de registo, i é o número do passo de integração.

Dada a estrutura do modelo matemático, em cada passo de integração, é necessário que os coeficientes das equações tenham valores tais que o parâmetro de saída do motor calculado seja o mais próximo possível do seu valor experimental. Como medida de "proximidade" entre os processos calculado e experimental, propõe-se a utilização de uma função objetivo na forma quadrática. A utilização da forma quadrática é justificada pelas seguintes disposições: as funções objetivo quadráticas são unimodais, isto é, têm apenas um ponto extremo; a tarefa de programação quadrática sem restrições tem uma solução analítica, o que permite verificar a solução numérica; e, finalmente, a teoria da programação quadrática é um dos ramos mais desenvolvidos da programação não linear, e os seus métodos numéricos são bem conhecidos e exaustivamente testados.

Por conseguinte, na sexta fase, procura-se os valores dos coeficientes das equações que são óptimos para o parâmetro de cada valor no modo de arranque. Para os valores dos coeficientes das equações diferenciais de (4.4), a tarefa de determinação é formulada como uma tarefa de programação quadrática com funções objetivo $F(x_1)$ para determinar os coeficientes da equação diferencial com base na r.p.m. do rotor do gerador de gás, $F(x_2)$ para determinar os coeficientes da equação diferencial com base na velocidade do rotor da turbina livre, $F(x_3)$ para determinar os coeficientes da equação diferencial para a temperatura do gás em frente da turbina do compressor:

$$F(x_1) = \left(n_{TC}(x_1) - n_{TC}^{ref}(\alpha_i)\right)^2,$$
$$F(x_2) = \left(n_{FT}(x_2) - n_{FT}^{ref}(\alpha_i)\right)^2,$$
$$F(x_3) = \left(T_G^*(x_3) - T_G^{*ref}(\alpha_i)\right)^2. \quad (4.5)$$

Como resultado de minimização da função objetivo $F(x_1)$, os coeficientes a_{11}, a_{12}, a_{13}, e b_1 são determinados para o valor do parâmetro dinâmico α_i. Do mesmo modo, como resultado de minimização da função objetivo $F(x_2)$, são determinados os coeficientes a_{21}, a_{22}, a_{23}, b_2 e, como resultado de minimização da função objetivo $F(x_3)$, são determinados os coeficientes a_{31}, a_{32}, a_{33}, b_3. A tarefa de otimização é resolvida para todos os valores de α, desde o valor inicial até ao último, com o passo h. Os valores iniciais para determinar os coeficientes necessários são os vectores $x_1 = [a_{11}, a_{12}, a_{13}]^T$, $x_2 = [a_{21}, a_{22}, a_{23}]^T$, $x_3 = [a_{31}, a_{32}, a_{33}]^T$ elementos, obtidos na quinta etapa.

Utilizando o exemplo da função objetivo $F(x_1)$, mostra-se que as funções objetivo em consideração são convexas e unimodais, ou seja, o seu mínimo é atingido apenas num ponto. Para isso, a função objetivo $F(x_1$) é escrita como:

A forma quadrática (4.6) é representada na forma vetorial-matricial como

$$F = \begin{pmatrix} a_{11} \\ a_{12} \\ a_{13} \\ b_1 \end{pmatrix}' \cdot \begin{pmatrix} n_{TC}^2 & n_{TC} \cdot n_{FT} & n_{TC} \cdot T_G^* & n_{TC} \cdot G_T \\ n_{TC} \cdot n_{FT} & n_{FT}^2 & n_{FT} \cdot T_G^* & n_{FT} \cdot G_T \\ n_{TC} \cdot T_G^* & n_{FT} \cdot T_G^* & (T_G^*)^2 & T_G^* \cdot G_T \\ n_{TC} \cdot G_T & n_{FT} \cdot G_T & T_G^* \cdot G_T & G_T^2 \end{pmatrix} \cdot \begin{pmatrix} a_{11} \\ a_{12} \\ a_{13} \\ b_1 \end{pmatrix} + \begin{pmatrix} -2 \cdot n_{TC} \cdot n_{TC}^{ref} \\ -2 \cdot n_{FT} \cdot n_{TC}^{ref} \\ -2 \cdot T_G^* \cdot n_{TC}^{ref} \\ -2 \cdot G_T \cdot n_{TC}^{ref} \end{pmatrix}' \cdot \begin{pmatrix} a_{11} \\ a_{12} \\ a_{13} \\ b_1 \end{pmatrix} + \left(n_{TC}^{ref}\right)^2. \quad (4.7)$$

Apresentemos (4.7) na forma padrão:

$$F(x) = x' \cdot C \cdot x + p' \cdot x + \left(n_{TC}^{ref}\right)^2, \quad (4.8)$$

onde

$$x = \begin{pmatrix} a_{11} \\ a_{12} \\ a_{13} \\ b_1 \end{pmatrix}, C = \begin{pmatrix} n_{TC}^2 & n_{TC} \cdot n_{FT} & n_{TC} \cdot T_G^* & n_{TC} \cdot G_T \\ n_{TC} \cdot n_{FT} & n_{FT}^2 & n_{FT} \cdot T_G^* & n_{FT} \cdot G_T \\ n_{TC} \cdot T_G^* & n_{FT} \cdot T_G^* & (T_G^*)^2 & T_G^* \cdot G_T \\ n_{TC} \cdot G_T & n_{FT} \cdot G_T & T_G^* \cdot G_T & G_T^2 \end{pmatrix}, \quad (4.9)$$

$$p = \begin{pmatrix} -2 \cdot n_{TC} \cdot n_{TC}^{ref} \\ -2 \cdot n_{FT} \cdot n_{TC}^{ref} \\ -2 \cdot T_G^* \cdot n_{TC}^{ref} \\ -2 \cdot G_T \cdot n_{TC}^{ref} \end{pmatrix}.$$

A matriz C é definida positiva porque os valores na sua diagonal principal são sempre positivos, o que é um sinal de definição positiva. Por outras palavras, a matriz C só desaparece quando todas as variáveis a_{11}, a_{12}, a_{13}, e b_1 desaparecem, e é positiva se pelo menos uma destas variáveis for diferente de zero.

Uma matriz estritamente definida é não-singular, pelo que tem uma matriz inversa C^{-1}. O mínimo incondicional da função objetivo $F(x_1)$, denotado por x_{opt}, é facilmente determinado a partir da equação:

$$\mathrm{grad}(F(x)) = p + 2 - C - x = 0, \tag{4.10}$$

onde

$$x_{opt} = -\frac{1}{2} \cdot C^{-1} \cdot p. \tag{4.11}$$

Assim, a convexidade estrita das funções de objetivo locais propostas e a presença de um mínimo global são comprovadas.

É aconselhável minimizar a função objetivo $F(x_1)$ utilizando um dos métodos diretos de otimização incondicional, por exemplo, utilizando o método de Nelder-Mead (método do poliedro deformado ou método simplex), que permite encontrar soluções para tarefas com um grande número de variáveis e é mais universal do que o cálculo utilizando a relação (4.11).

Assim, como resultado da resolução da sequência de tarefas de otimização, são determinadas as matrizes de valores numéricos de todos os coeficientes das equações que compõem o modelo do motor.

A sétima fase consiste na formação de dependências funcionais dos valores dos coeficientes do modelo dinâmico TE do helicóptero em relação ao parâmetro α, que são determinados com base na interpolação de splines cúbicos ou na aproximação de redes neuronais. Estas dependências são necessárias para calcular os processos de arranque utilizando o modelo identificado.

Assim, foi desenvolvido um método para a identificação do modelo dinâmico não linear do TE do helicóptero em modo de arranque com base em dados experimentais, que utiliza a aproximação cúbica spline dos dados experimentais (aproximação por rede neuronal) e representa a tarefa de identificação como uma sequência de tarefas de programação quadrática, em que as funções objetivo são critérios de optimalidade local, o que, em conjunto, permite uma elevada precisão na determinação dos parâmetros do modelo.

4.2. Desenvolvimento do modelo dinâmico não linear dos motores de turbina de helicóptero no modo de aceleração do motor

A função de canal fechado para controlar o modo de resposta do acelerador é controlada com base no valor do programa derivado do rotor do gerador de gás TE do helicóptero. A abordagem à modelação da injectividade proposta baseia-se na utilização do conjunto de modelos lineares que descreve as caraterísticas dinâmicas do motor na pequena vizinhança dos modos estáticos, mas sofre de lacunas nos valores dos parâmetros derivados do helicóptero TE ao ligar modelos lineares. Para ultrapassar estas dificuldades, é necessária uma nova representação do modelo matemático do motor no modo de resposta ao acelerador, que nos permita sintetizar e depurar uma malha de controlo fechada. Assim, é necessário identificar os modelos dinâmicos não lineares do TE do helicóptero no modo de aceleração. Como se sabe, os processos dinâmicos para o rotor do gerador a gás do helicóptero TE r.p.m. são descritos por uma equação diferencial:

$$J \cdot \frac{\partial \omega}{\partial t} = M_T(n_{TC}, G_T) - M_k(n_{TC}) = \delta M(n_{TC}, G_T), \tag{4.12}$$

em que J é o momento de inércia do rotor, $\omega = \frac{\pi \cdot n_{TC}}{30}$ é a velocidade angular de rotação do rotor do motor, $M_T\,(n_{TC}\,,\ G_T\,)$ é o momento motor do gerador de gás, $M_k\,(n_{TC}\,)$ é o momento de resistência do gerador de gás, $\delta M(n_{TC}\,,\ G_T\,)$ é o binário em excesso.

Para helicópteros TE de dois eixos (por exemplo, TV3-117), a equação acima (4.12) é válida para os dois rotores cada. É apenas necessário ter em conta que existe uma ligação gás-dinâmica entre os rotores, de modo que uma alteração na velocidade de rotação de um provoca uma alteração na velocidade de rotação do outro. Além disso, a temperatura do gás à frente da turbina do compressor afecta a ligação gás-dinâmica entre os rotores de dois eixos do helicóptero TE, uma vez que uma alteração da temperatura leva a uma alteração da pressão e da velocidade do fluxo de gás, o que, por sua vez, provoca uma alteração na velocidade de rotação de cada rotor. Tendo isto em conta, as equações da dinâmica do helicóptero TE terão o seguinte aspeto

$$\begin{aligned} \frac{\partial n_{TC}}{\partial t} &= \frac{30}{\pi \cdot J_1} \cdot \delta M_1(n_{TC}, n_{FT}, T_G^*, G_T) \\ &= f_1(n_{TC}, n_{FT}, T_G^*, G_T), \end{aligned} \tag{4.13}$$

$$\frac{\partial n_{FT}}{\partial t} = \frac{30}{\pi \cdot J_2} \cdot \delta M_2(n_{TC}, n_{FT}, T_G^*, G_T)$$
$$= f_2(n_{TC}, n_{FT}, T_G^*, G_T),$$

em que $\frac{\partial n_{TC}}{\partial t}$ é a aceleração em r.p.m. do rotor do gerador de gás, $\frac{\partial n_{FT}}{\partial t}$ é a aceleração da velocidade do rotor da turbina livre.

O requisito do modelo dinâmico que está a ser desenvolvido é o seguinte: juntamente com os processos dinâmicos, o modelo deve reproduzir os modos de funcionamento do motor estacionário na gama de aceleração baixa até à emergência. Para ter em conta este requisito, introduzimos as dependências funcionais dos parâmetros TE do helicóptero em relação ao parâmetro de modo α, que determinará exclusivamente o ponto na linha dos modos estáticos desde o modo de ralenti até ao modo de emergência: n_{TC} (α), n_{FT} (α), T_G^*(α) и G_T (α). Estas dependências garantem a modelação exacta dos comportamentos transiente e em estado estacionário em todo o espetro de funcionamento.

As expressões (4.13) assumirão a forma:

$$\frac{\partial n_{TC}}{\partial t} = f_1\big(n_{TC}(\alpha), n_{FT}(\alpha), T_G^*(\alpha), G_T(\alpha)\big),$$
$$\frac{\partial n_{FT}}{\partial t} = f_2\big(n_{TC}(\alpha), n_{FT}(\alpha), T_G^*(\alpha), G_T(\alpha)\big). \quad (4.14)$$

Expandindo os lados direitos da expressão (4.14) numa série de Taylor, obtemos

$$\frac{\partial n_{TC}}{\partial t} = \frac{\partial n_{TC}(\alpha)}{\partial n_{TC}} + \Delta n_{TC} \cdot \frac{\partial n_{TC}(\alpha)}{\partial n_{TC}} + \Delta n_{FT} \cdot \frac{\partial n_{TC}(\alpha)}{\partial n_{FT}} + \quad (4.15)$$
$$+\Delta T_G^* \cdot \frac{\partial n_{TC}(\alpha)}{\partial T_G^*} + \Delta G_T \cdot \frac{\partial n_{TC}(\alpha)}{\partial G_T},$$

$$\frac{\partial n_{FT}}{\partial t} = \frac{\partial n_{FT}(\alpha)}{\partial n_{TC}} + \Delta n_{TC} \cdot \frac{\partial n_{FT}(\alpha)}{\partial n_{TC}} + \Delta n_{FT} \cdot \frac{\partial n_{FT}(\alpha)}{\partial n_{FT}} +$$

$$+\Delta T_G^* \cdot \frac{\partial n_{FT}(\alpha)}{\partial T_G^*} + \Delta G_T \cdot \frac{\partial n_{FT}(\alpha)}{\partial G_T},$$

$$\frac{\partial T_G^*}{\partial t} = \frac{\partial T_G^*(\alpha)}{\partial n_{TC}} + \Delta n_{TC} \cdot \frac{\partial T_G^*(\alpha)}{\partial n_{TC}} + \Delta n_{FT} \cdot \frac{\partial T_G^*(\alpha)}{\partial n_{FT}} +$$

$$+\Delta T_G^* \cdot \frac{\partial T_G^*(\alpha)}{\partial T_G^*} + \Delta G_T \cdot \frac{\partial T_G^*(\alpha)}{\partial G_T},$$

$$\Delta n_{TC} = n_{TC} - n_{TC}(\alpha), \Delta n_{FT} = n_{FT} - n_{FT}(\alpha), \Delta T_G^* = T_G^* - T_G^*(\alpha), \Delta G_T = G_T - G_T(\alpha).$$

Com base em (4.15), obteve-se um modelo não linear de TE de helicóptero em desvios:

$$\Delta\left(\frac{\partial n_{TC}}{\partial t}\right) = a_{11}(\alpha) \cdot \Delta n_{TC} + a_{12}(\alpha) \cdot \Delta n_{FT} + a_{13}(\alpha) \cdot \Delta T_G^* + \qquad (4.16)$$

$$+b_1(\alpha) \cdot \Delta G_T,$$

$$\Delta\left(\frac{\partial n_{FT}}{\partial t}\right) = a_{21}(\alpha) \cdot \Delta n_{TC} + a_{22}(\alpha) \cdot \Delta n_{FT} + a_{23}(\alpha) \cdot \Delta T_G^* +$$

$$+b_2(\alpha) \cdot \Delta G_T,$$

$$\Delta\left(\frac{\partial T_G^*}{\partial t}\right) = a_{31}(\alpha) \cdot \Delta n_{TC} + a_{32}(\alpha) \cdot \Delta n_{FT} + a_{33}(\alpha) \cdot \Delta T_G^* +$$

$$+b_3(\alpha) \cdot \Delta G_T,$$

$$\Delta n_{TC} = n_{TC} - n_{TC}(\alpha), \Delta n_{FT} = n_{FT} - n_{FT}(\alpha), \Delta T_G^* = T_G^* - T_G^*(\alpha), \Delta G_T = G_T - G_T(\alpha).$$

De (4.16) resulta que, para identificar os parâmetros do modelo, é necessário determinar os valores dos coeficientes a_{ij} (α). Para determinar o valor de α no processo transiente de cada instante, foi aplicado o procedimento apresentado em [226, 227], segundo o qual, com base nas dependências do consumo de combustível G_T (α) e da r.p.m. do rotor do gerador a gás n_{TC} (α) do parâmetro de modo α em modos estáticos (Figura 4.3), é construída uma linha de modos estáticos sobre a caraterística dinâmica (Figura 4.4).

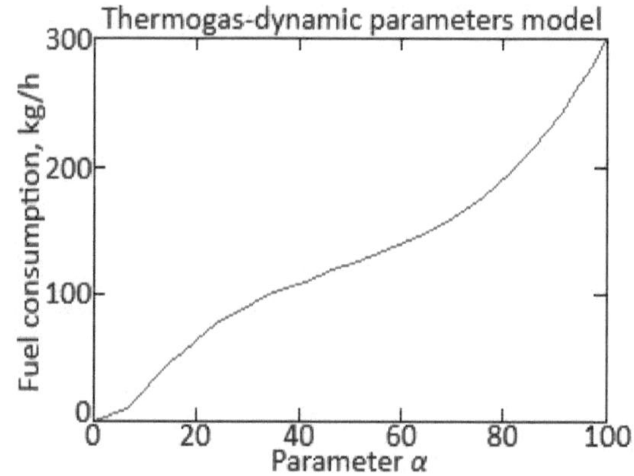

(a)

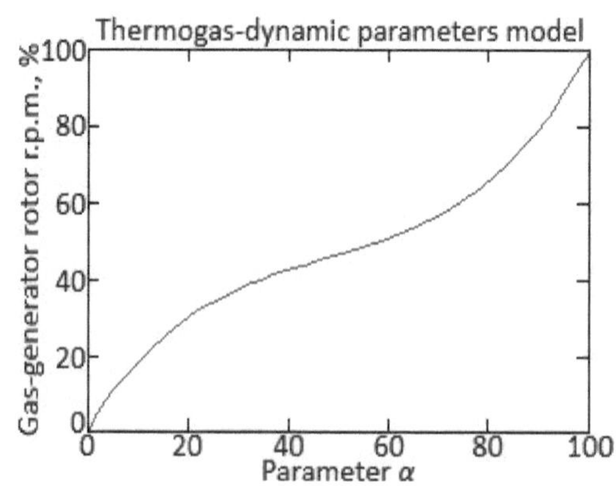

(b)

Figura 4.3. Diagramas de dependência dos parâmetros do motor turboeixo do helicóptero: (**a**) Consumo de combustível, (**b**) R.p.m. do rotor do gerador de gás (investigação do autor).

Na figura 4.4, além disso, o ponto 1 com coordenadas (n_{TC} , G_T) reflecte os valores actuais dos parâmetros TE do helicóptero durante o processo de aceleração, e o ponto 2 com coordenadas (n_{TC} (α), G_T (α)) reflecte o ponto da linha de modos estáticos mais próximo do ponto 1. Tal como em [226], a medida de proximidade dos pontos 1 e 2 é a "distância" entre eles:

$$d(\alpha) = \sqrt{\left(n_{TC} - n_{TC}(\alpha)\right)^2 + \left(G_T - G_T(\alpha)\right)^2}. \tag{4.17}$$

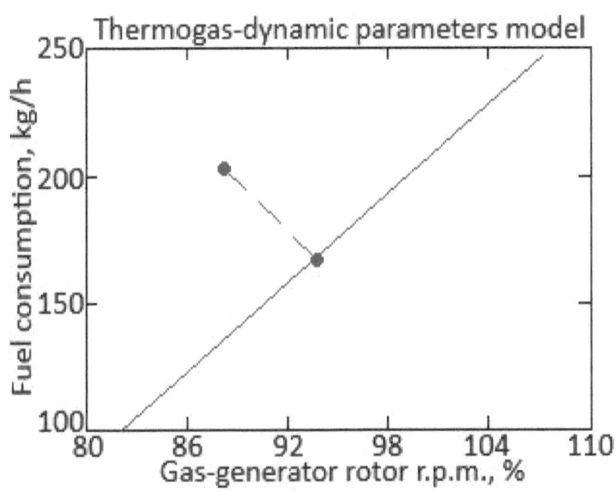

Figura 4.4. Caraterísticas estatísticas dos parâmetros do motor de turbina de helicóptero (investigação do autor).

O valor do parâmetro de modo α é determinado a partir desta condição de distância mínima, o que leva à formação da tarefa de otimização com um critério de otimização na forma de função objetivo:

$$F(\alpha) = \sqrt{\left(n_{TC} - n_{TC}(\alpha)\right)^2 + \left(G_T - G_T(\alpha)\right)^2} \rightarrow min. \quad (4.18)$$

Neste caso, a função objetivo (4.18) é definida positivamente e tem um ponto de mínimo global. A solução para a tarefa de minimização da função objetivo (4.18) é realizada utilizando um dos métodos de pesquisa unidimensional, por exemplo, o método da secção dourada [226]. Como resultado, determina-se o valor do parâmetro de modo, que é necessário para obter os coeficientes do modelo a_{ij} (α) e as dependências estáticas n_{TC} (α), n_{FT} (α), $T_G^*(\alpha)$ e G_T (α).

Assim, foram propostas a estrutura e a forma de descrição do modelo dinâmico não-linear do helicóptero TE nos modos estático e não-estacionário na forma de sistema diferencial não-linear e equações algébricas. A caraterística distintiva de um modelo é a apresentação dos seus parâmetros nas dependências funcionais na forma de parâmetro de modo, o que garante a natureza não linear dos processos dinâmicos e a continuidade da derivada para os parâmetros do motor. Os valores numéricos dos parâmetros do modelo são calculados a partir destas dependências funcionais com base na resolução da tarefa de otimização. Aplicando o método descrito para o modelo TE do helicóptero em modo de arranque, obtivemos:

$$\Delta\left(\frac{\partial n_{TC,i}}{\partial \alpha_i}\right) = a_{11,i} \cdot \Delta n_{TC}(\alpha_i) + a_{12,i} \cdot \Delta n_{FT}(\alpha_i) + \quad (4.19)$$

$$+a_{13,i} \cdot \Delta T_G^*(\alpha_i) + b_{1,i} \cdot \Delta G_T(\alpha_i),$$

$$\Delta\left(\frac{\partial n_{FT,i}}{\partial \alpha_i}\right) = a_{21,i}\cdot \Delta n_{TC}(\alpha_i) + a_{22,i}\cdot \Delta n_{FT}(\alpha_i) +$$

$$+a_{23,i}\cdot \Delta T_G^*(\alpha_i) + b_{2,i}\cdot \Delta G_T(\alpha_i),$$

$$\Delta\left(\frac{\partial T_{G,i}^*}{\partial \alpha_i}\right) = a_{31,i}\cdot \Delta n_{TC}(\alpha_i) + a_{32,i}\cdot \Delta n_{FT}(\alpha_i) +$$

$$+a_{33,i}\cdot \Delta T_G^*(\alpha_i) + b_{3,i}\cdot \Delta G_T(\alpha_i),$$

$$\Delta n_{TC,i+1} = n_{TC,i}(\alpha_i) + h\cdot \Delta\left(\frac{\partial n_{TC,i}}{\partial \alpha_i}\right),$$

$$\Delta n_{FT,i+1}(\alpha_i) = n_{FT,i}(\alpha_i) + h\cdot\left(\frac{\partial n_{FT,i}}{\partial \alpha_i}\right),$$

$$\Delta T_{G,i+1}^*(\alpha_i) = T_{G,i}^*(\alpha_i) + h\cdot\left(\frac{\partial T_{G,i}^*}{\partial \alpha_i}\right).$$

Assim, é feita uma procura dos valores dos coeficientes das equações para o modelo matemático do helicóptero TE dada a estrutura no modo de aceleração, que é óptima em cada passo de integração. Para determinar os valores dos coeficientes das equações de (4.19), a tarefa de determinação é formulada como uma tarefa de programação quadrática com funções objetivo $F(x_1)$ para a determinação dos coeficientes da equação diferencial do rotor do gerador de gás, $F(x_2)$ para a determinação dos coeficientes da equação diferencial da velocidade do rotor da turbina livre, $F(x_3)$ para a determinação da temperatura do gás em frente à turbina do compressor:

$$F(x_1) = \left(n_{TC}(x_1) - n_{TC}^{ref}(\alpha_i)\right)^2, \qquad (4.20)$$

$$F(x_2) = \left(n_{FT}(x_2) - n_{FT}^{ref}(\alpha_i)\right)^2,$$

$$F(x_3) = \left(T_G^*(x_3) - T_G^{*ref}(\alpha_i)\right)^2,$$

em que $x_1 = [a_{11,i}, a_{12,i}, a_{13,i}]$, $x_2 = [a_{21,i}, a_{22,i}, a_{23,i}]$, $x_3 = [a_{31,i}, a_{32,i}, a_{33,i}]$.

A caraterística das tarefas de otimização em consideração são os valores iniciais dos coeficientes utilizados a partir de modelos lineares bem conhecidos. Isto é necessário quando os dados experimentais são funções ambíguas, por exemplo, quando um valor de consumo de combustível corresponde a vários valores de r.p.m. do rotor do gerador a gás. Os coeficientes dos modelos lineares são utilizados na determinação dos coeficientes dos modelos não lineares para efetuar a função de regularização. Como resultado da minimização sequencial da função objetivo (4.20), são determinados os coeficientes do modelo dinâmico não linear. As tarefas de otimização são resolvidas para todos os valores dos dados experimentais, desde o valor inicial até ao último, com o passo h. É aconselhável minimizar as funções objetivo (4.20) utilizando um dos métodos de otimização direta incondicional, por exemplo, utilizando o método simplex. Assim, como resultado da resolução sequencial de uma tarefa de otimização, são determinadas as matrizes de valores numéricos de todos os coeficientes das equações que constituem o modelo TE do helicóptero. Os valores dos coeficientes do modelo dinâmico TE do helicóptero devem formar dependências funcionais com o parâmetro α, utilizando interpolação spline cúbica ou aproximação por rede neuronal; são necessários para o cálculo dos processos de injectividade utilizando o modelo identificado.

4.3. Desenvolvimento do modelo dinâmico de rede neural dos motores de turbina de helicóptero

Para que o modelo dinâmico multimodo do TE do helicóptero identifique e resolva eficazmente a tarefa, é necessário analisar as leis de controlo existentes e melhorá-las para garantir modos de funcionamento óptimos, o que é impossível sem modelos matemáticos adequados do motor sob a forma de equações diferenciais. Atualmente, a descrição do modelo é incompleta, uma vez que não tem em conta as várias ligações e perturbações dos processos termodinâmicos que ocorrem no TE do helicóptero. A este respeito, o mais eficaz são as redes dinâmicas neurais usadas para aproximar os resultados obtidos da investigação dos processos termogasodinâmicos, por exemplo, no motor TV3-117 (helicóptero Mi-8MTV) [228].

Atualmente, as redes neuronais recorrentes dinâmicas têm sido utilizadas para identificar objectos de propagação dinâmicos, em particular, a rede autoregressiva não linear (Nonlinear Autoregressive Network - NARX network) e a rede neuronal Elman é um caso especial de rede recorrente multicamada [229, 230].

Em [231], foram efectuadas investigações para modelar a distribuição dinâmica dos parâmetros do processo de funcionamento do motor TV3-117. Para avaliar a modelação quantitativa dos parâmetros das redes e a precisão da influência, foram utilizados os parâmetros das redes NARX e Elman.

Para a rede NARX, o número de linhas de atraso foi alterado para 1...5 e o número de neurónios da camada oculta para 1...20, utilizando o algoritmo de Levenberg-Marquardt. O erro quadrático médio (*MSE*) mais baixo foi de 52,4 e foi obtido para uma rede com 15 neurónios da camada oculta e três linhas de atraso. No entanto, o fornecimento de novos dados à entrada fora do conjunto de treino indica uma discrepância entre o sinal de saída e os indicadores de estabilidade exigidos. Por conseguinte, o modelo não cumpre a tarefa de identificação.

Para a rede Elman, apenas o número de neurónios da camada oculta foi variado de 1 a 20, utilizando o algoritmo de gradiente descendente com o parâmetro da taxa de formação perturbação e adaptação. O valor mais baixo *de MSE*, 41,83, foi obtido para uma rede de camada única com dois neurónios da camada oculta e um atraso de feedback duplo. O aumento do número de camadas ocultas ou do número de atrasos conduziu à perda de sensibilidade do modelo a alterações nos sinais de entrada. Assim, os melhores resultados foram obtidos numa rede de camada única com o sinal de retorno da camada oculta de duplo atraso. Os resultados da investigação indicam que o modelo baseado na rede Elman é mais estável em comparação com a rede NARX e reflecte, de um modo geral, as peculiaridades da dinâmica dos parâmetros TE do helicóptero. Por conseguinte, de acordo com [231], propõe-se a utilização da rede Elman com um sinal de realimentação de camada oculta de duplo atraso para a simulação da dinâmica dos parâmetros de ET de helicópteros.

Para o treino da rede Elman, são utilizados métodos de gradiente, semelhantes aos das redes feedforward convencionais, com algumas modificações [232]. Isto permite que o gradiente da função de erro seja corretamente calculado utilizando o método de retropropagação no tempo, transformando a rede recorrente numa rede "regular". O processo de cálculo do gradiente (alterações dos pesos) consiste numa passagem para a frente (cálculo do estado das camadas), numa passagem para trás (determinação do erro das camadas) e no cálculo da alteração dos pesos com base nos dados das fases anteriores. O armazenamento adaptativo de eventos temporais passados é possível através da adição de uma pilha de memória dinâmica (Figura 4.5) às redes neuronais recorrentes, o que tornou possível fornecer e criar uma ferramenta flexível para a construção de modelos não lineares [232]. A rede neural Elman modificada é obtida adicionando um atraso aos sinais de feedback da camada oculta, ou seja, adicionando à pilha dinâmica a camada de memória.

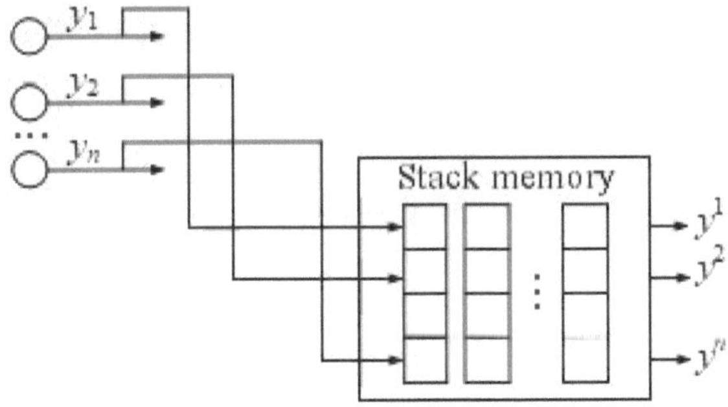

Figura 4.5. Diagrama de implementação de uma camada de memória para a rede neural Elman modificada com memória de pilha dinâmica [232].

A memória de pilha dinâmica permite gerir eficientemente os dados durante a execução de algoritmos, especialmente quando se trata de processos recursivos e hierárquicos. O modelo proposto tem em conta estes aspectos e oferece uma abordagem única à gestão da memória da pilha.

Os parâmetros básicos do modelo matemático da memória de pilha dinâmica: $S(t)$ é a pilha no tempo t, $H(t)$ é o ponteiro para o topo da pilha no tempo t, e $D(t)$ são os dados escritos no topo da pilha no tempo t.

As operações básicas do modelo matemático da memória de pilha dinâmica: Push(x, t) é a adição do elemento x ao topo da pilha no tempo t, Pop(t) é a remoção de um elemento do topo da pilha no tempo t, Peek(t) é a espreitadela ao elemento no topo da pilha sem o remover.

As operações são formalizadas da seguinte forma:

1. Operação Push(x, t):

$$S(t) = S(t - 1) + x, H(t) = H(t - 1) + 1, D(t) = x. \quad (4.21)$$

2. Operação Pop(t):

$$S(t) = \frac{S(t-1)}{D(t-1)}, H(t) = H(t-1) - 1, D(t) = S(H(t)). \quad (4.22)$$

3. Operação Peek(t):

$$D(t) = S(H(t-1)). \quad (4.23)$$

A gestão da memória de inicialização é efectuada da seguinte forma:

$$S(0) = \emptyset, H(0) = 0, D(0) = \emptyset. \quad (4.24)$$

Durante a gestão dinâmica da memória, para garantir uma utilização eficiente da memória, a pilha pode ser dividida em segmentos, em que cada segmento tem o seu tamanho máximo M.

A expansão e contração automática da pilha é feita da seguinte forma:

1. Se $H(t) > M$, então é criado um novo segmento.

2. Se $H(t) < \frac{M}{2}$ e existir mais do que um segmento, a pilha é comprimida e os segmentos são fundidos.

Exemplo:

Presume-se que a pilha contenha dados sobre os eventos do sistema de controlo TE do helicóptero.

1. Tempo $t = 1$ segundo:

$$\text{Empurra: } S(1) = \{t_1\}, H(1) = 1, D(1) = t_1 \quad (4.25)$$

2. Tempo $t = 2$ segundos:

$$\text{Empurrar: } S(2) = \{t_1, t_2\}, H(2) = 2, D(2) = t_{.2} \quad (4.26)$$

3. Tempo $t = 3$ segundos:

$$\text{Empurra: } S(3) = \{t_1\}, H(3) = 1, D(3) = t_{.1} \quad (4.27)$$

Este modelo pode ser utilizado para:

1. Gestão de dados em algoritmos recursivos.
2. Implementações de memória em redes neuronais que utilizam pilhas para armazenar estados.

Gestão de recursos em sistemas em tempo real, como os sistemas de controlo de ET de helicópteros, em que é necessária uma gestão rápida e eficiente do estado.

O modelo matemático desenvolvido para a memória da pilha dinâmica difere do modelo tradicional ao introduzir uma estrutura segmentada para a gestão da memória, que permite expandir e contrair automaticamente a pilha em função da sua capacidade. No modelo tradicional, a pilha é implementada como uma matriz ou lista contígua, em que as operações Push(x, t) e Pop(t) alteram o ponteiro para o topo da pilha sem ter em conta a segmentação. Em contraste, o modelo proposto usa segmentos fixos com um tamanho máximo M, criando automaticamente novos segmentos quando o limite é excedido e fundindo segmentos quando os dados são significativamente reduzidos. Esta abordagem permite uma utilização mais eficiente da memória e melhora o desempenho em sistemas de pilha intensiva, como redes neuronais e sistemas de tempo real.

Teorema 1. *No modelo matemático da pilha de memória dinâmica (4.21)-(4.24), o tempo total de execução das operações Push e Pop para N elementos não excede um certo valor O(N).*

Prova do Teorema 1. Na fase inicial, os segmentos são definidos: Para isso, assume-se que cada segmento da pilha tem um tamanho máximo M.

Ao efetuar uma operação Push:

1. Se o segmento atual não estiver cheio ($H(t) < M$):

$$\text{Empurrar}(x, t){:}\ S(t) = S(t-1) + x,\ H(t) = H(t-1) + 1,\ D(t) = x, \tag{4.28}$$

que requer $O(1)$ tempo para ser concluído.

2. Se o segmento atual estiver cheio [$H(t) = M$], é criado um novo segmento:

$$\text{Empurrar}(x, t){:}\ S(t) = \{x\},\ H(t) = 1,\ D(t) = x, \tag{4.29}$$

que requer $O(1)$ tempo para ser concluído.

Ao efetuar uma operação Pop:

1. Se o segmento atual não estiver vazio ($H(t) > 0$):

$$\text{Pop}(t){:}\ S(t) = \frac{S(t-1)}{D(t-1)},\ H(t) = H(t-1) - 1,\ D(t) = S(H(t)), \tag{4.30}$$

que requer $O(1)$ tempo para ser concluído.

2. Se o segmento atual estiver vazio [$H(t) = 0$] e existirem segmentos anteriores, é efectuada uma fusão com o segmento anterior

$$\text{Pop}(t){:}\ S(t) = \{\text{Segmento anterior}\},\ H(t) = M - 1,\ D(t) = S(H(t)), \tag{4.31}$$

que requer $O(1)$ tempo para ser concluído.

Em seguida, para determinar o tempo total de execução das operações, k é o número de segmentos criados para N operações. Então:

$$k \leq \left\lceil \frac{N}{M} \right\rceil. \tag{4.32}$$

Em seguida, o tempo para criar segmentos é determinado como:

$$O(k) = O\left(\frac{N}{M}\right) = O(N). \tag{4.33}$$

Então o tempo total é:

$$\begin{cases} \text{Time for each Push and Pop operation: } O(1) \\ \text{Total time for } N \text{ operations: } O(N) \end{cases} \tag{4.34}$$

Assim, o tempo total de execução das N operações Push e Pop no modelo de memória de pilha dinâmica proposto não excede um determinado valor $O(N)$, que é o que precisa de ser provado.

Com base no que precede, pode afirmar-se que a rede neural Elman modificada é descrita sem alterações por equações recorrentes [233]:

$$v_j(t+1) = \sum_{i=1}^{N} w_{ji}^{(1)} \cdot u_i(t) + \sum_{i=1}^{T} w_{ji}^{(c)} \cdot x_i(t) + b_j^{(1)}, \tag{4.35}$$

$$x_j(t+1) = F_1\left(v_j(t+1)\right),$$

$$y_j(t+1) = F_2 \sum_{i=1}^{T} w_{ji}^{(2)} \cdot x_i(t+1) + b_j^{(2)},$$

ou em forma de matriz:

$$\mathbf{X}(t+1) = \mathbf{F}_1\,(\mathbf{W}^{(1)} \cdot \mathbf{U}(t) + \mathbf{W}^{(c)} \cdot \mathbf{X}(t) + \mathbf{B}^{(1)}),$$
$$\mathbf{Y}(t+1) = \mathbf{F}_2\,(\mathbf{W}^{(2)} \cdot \mathbf{X}(t+1) + \mathbf{B}^{(2)}), \tag{4.36}$$

em que $\mathbf{U}(t)$ é o vetor dos sinais de entrada externa no tempo (t); p é o número de entradas externas da rede; $\mathbf{X}(t)$ é o vetor dos sinais de saída da camada oculta no tempo (t); N é o número de sinais da camada de contexto; $\mathbf{W}^{(1)}$, $\mathbf{W}^{c}$, $\mathbf{W}^{(2)}$ são as matrizes dos pesos sinápticos dos sinais de entrada externa, dos sinais da camada de contexto e da camada de saída, respetivamente; $\mathbf{B}^{(1)}$, $\mathbf{B}^{(2)}$ são os vectores dos pesos de deslocação dos neurónios das camadas oculta e original, respetivamente; $\mathbf{F}_1$, $\mathbf{F}_2$ são os vectores das funções de ativação das camadas oculta e original, respetivamente; $\mathbf{Y}(t + 1)$ é o vetor dos sinais de saída da rede no momento ($t + 1$); M é o número de saídas da rede.

As saídas da camada oculta, denotadas por v_1 , v_2 , ..., v_N , são alimentadas aos neurónios de entrada utilizando coeficientes de ponderação $\{w\}_{ij}^{-z}$, em que i é o índice do neurónio que envia o sinal (i = 1, 2, ..., t); j é o índice do sinal de saída do neurónio da camada oculta (j = 1, 2, ..., k); z = 1 é o índice de atraso temporal (para a rede Elman). O exame detalhado da arquitetura da rede neuronal (Figura 6) mostra que a realimentação da camada oculta ou da saída da rede pode ser negligenciada através da inclusão de sinais de realimentação no conjunto de treino.

Além disso, esta arquitetura permite a formação e adaptação eficientes da rede à dinâmica intrincada dos modos de funcionamento do motor. Ao incorporar as dependências funcionais do parâmetro de modo α, o modelo garante que a rede pode mapear com precisão os estados do motor em todo o seu espetro operacional, desde os modos de ralenti até aos modos de emergência. Esta abordagem não só melhora as capacidades de previsão da rede, como também assegura a robustez e a fiabilidade em aplicações em tempo real, cruciais para o desempenho e a segurança óptimos do TE do helicóptero.

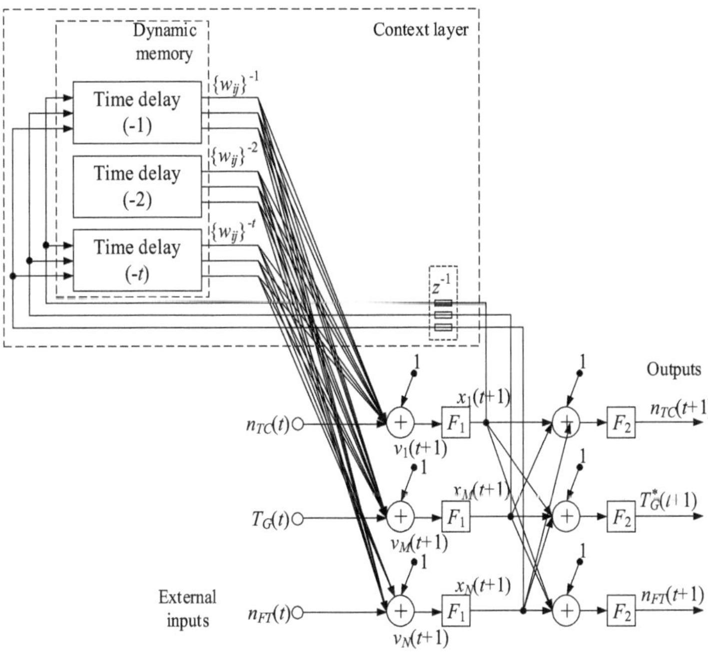

Figura 4.6. Rede neural Elman modificada com memória de pilha dinâmica como modelo dinâmico de TE de helicóptero (investigação do autor).

Com base em [232, 233], a rede neural Elman modificada com treinamento em memória de pilha dinâmica, o conjunto de treinamento é transformado. Os sinais de entrada da amostra de treino, que mudam durante a transformação, são designados por x_1 , x_2 , x_3 , e os sinais de feedback são os x_4 , x_5 , x_6 , x_7 , x_8 , e x_9 . Os sinais de saída da camada oculta são fornecidos às entradas x_4 , x_5 , x_6 com um atraso de um ciclo de relógio c_{1-1} , c_{2-1} , c_{3-1} , às entradas x_7 , x_8 , x_9 são os sinais de saída da camada oculta são fornecidos com um atraso de dois ciclos de relógio c_{1-2} , c_{2-2} , c_{3-2} . Neste caso, a memória da camada é uma pilha de sinais de saída da camada y_1 , y_2 , ..., y_n , em que n é o tamanho da pilha (ver Figura 4.5). Cada célula da pilha y_i consiste na matriz de saídas dos neurónios da camada y_1 , y_2 , ..., y_n . A pilha é organizada de tal forma que, após o transbordamento da memória, a última célula y_n é eliminada e toda a fila é deslocada uma posição, de modo a que $y_i = y_{i-1}$. A rede Elman utiliza realimentação entre as camadas oculta e de entrada, implementada utilizando uma ligação de atraso puro z^{-1} . Na camada de entrada, cada neurónio oculto tem a sua correspondência, que, juntamente com a entrada externa, constitui a informação de entrada para a rede. A camada inicial contém neurónios que calculam os valores dos parâmetros necessários do motor, como a r.p.m. do rotor do gerador a gás, a temperatura do gás à frente da turbina do compressor e a velocidade do rotor da turbina livre.

O algoritmo de treino proposto para a rede neural Elman modificada com memória de pilha dinâmica inclui várias etapas, tais como a preparação dos dados, a inicialização dos pesos, a propagação para a frente, a retropropagação e a atualização dos pesos.

Durante a fase de preparação dos dados, os sinais de entrada do conjunto de treino $\{x_1$, x_2 , $x_3\}$ e os sinais de retorno $\{x_4$, x_5 , x_6 , x_7 , x_8 , $x_9\}$ são preparados tendo em conta os atrasos temporais. Para uma rede Elman com memória de pilha dinâmica, é aconselhável utilizar o método de caraterísticas desfasadas, uma vez que permite ter efetivamente em conta as dependências temporais dos dados. As funções de desfasamento criam novas caraterísticas que representam os valores das caraterísticas originais atrasados por um determinado número de passos de tempo, o que melhora a capacidade da rede para treinar a partir de séries temporais. Isso é especialmente importante para redes neurais recorrentes, como a rede Elman, que usa informações sobre estados anteriores para prever valores futuros. Quando se utiliza o método da função de desfasamento para preparar os dados tendo em conta os atrasos temporais, as expressões analíticas para criar caraterísticas atrasadas (caraterísticas desfasadas com atraso k) têm o seguinte aspeto

$$x_{1lag(k)} = x_1\ (t - k),\ x_{2lag(k)} = x_2\ (t - k),\ x_{3lag(k)} = x_3\ (t - k),\ x_{4lag(k)} = x_4\ (t - k),\ x_{5lag(k)} = x_5\ (t - k),\ x_{6lag(k)} = x_6\ (t - k),\ x_{7lag(k)} = x_7\ (t - k),\ x_{8lag(k)} = x_8\ (t - k),\ x_{9lag(k)} = x_9\ (t - k), \quad (4.37)$$

onde k é um número inteiro qualquer que representa o tempo de atraso, $(t - k)$ representa o valor da caraterística x no passo de tempo $(t - k)$. Assim, cada caraterística dos dados originais é expandida para incluir os seus valores em diferentes atrasos, o que nos permite ter em conta a dinâmica e as dependências temporais dos dados.

Para melhorar a estabilidade e a precisão do algoritmo de otimização, é adicionada uma filtragem utilizando um filtro Butterworth de ordem n, ou seja:

$$\begin{aligned}
x_{1lag(k)} &= \text{ButterworthFilter}(x_{1lag(k)}, k),\\
x_{2lag(k)} &= \text{ButterworthFilter}(x_{2lag(k)}, k),\\
x_{3lag(k)} &= \text{ButterworthFilter}(x_{3lag(k)}, k),\\
x_{4lag(k)} &= \text{ButterworthFilter}(x_{4lag(k)}, k),\\
x_{5lag(k)} &= \text{ButterworthFilter}(x_{5lag(k)}, k),\\
x_{6lag(k)} &= \text{ButterworthFilter}(x_{6lag(k)}, k),\\
x_{7lag(k)} &= \text{ButterworthFilter}(x_{7lag(k)}, k),\\
x_{8lag(k)} &= \text{ButterworthFilter}(x_{8lag(k)}, k),\\
x_{9lag(k)} &= \text{ButterworthFilter}(x_{9lag(k)}, k),
\end{aligned} \quad (4.38)$$

em que ButterworthFilter significa a função de filtragem dos elementos atrasados (elementos desfasados com um atraso de tempo k) $x_{1lag(k)} \ldots x_{9lag(k)}$ com um atraso de tempo k.

Assim, o sinal de entrada $x_i\ (t)$ passa pelo filtro Butterworth de ordem n especificado pela função de transferência:

$$H(s) = \frac{1}{1 + \left(\frac{s}{\omega_c}\right)^{2 \cdot n}}, \qquad (4.39)$$

em que ω_c é a frequência de corte do filtro e s é a variável complexa de Laplace.

Para um tempo discreto t = 1, 2, ..., T, o sinal filtrado $x_i^{BF}(t)$ é definido como:

$$x_i^{BF}(t) = \mathcal{F}^{-1}\{H(s) \cdot \mathcal{F}(x_i(t))\}, \qquad (4.40)$$

em que $\mathcal{F}$ representa o operador da transformada de Fourier e $\mathcal{F}^{-1}$ é a transformada inversa de Fourier.

Depois de preparar os dados de entrada, os pesos e parâmetros do algoritmo de otimização Adam são inicializados como:

$$\begin{gathered} W^{(1)} = \text{rand}(N, p),\ W^{(c)} = \text{rand}(N, N),\ W^{(2)} = \text{rand}(M, N), \\ B^{(1)} = \text{rand}(N, 1),\ B^{(2)} = \text{rand}(M, 1),\ m_{W^{(1)}} = 0,\ v_{W^{(1)}} = 0, \\ m_{W^{(c)}} = 0,\ v_{W^{(c)}} = 0,\ m_{W^{(2)}} = 0,\ v_{W^{(2)}} = 0,\ m_{B^{(1)}} = 0, \\ v_{B^{(1)}} = 0,\ m_{B^{(2)}} = 0,\ v_{B^{(2)}} = 0, \end{gathered} \qquad (4.41)$$

Neste caso, $\beta_1 = 0{,}9$, $\beta_2 = 0{,}999$, $\epsilon = 10^{-8}$ são os parâmetros do algoritmo de Adam. O parâmetro β_1 significa a taxa de decaimento exponencial de primeiro momento do gradiente. O valor $\beta_1 = 0{,}9$ significa que no primeiro momento (a estimativa do gradiente no primeiro momento) o valor atual é obtido a partir do valor anterior do primeiro momento com um peso de 0,9 e o gradiente atual com um peso de 0,1. O parâmetro β_2 significa a média móvel exponencial do segundo momento do gradiente. O valor β_2 = 0,999 significa que o segundo momento (a estimativa do segundo momento do gradiente) do valor atual é obtido a partir do valor anterior do segundo momento com um peso de 0,999 e o quadrado do gradiente atual com um peso de 0,001. O parâmetro ϵ é um pequeno número adicionado para estabilidade numérica. Evita a divisão por zero na fórmula de ajuste do passo de treino. O valor $\epsilon = 10^{-8}$ é padrão e é utilizado para evitar possíveis tarefas numéricas com divisão.

Após a inicialização dos pesos e parâmetros do algoritmo de otimização Adam, é efectuada a propagação direta, na qual, em cada passo de tempo *t*, os sinais de saída das camadas oculta e de saída são calculados de acordo com (4.36), ou seja

$$X(t+1) = F_1\,(W^{(1)}\ U(t) + W^{(c)} \cdot X(t) + B^{(1)}),\qquad (4.42)$$
$$Y(t+1) = F_2\,(W^{(2)} \cdot X(t+1) + B^{(2)}).$$

A etapa seguinte (etapa de retropropagação) calcula o erro na camada de saída como a diferença entre os valores-alvo e os sinais de saída efectivos:

$$E(t+1) = D(t+1) - Y(t+1),\qquad (4.43)$$

em que $D(t + 1)$ - valores-alvo no passo $(t + 1)$.

Os pesos da camada de saída são actualizados de acordo com a expressão:

$$\delta_h = \left(W^{(2)}\right)^T \cdot E(n+1) \odot \left(F_1' X(n+1)\right),\qquad (4.44)$$

onde $\odot$ denota a multiplicação por elementos.

Os gradientes são calculados da seguinte forma:

$$g_{W^{(1)}} = E(n+1) \cdot \left(F_2' Y(n+1)\right) \cdot \left(X(n+1)\right)^T,\qquad (4.45)$$

$$g_{W^{(2)}} = \delta_h \cdot \left(U(n)\right)^T, g_{B^{(1)}} = \delta_h, g_{B^{(1)}} = E(n+1).$$

Os parâmetros do algoritmo de otimização Adam são actualizados da seguinte forma:

$$\begin{gathered}
m_{W^{(1)}} = \beta_1 \cdot m_{W^{(1)}} + (1-\beta_1) \cdot g_{W^{(1)}}, \\
v_{W^{(1)}} = \beta_2 \cdot v_{W^{(1)}} + (1-\beta_2) \cdot \left(g_{W^{(1)}} \odot g_{W^{(1)}}\right), \\
m_{W^{(c)}} = \beta_1 \cdot m_{W^{(c)}} + (1-\beta_1) \cdot g_{W^{(c)}}, \\
v_{W^{(c)}} = \beta_2 \cdot v_{W^{(c)}} + (1-\beta_2) \cdot \left(g_{W^{(c)}} \odot g_{W^{(c)}}\right), \\
m_{W^{(2)}} = \beta_1 \cdot m_{W^{(2)}} + (1-\beta_1) \cdot g_{W^{(2)}}, \\
v_{W^{(2)}} = \beta_2 \cdot v_{W^{(2)}} + (1-\beta_2) \cdot \left(g_{W^{(2)}} \odot g_{W^{(2)}}\right), \\
m_{B^{(1)}} = \beta_1 \cdot m_{B^{(1)}} + (1-\beta_1) \cdot g_{B^{(1)}}, \\
v_{B^{(1)}} = \beta_2 \cdot v_{B^{(1)}} + (1-\beta_2) \cdot \left(g_{B^{(1)}} \odot g_{B^{(1)}}\right), \\
m_{B^{(2)}} = \beta_1 \cdot m_{B^{(2)}} + (1-\beta_1) \cdot g_{B^{(2)}}, \\
v_{B^{(2)}} = \beta_2 \cdot v_{B^{(2)}} + (1-\beta_2) \cdot \left(g_{B^{(2)}} \odot g_{B^{(2)}}\right).
\end{gathered} \tag{4.46}$$

A correção dos parâmetros do algoritmo de otimização Adam é efectuada da seguinte forma:

$$\begin{gathered}
\hat{m}_{W^{(1)}} = \frac{m_{W^{(1)}}}{1-\beta_1^t}, \hat{v}_{W^{(1)}} = \frac{v_{W^{(1)}}}{1-\beta_2^t}, \hat{m}_{W^{(c)}} = \frac{m_{W^{(c)}}}{1-\beta_1^t}, \\
\hat{v}_{W^{(c)}} = \frac{v_{W^{(c)}}}{1-\beta_2^t}, \hat{m}_{W^{(2)}} = \frac{m_{W^{(2)}}}{1-\beta_1^t}, \hat{v}_{W^{(2)}} = \frac{v_{W^{(2)}}}{1-\beta_2^t}, \\
\hat{m}_{B^{(1)}} = \frac{m_{B^{(1)}}}{1-\beta_1^t}, \hat{v}_{B^{(1)}} = \frac{v_{B^{(1)}}}{1-\beta_2^t}, \hat{m}_{B^{(2)}} = \frac{m_{B^{(2)}}}{1-\beta_1^t}, \hat{v}_{B^{(2)}} \\
= \frac{v_{B^{(2)}}}{1-\beta_2^t}.
\end{gathered} \tag{4.47}$$

A atualização dos pesos e das polarizações é feita da seguinte forma:

$$W^{(1)} \leftarrow W^{(1)} - \alpha \cdot \frac{\widehat{m}_{W^{(1)}}}{\sqrt{\widehat{v}_{W^{(1)}}}} + \epsilon, W^{(c)} \tag{4.48}$$

$$\leftarrow W^{(c)} - \alpha \cdot \frac{\widehat{m}_{W^{(c)}}}{\sqrt{\widehat{v}_{W^{(c)}}}} + \epsilon,$$

$$W^{(2)} \leftarrow W^{(2)} - \alpha \cdot \frac{\widehat{m}_{W^{(2)}}}{\sqrt{\widehat{v}_{W^{(2)}}}} + \epsilon, B^{(1)}$$

$$\leftarrow B^{(1)} - \alpha \cdot \frac{\widehat{m}_{B^{(1)}}}{\sqrt{\widehat{v}_{B^{(1)}}}} + \epsilon,$$

$$B^{(2)} \leftarrow B^{(2)} - \alpha \cdot \frac{\widehat{m}_{B^{(2)}}}{\sqrt{\widehat{v}_{B^{(2)}}}} + \epsilon,$$

em que α é o parâmetro de formação inicial.

Durante o processamento da memória da pilha, após um transbordo de memória, a última célula y_n é eliminada e toda a fila é deslocada uma posição, ou seja:

$$y_i = y_{i-1} \tag{4.49}$$

para todo $i \in [2, t]$.

Assim, o algoritmo proposto, que utiliza a filtragem do sinal através do filtro Butterworth de ordem n e o coeficiente de formação adaptativo Adam, permite à rede neural Elman modificada uma formação mais estável e mais rápida.

A novidade científica do algoritmo proposto reside na integração da filtragem do sinal utilizando um filtro Butterworth de ordem *n-ésima* e um coeficiente de treino adaptativo baseado no método Adam numa rede neural Elman modificada com memória de pilha dinâmica. Esta abordagem melhora significativamente o processo de treino, adaptando automaticamente a taxa de treino às alterações nos gradientes dos parâmetros da rede durante o treino, obtendo assim pesos e enviesamentos óptimos de forma mais eficiente. Ao contrário do algoritmo tradicional de treino da rede Elman, que utiliza uma taxa de treino estática, o novo método tem em conta as alterações dinâmicas nos dados e na estrutura da rede, o que aumenta a sua adaptabilidade e capacidade de otimização eficaz sob a variedade de sinais de entrada e de feedback.

A base da experiência computacional é a rede neural Elman proposta com treino dinâmico em memória de pilha. É utilizada uma curva de treino para determinar o número ótimo de épocas para o seu treino. A idéia básica é encontrar o ponto em que o erro no conjunto de validação é minimizado ou começa a se estabilizar, indicando que as melhorias cessarão com o treinamento adicional. Para cada época t (de 1 a T), o erro quadrático médio (MSE) é calculado no conjunto de validação MSE_{val} (t). O número ótimo de épocas t^* é definido como:

$$t^* = \min\{t|\forall t', |MSE_{val}(t') - MSE_{val}(t')| < \epsilon\}. \quad (4.50)$$

Isto significa que t^* é a primeira época a partir da qual a variação do erro no conjunto de validação é inferior ao valor limiar ϵ para todas as épocas subsequentes.

Além disso, os indicadores-chave da qualidade do treino da rede neuronal são a *exatidão do treino* e a *exatidão da validação*. Os diagramas *Precisão de treino* versus *Precisão de validação* mostram a alteração da precisão dos dados de treino e validação em função da época de treino. Neste caso, a métrica de precisão é calculada como

$$Accuracy = \frac{1}{N} \cdot \sum_{i=1}^{N} \mathbf{1}(y_i = \hat{y}_i), \quad (4.51)$$

em que y_i é o rótulo verdadeiro do *i-ésimo* exemplo, $\hat{y}_i$ é o rótulo *do i-ésimo* exemplo previsto pelo modelo, N é o número de exemplos no conjunto de dados (treino ou validação), $\mathbf{1}(y_i = \hat{y}_i)$ é a função indicadora, que é igual a 1 se $y_i = \hat{y}_i$e 0 caso contrário.

Além disso, o indicador importante da qualidade do treino da rede neuronal é o erro de treino (*perda de treino*) e o erro de validação (*perda de validação*). Para desenvolver os diagramas de erro de formação (*Perda de formação*) e de erro de validação (*Perda de validação*), é necessário calcular os valores da função de perda (o *MSE* é adotado) nos dados de formação e de validação em cada época de formação. Neste caso, o *MSE* é calculado como:

$$MSE = \frac{1}{N} \cdot \sum_{i=1}^{N} (y_i - \hat{y}_i)^2. \tag{4.52}$$

Para desenvolver um diagrama de gradientes (Normas de gradientes), que mostra as normas dos gradientes em cada época de treino, é necessário calcular as normas dos gradientes dos parâmetros do modelo em cada época. A norma de gradiente permite monitorizar as alterações dos gradientes e identificar tarefas como o desaparecimento ou a explosão de gradientes. O trabalho adopta a norma L2 dos gradientes (*norma euclidiana*), que é calculada da seguinte forma

$$||\nabla L(\theta)||_2 = \sqrt{\sum_i \left(\frac{\partial L}{\partial \theta_i}\right)^2}, \tag{4.53}$$

onde θ é o vetor de todos os parâmetros do modelo, e $\nabla L(\theta)$ é o vetor de gradientes da função de perda L sobre θ_i parâmetros. O modelo matemático de cálculo do gradiente da função de perda é apresentado no Apêndice B.

A validação dos resultados do treino da rede neural Elman proposta com memória de pilha dinâmica é efectuada utilizando a validação cruzada [77], em que os dados são divididos em várias partes (folds) e o modelo é treinado e avaliado várias vezes, cada vez com dados de partes diferentes.

Para efetuar a validação cruzada (k-fold cross-validation), os dados da amostra de treino são divididos em k partes iniciais (folds): D_1, D_2, ..., D_k. Para cada *i-ésima* dobra ($i = 1, 2, ..., k$), uma parte dos dados é utilizada como conjunto de validação e as restantes k - 1 dobras são utilizadas para treino. O modelo é treinado em k - 1 dobras de dados e avaliado na restante dobra de dados. Para cada *i-ésima* iteração, o modelo é treinado nos dados $D_{train}^{(i)}$ e avaliado com base nos dados $D_{val}^{(i)}$onde:

$$D_{train}^{(i)} = \bigcup_{j \neq i} D_j , D_{val}^{(i)} = D_i. \quad (4.54)$$

Em seguida, a métrica é calculada (neste trabalho, o *MSE* é considerado como esta métrica) na amostra de validação para cada *i-ésima* dobra:

$$\text{Metric}_i = \text{evalute}\left(M^{(i)}, D_{val}^{(i)}\right), \quad (4.55)$$

em que $M^{(i)}$ é um modelo treinado em $D_{val}^{(i)}$.

Após completar todas as k iterações, o valor métrico médio é calculado sobre todas as dobras:

$$Average\ Metric = \frac{1}{k} \cdot \sum_{i=1}^{k} Metric_i. \quad (4.56)$$

4.4. Os resultados da resolução de tarefas de identificação de modelos multimodais dinâmicos dos motores de turbina de helicóptero

Para realizar a experiência computacional, os dados foram registados durante os ensaios de voo do TV3-117 TE a bordo do helicóptero Mi-8MTV utilizando um sistema de controlo a bordo (o registo de dados ocorreu no intervalo de 320 segundos de um voo real com um período de amostragem de 1,0 segundos). A dinâmica dos parâmetros do TV3-117 TE reflecte a complexidade da forma da série temporal (Figura 4.7), e as curvas indicam o aparecimento da necessidade de ter em conta os valores dos parâmetros e de acumular informações na memória do modelo. A Figura 4.7 mostra um aumento dos valores dos parâmetros no intervalo de tempo de 20 a 65 segundos de aproximadamente 1,5...1,8 vezes, o que é explicado pelo modo transiente de funcionamento do motor. Como se disse na introdução, cerca de 85 % do tempo o motor funciona em condições de estado estacionário, e apenas cerca de 15 % em condições transientes. Com base em [231], os valores *de* n_{TC} , n_{FT} , T_G^* 256 valores foram selecionados de acordo com a Figura 4.7 (Tabela 4.1). Esta dimensão da amostra de treino justifica-se por garantir uma cobertura suficiente das variações possíveis nos parâmetros TE do helicóptero, permitindo que a rede neural Elman modificada com memória de pilha dinâmica treine eficazmente e identifique com precisão o modelo dinâmico do motor em condições de funcionamento em voo. Além disso, uma amostra de 256 valores é suficiente para garantir a condição de distribuição normal, que é crítica para a significância estatística do conjunto de treino e para a fiabilidade da rede neural que utiliza o contexto para a identificação do modelo dinâmico do motor do helicóptero.

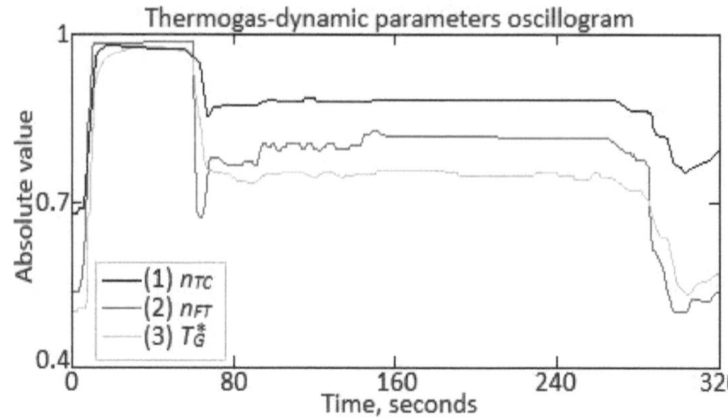

Figura 4.7. Série temporal da dinâmica dos parâmetros do motor turboeixo TV3-117 utilizando oscilogramas digitalizados: (**curva preta**): Rotor do gerador de gás em r.p.m; (**curva azul**) Velocidade do rotor da turbina livre; (**curva azul**) Temperatura do gás em frente à turbina do compressor (pesquisa do autor).

Tabela 4.1. Fragmento da amostra de formação (investigação do autor).

Valor	1	...	45	...	93	...	156	...	204	...	232	...	256
n_{TC}	0.686	...	0.973	...	0.902	...	0.905	...	0.906	...	0.738	...	0.823
n_{FT}	0.532	...	0.988	...	0.744	...	0.758	...	0.759	...	0.487	...	0.505
T_G^*	0.488	...	0.984	...	0.711	...	0.719	...	07.20	...	0.502	...	0.521

Para determinar a homogeneidade da amostra de formação, é determinado o valor χ^2 = 24,935, que é inferior ao valor crítico $\chi^2_{critical}$ = 27.683 para df = 13 graus de liberdade a um nível de significância α = 0,01. Os resultados obtidos indicam a homogeneidade da amostra de treino de acordo com o critério de Fisher-Pearson. Para confirmar a homogeneidade, o tamanho da amostra de formação N = 256 é dividido em duas subamostras do mesmo tamanho n_1 = n_2 = 128 elementos. Foi obtido o valor F = 5,58, que é inferior ao valor crítico $F_{critical}$ = 5,74. Os resultados obtidos confirmam a homogeneidade do conjunto de treino de acordo com o critério de Fisher-Snedecor.

Com base na amostra de treino dos parâmetros termodinâmicos do helicóptero TE (quadro 4.1), foi utilizado um procedimento de seleção aleatória para selecionar as amostras de treino e de ensaio numa proporção de 2:1 (67 e 33%, respetivamente, 172 e 84 elementos). Os resultados da análise de clusters dos dados da amostra de treino dos parâmetros termodinâmicos do helicóptero TE (Quadro 4.1) revelaram 8 classes (classes I...VIII), ou seja, os oito grupos presentes, o que indica que a composição das amostras de treino e de ensaio é semelhante (Figura 4.8).

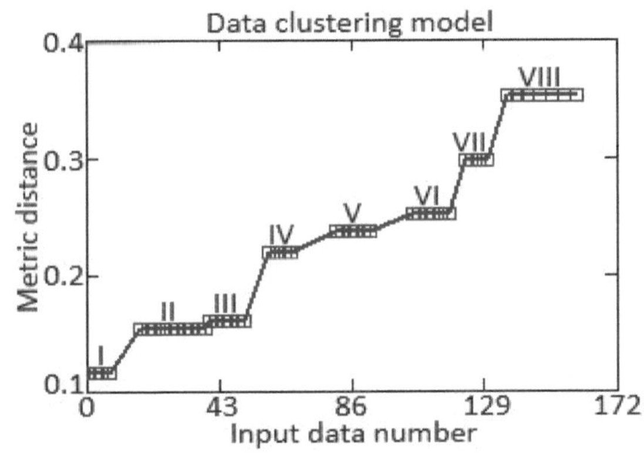

(a)

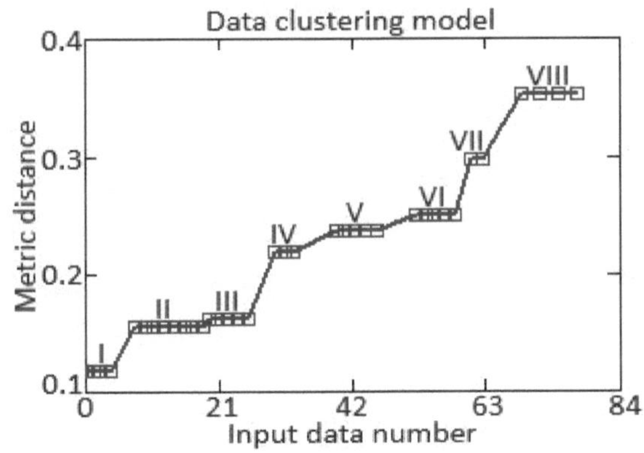

(b)

Figura 4.8. Resultados da análise de clusters: (**a**) Conjunto de treino, (**b**) Conjunto de teste

Os resultados obtidos permitiram determinar a dimensão óptima da amostra dos parâmetros termogasodinâmicos do TE helicóptero: a amostra de treino é de 256 elementos (100 %), a amostra de controlo é de 172 elementos (a amostra de treino 67 %), a amostra de ensaio é de 84 elementos (a amostra de treino 33 %).

Note-se que as curvas de variação dos parâmetros TE do helicóptero (Figura 4.7) contêm variações bruscas nos seus valores, o que torna necessário efetuar a filtragem preliminar de baixa frequência dos dados experimentais. Por conseguinte, na fase de pré-processamento da amostra de treino dos parâmetros termogasodinâmicos TE do helicóptero (Quadro 4.1), para além de compensar as deficiências do sistema de registo a bordo, os dados de origem requerem, em regra, uma filtragem das interferências de alta frequência dos canais de informação e de medição.

Como descrito anteriormente, foi proposta a utilização do filtro de Butterworth, que pertence à classe dos filtros com uma resposta impulsiva infinita. Neste caso, o filtro de Butterworth tem a particularidade de o sinal filtrado apresentar um desvio de fase significativo. Para a eliminar, o processo de filtragem é efectuado duas vezes: primeiro no sentido direto e depois no sentido inverso.

A descrição do filtro Butterworth é dada nos vectores linha b e a, que têm comprimento $n + 1$ e contêm os coeficientes dos polinómios do numerador e do denominador da função de transferência na variável z potências descendentes:

$$H(z) = \frac{B(z)}{A(z)} = \frac{b_1 + b_2 \cdot z^{-1} + \cdots + b_{n+1} \cdot z^{-n}}{1 + a_2 \cdot z^{-1} + \cdots + a_{n+1} \cdot z^{-n}}. \qquad (4.56)$$

Note-se que a escolha da frequência de corte ω_c depende das caraterísticas espectrais obtidas. A ordem n do filtro afecta a planura característica após a frequência de corte ω_c.

A Figura 4.9 mostra o resultado da filtragem de baixas frequências com um filtro Butterworth de oitava ordem, implementado no ambiente de software LabView, das amostras de treino dos parâmetros termodinâmicos do helicóptero TE (Tabela 4.1).

Para determinar os parâmetros do filtro digital de baixa frequência, é aconselhável determinar a composição espetral dos dados experimentais, por exemplo, utilizando a transformada rápida de Fourier (FFT):

$$F(\omega) = \int_{-\infty}^{\infty} f(t) \cdot e^{-j \cdot \omega \cdot t} dt, \qquad (4.57)$$

é necessário ter em conta que, utilizando a transformada de Fourier para obter caraterísticas espectrais informativas, é necessário subtrair o seu valor médio dos dados experimentais:

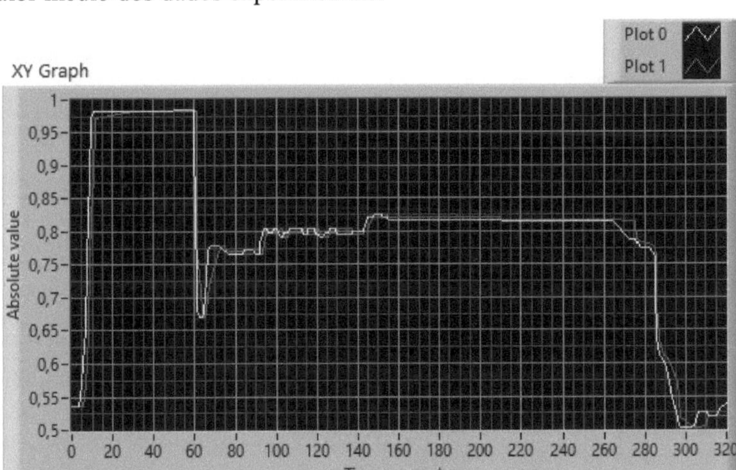

(a)

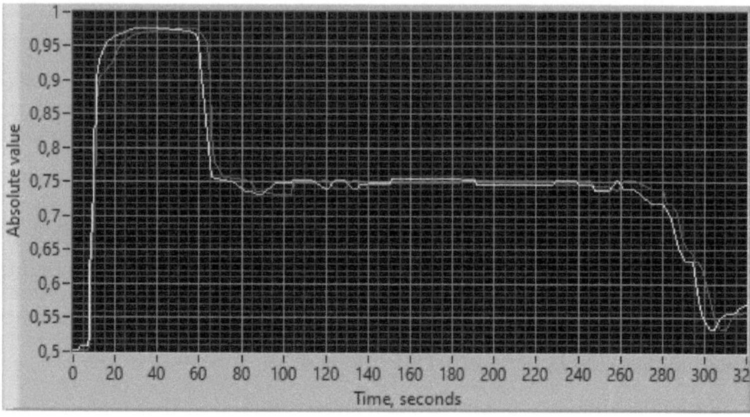

(b)

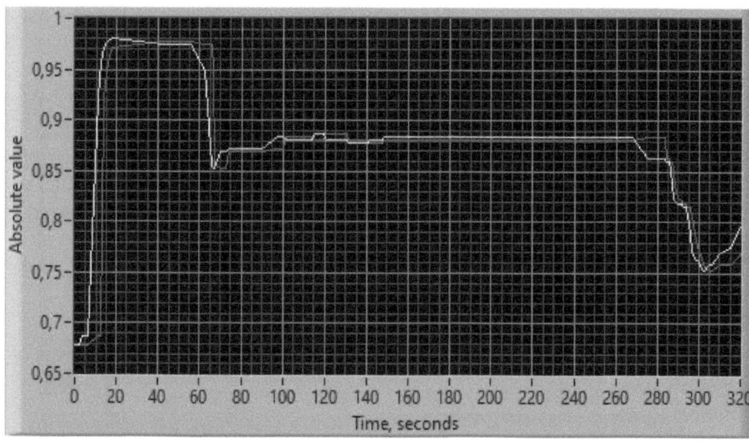

(c)

Figura 4.9. Diagrama dos parâmetros dos motores de turboeixo de helicóptero (usando o exemplo do motor TV3-117) após o procedimento de filtragem de baixa frequência com um filtro Butterworth de oitava ordem: (**a**): RPM do rotor do gerador de gás; (**b**) Velocidade do rotor da turbina livre; (**c**) Temperatura do gás em frente à turbina do compressor (investigação do autor)

$$\Delta\bar{y}_i = y_i - \bar{y}, \quad (4.58)$$

em que y_i são os dados experimentais no *i-ésimo* ponto; $\bar{y}$ é o valor médio de acordo com os dados experimentais.

Os valores obtidos com (4.58) foram utilizados para obter caraterísticas espectrais utilizando a transformada rápida de Fourier. Os parâmetros TE do helicóptero n_{TC} , n_{FT} , T_G^* do helicóptero são mostrados na Figura 4.10.

Os resultados preliminares do processamento da amostra de treino dos parâmetros termogasodinâmicos do helicóptero TE (Tabela 4.1) permitiram sintetizar um algoritmo universal apresentado na Figura 4.11.

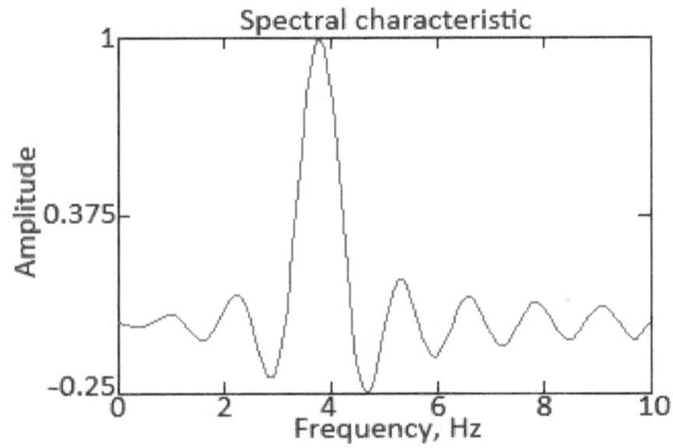

(a)

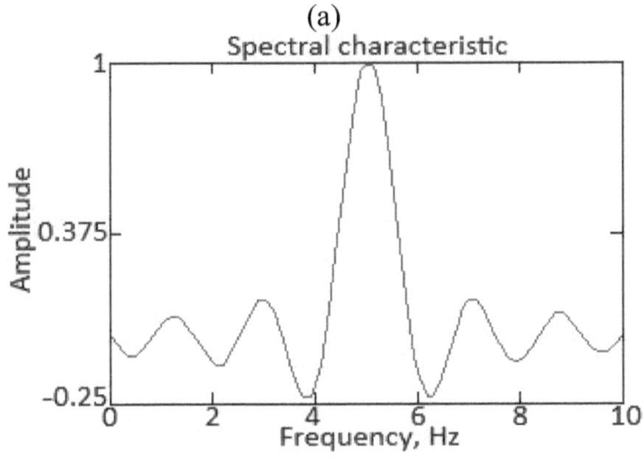

(b)

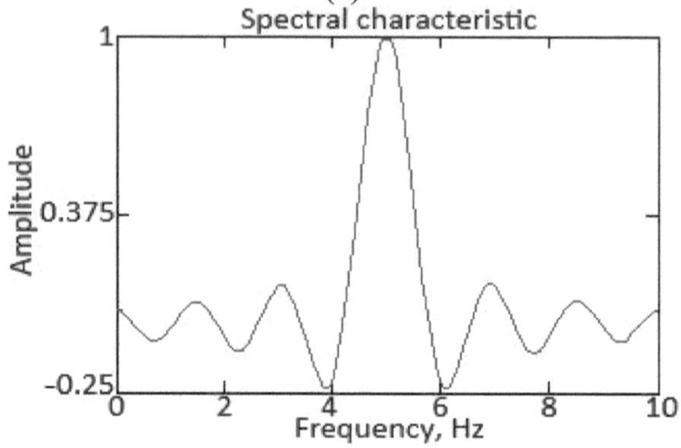

(c)

Figura 4.10. Diagramas das caraterísticas espectrais dos parâmetros do motor turboeixo de helicóptero (usando o exemplo do motor TV3-117): (**a**) Rotor do gerador de gás em r.p.m., (**b**) Velocidade do rotor da turbina livre, (**c**) Temperatura do gás na frente da turbina do compressor (pesquisa do autor)

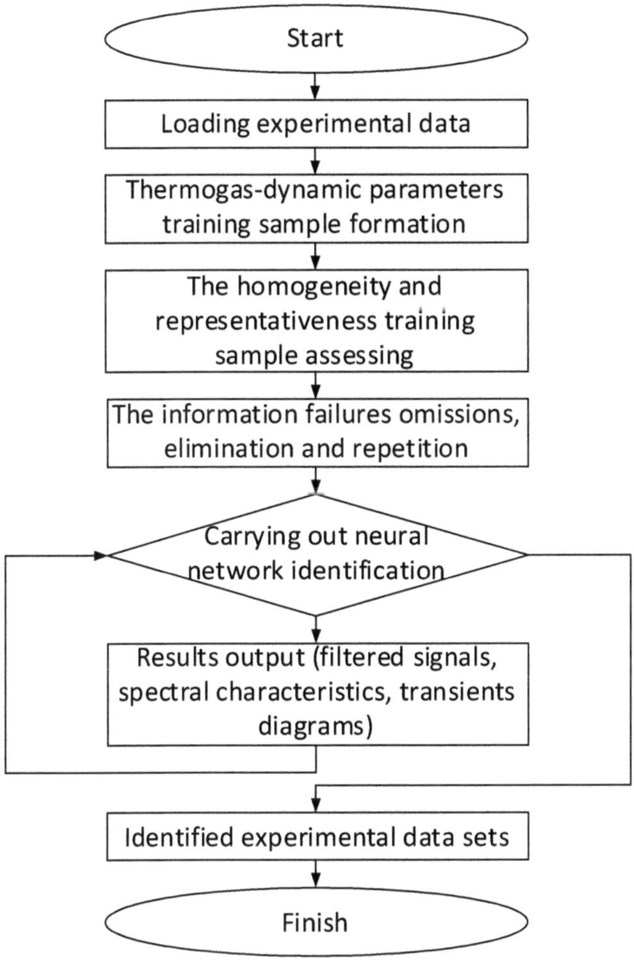

Figura 4.11. Esquema do algoritmo proposto para o treino dos parâmetros termogás-dinâmicos dos motores de turbina de helicóptero, carregamento de amostras e processamento de dados experimentais (investigação do autor)

Para efetuar a identificação da rede neural, utilizámos o modelo dinâmico não linear da estrutura desenvolvida no modo de arranque e dados experimentais sobre os parâmetros termodinâmicos n_{TC} , n_{FT} , T_G^*

(Figura 4.7), obtidos no modo de operação de voo do TV3-117 TE. De acordo com o método desenvolvido para identificar um modelo dinâmico não linear no modo de arranque, os dados experimentais foram sujeitos a um processamento preliminar e a um procedimento de filtragem. Em seguida, os processos transientes foram aproximados usando uma rede neural Elman modificada com memória de pilha dinâmica (Figura 4.6).

Como decorre dos princípios teóricos desenvolvidos, o modelo dinâmico não linear do TE do helicóptero no modo de arranque é um sistema de equações diferenciais (4.2). O parâmetro de modo foi formado como uma matriz numérica correspondente às contagens de tempo desde a ignição da câmara de combustão até ser atingido o modo de ralenti a gás.

Para determinar os coeficientes do modelo dinâmico não linear, é determinado o ponto de partida da pesquisa. Para o efeito, as equações algébricas geradas pelos sistemas sobredeterminados foram resolvidas pelo método dos mínimos quadrados. Como resultado, obtiveram-se as equações vectoriais-matriciais com os seguintes coeficientes:

$$
\begin{aligned}
X_{n_{TC}} &= (-0.242;\ 0.089;\ 0.063; 0.009), \\
X_{n_{FT}} &= (-0.137;\ -0.125;\ 0.018; 0.024), \\
X_{T_G^*} &= (-0.0061;\ 0.0082;\ -0.0321; 0.177),
\end{aligned}
\qquad (4.59)
$$

Em seguida, com a estrutura dada ao modelo matemático, os valores dos coeficientes das equações são calculados em cada passo de integração, óptimos para o parâmetro de modo de cada valor, no qual o parâmetro de saída calculado pela ETE do helicóptero está mais próximo do seu valor experimental. Como resultado, ao resolver tarefas de otimização com um critério de optimalidade local, os coeficientes das equações foram encontrados para o parâmetro de modo de cada valor. Com base nos coeficientes encontrados, são determinadas as dependências funcionais do parâmetro de modo. De seguida, foi verificado o modelo dinâmico resultante do helicóptero TE, sendo o modelo matemático apresentado como (4.2). Os parâmetros n_{TC} *(t)*, n_{FT} *(t)*, $T_G^*(t)$, os diagramas resultantes dos processos transientes, simulados com o modelo dinâmico não linear identificado do helicóptero TE (utilizando o exemplo do TE TV3-117) no modo de arranque, são apresentados na Figura 4.12. A Figura 4.13 mostra a diferença entre os diagramas dos processos simulados e experimentais.

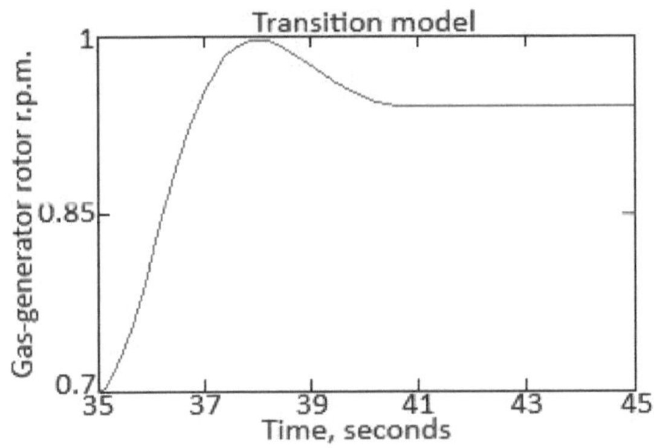

(a)

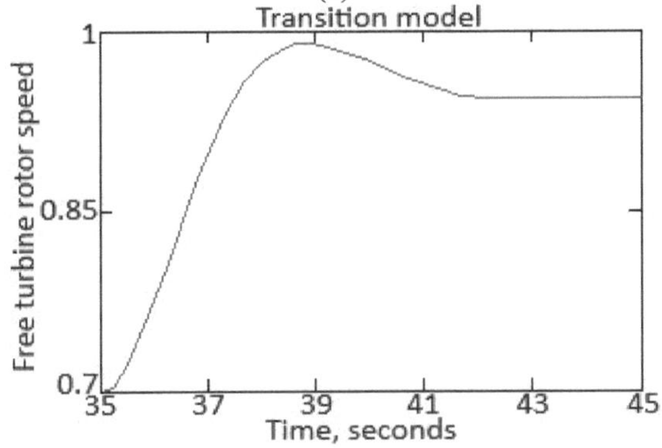

(b)

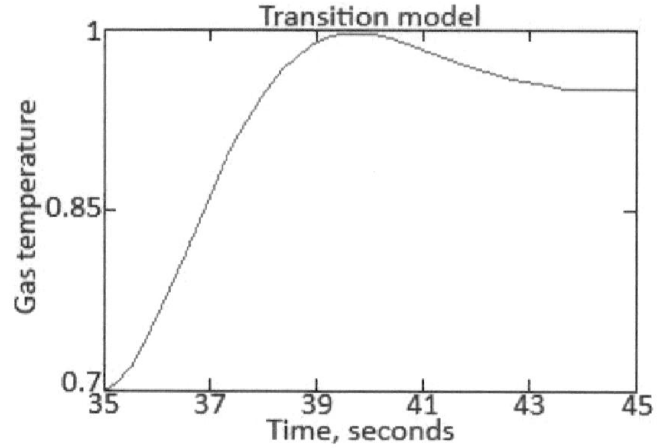

(c)

Figura 4.12. Diagramas dos processos transientes dos parâmetros do motor turboeixo de helicóptero no modo de arranque (usando o exemplo do motor TV3-117): (**a**) Rotor do gerador de gás em r.p.m., (**b**) Velocidade do rotor da turbina livre, (**c**) Temperatura do gás em frente à turbina do compressor (investigação do autor)

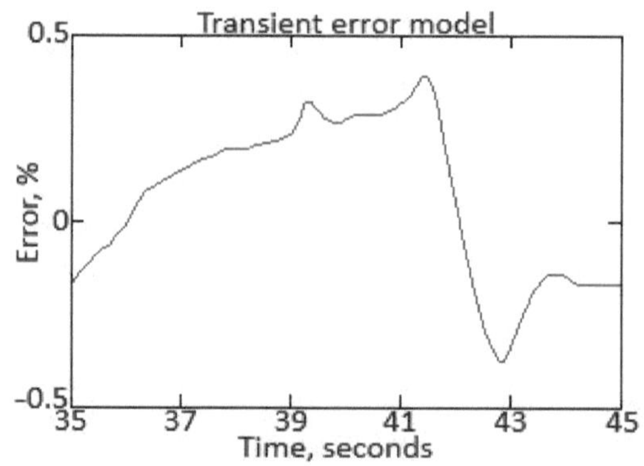

(a)

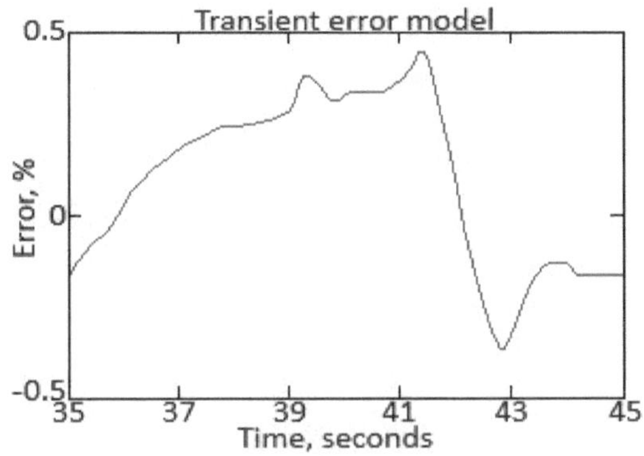

(b)

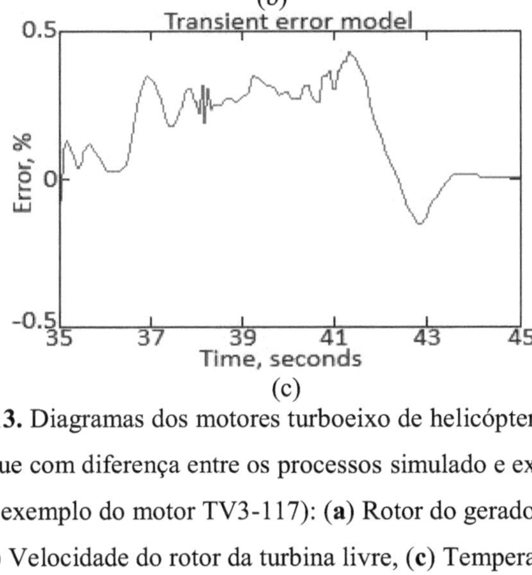

(c)

Figura 4.13. Diagramas dos motores turboeixo de helicópteros no modo de arranque com diferença entre os processos simulado e experimental (usando o exemplo do motor TV3-117): (**a**) Rotor do gerador de gás em r.p.m., (**b**) Velocidade do rotor da turbina livre, (**c**) Temperatura do gás em frente à turbina do compressor (pesquisa do autor)

Os resultados da identificação dos parâmetros do modelo dinâmico não linear do helicóptero TE no modo de arranque, de acordo com o método desenvolvido, mostram que o erro de identificação é inferior a 0,5 %. Neste caso, os coeficientes são apresentados na forma de dependências funcionais do parâmetro de modo, que representa o tempo desde a ignição da câmara de combustão até atingir o modo de marcha lenta.

Foram efectuados estudos semelhantes sobre o modo de resposta ao acelerador do helicóptero TE (utilizando o motor TV3-117 como exemplo). Neste caso, o modelo dinâmico não linear do helicóptero TE no modo de aceleração é um sistema de equação diferencial (4.16). O parâmetro de modo foi formado como uma matriz numérica do intervalo (1 - 10), em que o número 1 correspondia ao modo de marcha lenta e o número 10 ao modo de emergência. Para determinar os coeficientes do modelo dinâmico não linear, tomou-se o ponto de partida correspondente aos valores dos coeficientes do modelo dinâmico linear.

Em seguida, com a estrutura do modelo matemático, foram calculados, em cada passo de integração, os valores dos coeficientes das equações em que o parâmetro de saída calculado pela ETE do helicóptero mais se aproxima do seu valor experimental. Como resultado, ao resolver tarefas de otimização com um critério de optimalidade local, foram determinados os coeficientes das equações. Com base nos coeficientes calculados pelo modelo, são determinadas as suas dependências funcionais do parâmetro de modo. De acordo com a metodologia, o modelo dinâmico resultante do helicóptero TE é então verificado, onde o modelo matemático é apresentado na forma (4.16). Os diagramas dos processos transientes calculados utilizando o modelo e os processos experimentais são apresentados na Figura 4.14.

A diferença entre os diagramas de processos simulados e experimentais é apresentada na Figura 4.15. Os parâmetros $n_{TC}(t)$, $n_{FT}(t)$, $T_G^*(t)$ diagramas resultantes da diferença dos processos transientes, obtidos por cálculo utilizando o modelo dinâmico não linear identificado do helicóptero TE no modo de aceleração e apresentados na Figura 4.15, mostram que o erro de identificação foi inferior a 0,5 %. Neste caso, os coeficientes são apresentados na forma de dependências funcionais do parâmetro do modo.

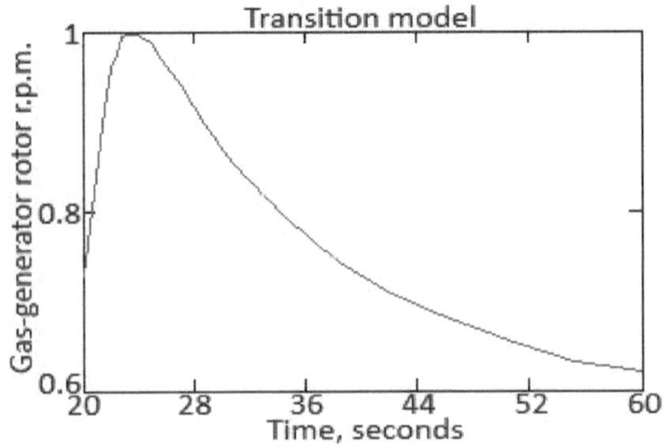

(a)

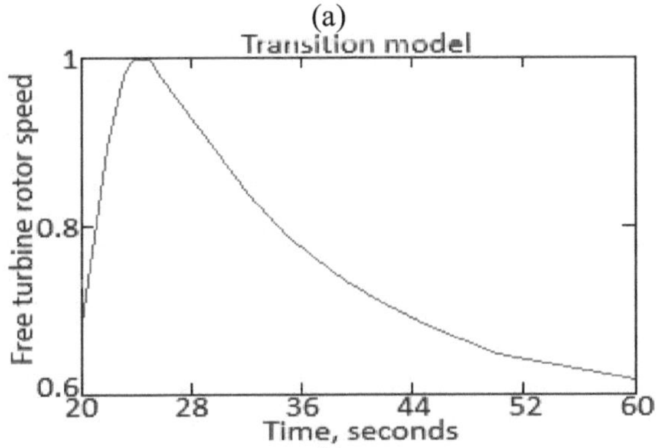

(b)

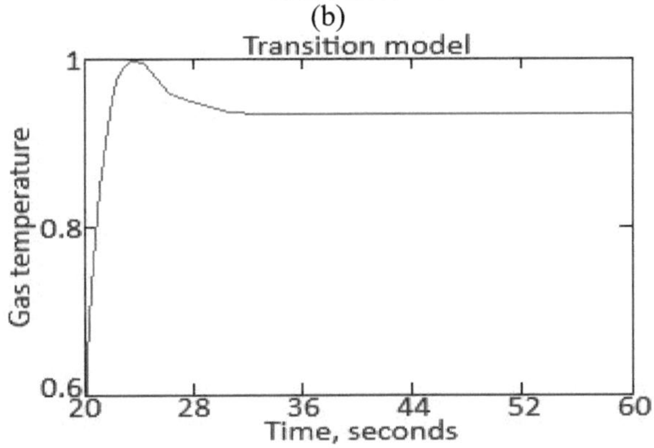

(c)

Figura 4.14. Diagramas dos processos transientes dos parâmetros do motor turboeixo de helicóptero no modo de aceleração (usando o exemplo do motor TV3-117): (**a**) Rotor do gerador de gás em r.p.m., (**b**) Velocidade do rotor da turbina livre, (**c**) Temperatura do gás em frente à turbina do compressor (investigação do autor)

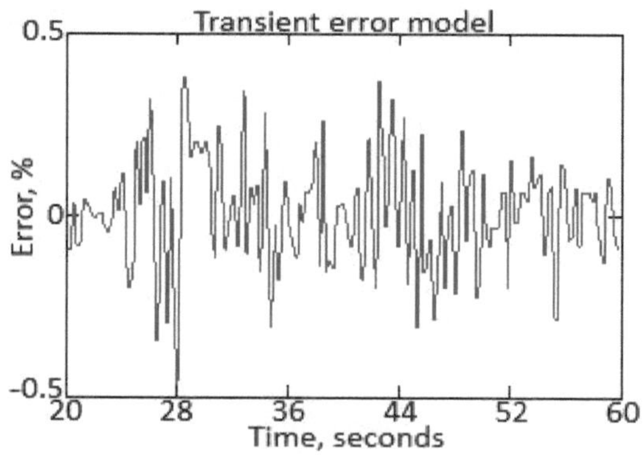

(a)

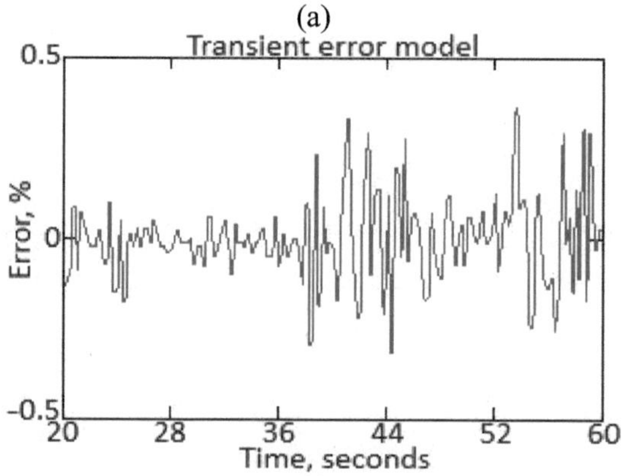

(b)

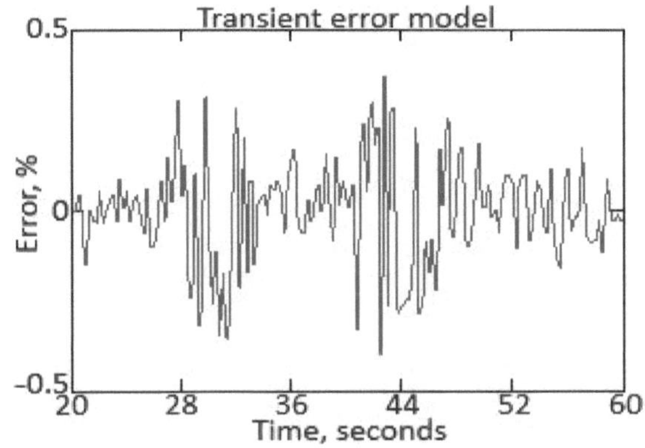

(c)

Figura 4.15. Diagramas dos motores turboeixo de helicópteros na diferença de modo de aceleração entre os processos simulado e experimental (usando o exemplo do motor TV3-117): (**a**) Rotor do gerador de gás em r.p.m., (**b**) Velocidade do rotor da turbina livre, (**c**) Temperatura do gás em frente à turbina do compressor (pesquisa do autor)

A rede neural Elman proposta com eficiência de memória de pilha dinâmica foi avaliada através da determinação do número ótimo de épocas de treino (Figura 16), da métrica de precisão (Figura 4.17), da função de perda (Figura 4.18) e do diagrama de gradientes da função de perda (Figura 4.19).

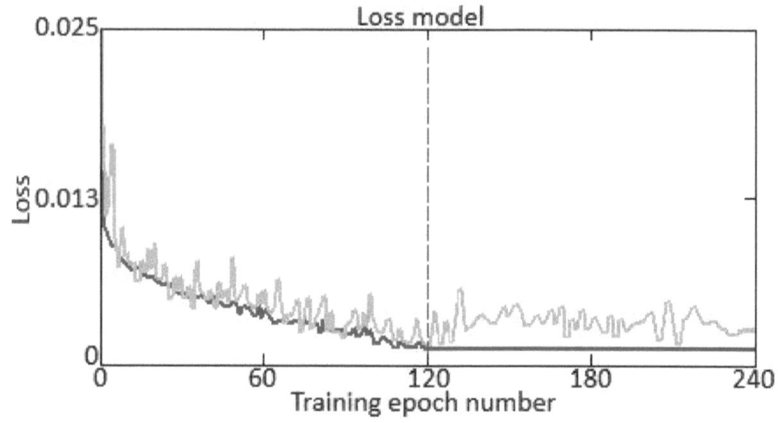

Figura 4.16. Diagrama da influência do número de épocas passadas no erro quadrático médio (pesquisa do autor)

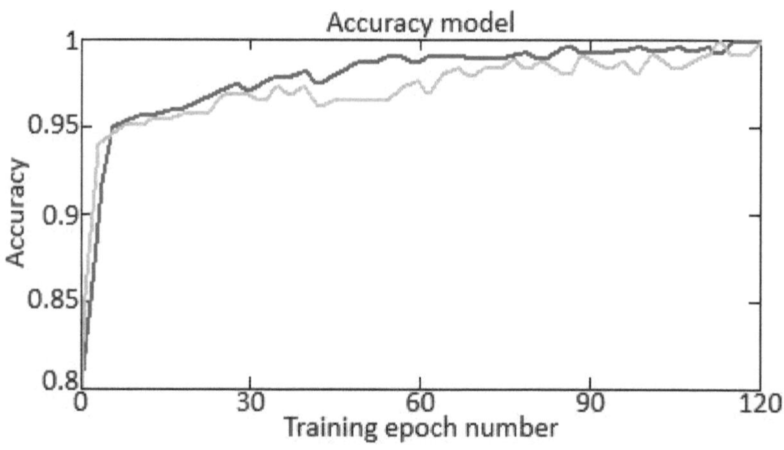

Figura 4.17. Diagrama da métrica de exatidão (investigação do autor).

Na Figura 16, a linha vermelha a tracejado indica o limite de sobreajuste do modelo, delineando o limiar para além do qual o modelo começa a captar o ruído nos dados de treino e não a distribuição de dados subjacente. Este limite é fundamental para identificar o ponto em que a complexidade do modelo ultrapassa o nível ótimo, levando a um declínio no desempenho da generalização em dados não vistos. A monitorização e mitigação cuidadosa do sobreajuste neste limite são essenciais para manter a robustez do modelo e a precisão da previsão em aplicações do mundo real.

Estes investigadores propõem várias abordagens para mitigar este problema, como a afinação de hiperparâmetros e técnicas de regularização, com o objetivo de estabilizar o processo de treino e melhorar a capacidade de generalização do modelo. Este aumento temporário do erro de treino é controlável com as estratégias corretas, permitindo que o modelo continue a ser treinado e atinja um desempenho ótimo.

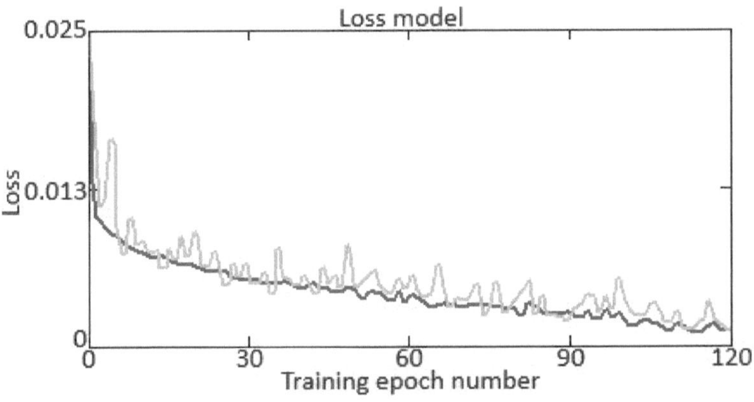

Figura 4.18. Diagrama da função de perda (investigação do autor)

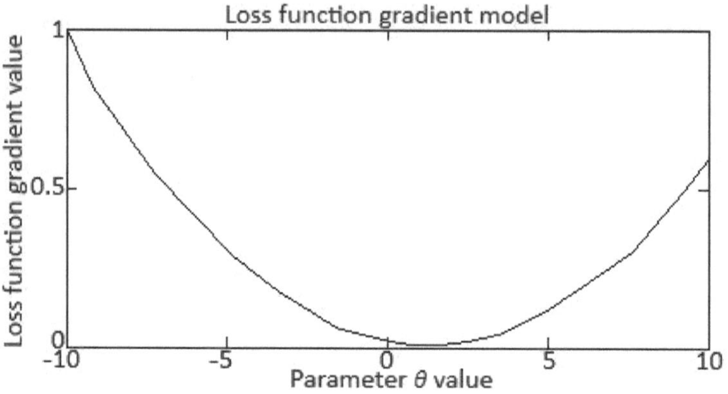

Figura 4.19. Diagrama das alterações nos gradientes da função de perda (investigação do autor).

Os resultados obtidos indicam o seguinte:

1. Para atingir o valor mínimo *de* MSE_{min} = 0,00124, são suficientes 120 épocas de treino. Com 120 épocas, o treinamento da rede neural converge.

2. O modelo de rede neural tem uma precisão elevada (99,88%), o que é confirmado pela métrica de precisão resultante nos conjuntos de dados de treino e de teste.

3. A métrica de perda não excede 2,5 %, registando-se uma diminuição significativa da função de perda de 2,5 para 0,12 %. Isto indica que o modelo não só identifica com precisão os parâmetros do modelo dinâmico não linear do TE do helicóptero, como também demonstra uma elevada estabilidade e fiabilidade durante o processo de treino.

4. De acordo com o diagrama dos gradientes da função de perda, os gradientes diminuem ao longo do tempo, indicando que o modelo se está a aproximar do mínimo da função de perda. O diagrama, que tem a forma de um U com θ variando de -10 a +10 e o gradiente de 0 a 1, demonstra o ponto de valor mínimo do gradiente (θ = 0,65), o que indica a definição

óptima dos parâmetros do modelo e uma elevada precisão neste ponto. O diagrama resultante com o valor de gradiente mínimo ($\theta = 0,65$) indica o treino estável da rede neural, uma vez que o gradiente se aproxima de zero, assegurando o ajuste preciso e ótimo dos parâmetros do modelo.

O vetor de entrada da rede Elman representa os parâmetros variáveis $n_{TC}(t)$, $n_{FT}(t)$, $T_G^*(t)$, bem como os sinais de saída dos neurónios da camada oculta, atrasados pelo tempo discreto de um ciclo de relógio. Denotando o vetor de estado dos neurónios da camada oculta como V, e o vetor de saídas da rede como Y. O vetor de entrada da rede Elman no tempo k implementa o mapeamento:

$$U_1(k) = \{n_{TC}(k), V_1(k-1), V_2(k-1)\},$$
$$U_2(k) = \{n_{FT}(k), V_1(k-1), V_2(k-1)\}, \qquad (4.60)$$
$$U_3(k) = \{T_G^*(k), V_1(k-1), V_2(k-1)\}.$$

A Figura 4.20 mostra as superfícies de distribuição $U_1(k)$, $U_2(k)$, $U_3(k)$ de acordo com os valores $n_{TC}(t)$, $n_{FT}(t)$, $T_G^*(t)$ dados no conjunto de treino (Tabela 4.1). A Figura 4.20 mostra que as superfícies de distribuição $U_1(k)$, $U_2(k)$ e $U_3(k)$ são planas, sem explosões aleatórias, o que significa que a rede tem um comportamento estável e previsível durante a formação e o funcionamento. A ausência de flutuações acentuadas nas superfícies de distribuição indica um parâmetro da rede e a sua capacidade de seleção de alta qualidade para processar eficazmente os dados de entrada sem anomalias ou erros significativos.

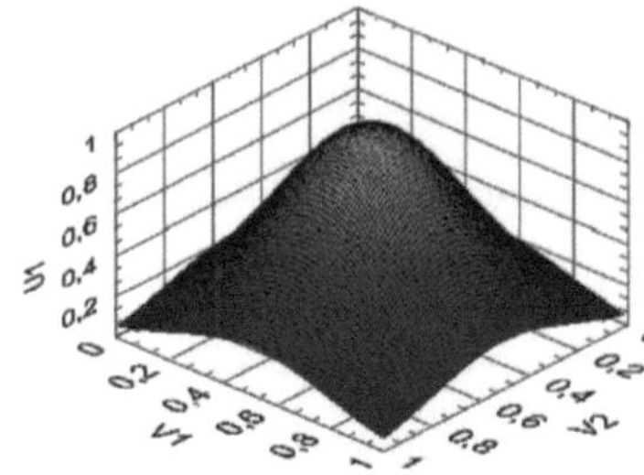

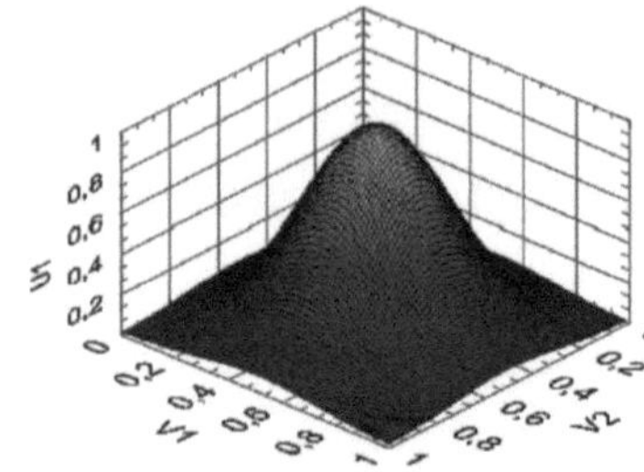

(a) (b)

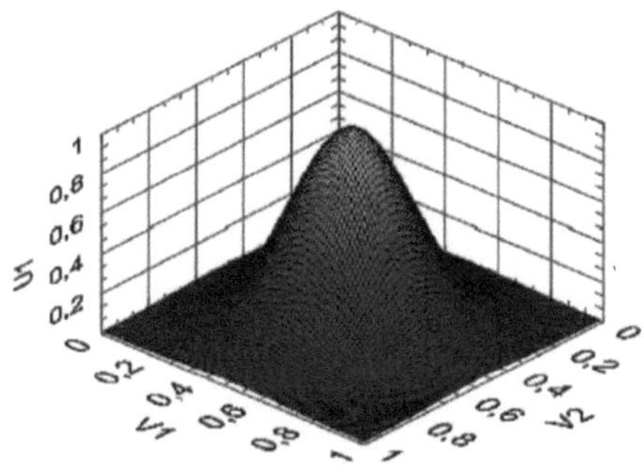

(c)

Figura 4.20. As superfícies de distribuição U_1 *(k)* (**a**), U_2 *(k)* (**b**), U_3 *(k)* (**c**) diagramas (pesquisa do autor)

Na fase final da avaliação da eficácia da experiência computacional, foi efectuado um procedimento de validação cruzada (k-fold cross-validation). Para o efeito, foram selecionadas aleatoriamente da amostra de treino $k = 5$ partes iguais (dobras) de 51 elementos cada. Foram obtidos os seguintes valores métricos: $Metric(k_1) = 0{,}0012$, $Metric(k_2) = 0{,}0015$, $Metric(k_3) = 0{,}0011$, $Metric(k_4) = 0{,}0013$, $Metric(k_5) = 0{,}0014$ (Figura 21, onde a "linha preta" significa a distribuição dos valores métricos correspondentes $Metric(k_i)$, a "curva vermelha" significa o modelo de regressão). Em seguida, o valor *do Average Metric* = 0,0013, que difere do $MSE_{min} = 0{,}00124$ em 4,65%. Isto significa que o valor médio da métrica (erro quadrático médio) após a validação cruzada está próximo do

MSE_{min} obtido nas dobras um (neste caso, em k_1). A diferença de 4,65% indica o quanto o valor médio da métrica difere do melhor resultado individual obtido na primeira iteração da validação cruzada.

Os resultados também indicam que o modelo é bastante estável em suas previsões em diferentes partes dos dados (dobras), pois a diferença entre a *métrica média* e o MSE_{min} é pequena. No entanto, é importante considerar que a métrica *média* fornece informações mais gerais sobre o seu desempenho em todo o conjunto de treino, enquanto *o* MSE_{min} reflecte o melhor resultado obtido nos dados de uma parte.

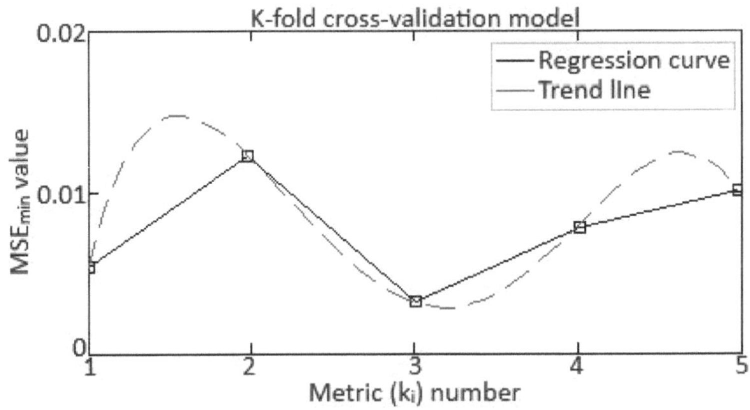

Figura 4.21. Os diagramas de validação cruzada k-fold resultantes (investigação do autor)

Como pode ser visto na Figura 4.21, o modelo de regressão tem a forma:

$$y = -8 - 10^{-5} - n_{TC} + 0{,}0011 - n_{FT} - 0{,}0046 - T_G^* + 0{,}0079 - G_T - 0{,}0031. \quad (4.61)$$

o coeficiente de determinação é de 0,997, o que significa que o modelo de regressão se ajusta quase perfeitamente aos dados da validação cruzada.

Assim, o modelo de regressão resultante é configurado de forma a identificar quase perfeitamente as variáveis dependentes (parâmetros termodinâmicos de TE de helicóptero n_{TC} *(t)*, n_{FT} *(t)*, $T_G^*(t)$) com base nos dados da validação cruzada de cada fold.

A Tabela 4.2 mostra a identificação do modelo dinâmico do helicóptero TE resultados da análise comparativa utilizando a rede neural Elman modificada proposta com memória de pilha dinâmica, a rede neural Elman tradicional desenvolvida e os métodos clássicos de aproximação de parâmetros não lineares (interpolação spline cúbica).

Tabela 4.2. Resultados da análise comparativa (investigação do autor).

Métrica	Rede neural Elman modificada proposta	Rede neural Elman tradicional	Interpolação spline cúbica
R^2	0.997	0.932	0.717
R_{adj}^2	0.992	0.927	0.713
MAE	0.035	0.101	0.213
r	0.983	0.901	0.702
RE	0.036	0.104	0.219
FM	0.965	0.889	0.637
Exatidão	0.998	0.954	0.837
Precisão	0.991	0.942	0.826
Recall	1.0	1.0	0.763
Pontuação F1	0.995	0.970	0.793

A rede neural Elman modificada proposta demonstra melhorias quantitativas significativas em várias métricas, em comparação com a rede neural Elman tradicional e a interpolação spline cúbica. Os valores de R^2 de 0,997 e R_{adj}^2 de 0,992 evidenciam um ajuste e um poder explicativo superiores, ultrapassando a rede Elman tradicional (0,932 e 0,927, respetivamente) e a interpolação spline cúbica (0,717 e 0,713, respetivamente). O *MAE* de 0,035 para o modelo proposto indica um erro médio muito inferior em comparação com 0,101 para a rede Elman tradicional e 0,213 para a interpolação spline cúbica. O coeficiente de correlação *r* de 0,983 confirma ainda mais a elevada precisão de previsão do modelo proposto, significativamente superior a 0,901 e 0,702 para os métodos tradicional e de spline cúbico. O *erro relativo* (*ER*) de 0,036 é significativamente melhor do que 0,104 e 0,219, respetivamente. Além disso, *a Foote's Metric* (*FM*) é de 0,965, indicando uma melhor qualidade de segmentação do que 0,889 e 0,637. O modelo proposto também se destaca nas métricas de classificação, com uma *exatidão* de 0,998, precisão de 0,991, *recordação* de 1,0 e *pontuação F1* de 0,995, superando a rede tradicional e a interpolação de spline cúbica em todas as métricas, demonstrando assim o seu desempenho global superior.

Para as quatro classes de classificação (Verdadeiros Positivos, Verdadeiros Negativos, Falsos Positivos, Falsos Negativos), foi desenvolvida uma matriz de confusão (Tabela 4.3). A matriz de confusão de cada célula indica a classe real (linhas) vezes o número foi classificado como a classe prevista (colunas) para cada método.

Tabela 4.3. A matriz de confusão (investigação do autor)

Real \ Previsto	Rede neural Elman modificada proposta	Rede neural Elman tradicional	Interpolação spline cúbica
Verdadeiros aspectos positivos	94	3	3
Verdadeiros negativos	3	88	5
Falsos positivos	1	6	89
Falsos negativos	0	3	9

A matriz de confusão revela que a rede neural Elman modificada proposta com memória de pilha dinâmica é o método mais exato, classificando com êxito as instâncias maioritárias em todas as classes com erros mínimos. Em comparação, a rede neural Elman tradicional tem um bom desempenho, mas apresenta um pouco mais de erros, particularmente na diferenciação entre as classes dos Verdadeiros Negativos e dos Falsos Positivos. A interpolação spline cúbica mostra uma precisão moderada, mas apresenta erros de classificação notáveis em todas as classes, especialmente na identificação de instâncias de falsos positivos. Em geral, a rede neural Elman modificada proposta com memória de pilha dinâmica supera os outros métodos, seguida da rede neural Elman tradicional e, por último, da interpolação spline cúbica na qualidade de classificação do termo.

Para efetuar a análise ROC para os três métodos (rede neural Elman modificada proposta com memória de pilha dinâmica, rede neural Elman tradicional e interpolação spline cúbica), foram calculadas as taxas de verdadeiros positivos e falsos positivos para cada classe e método, sendo depois geradas as curvas ROC correspondentes. Isto envolveu a criação de uma classificação binária para cada classe (esta classe versus todas as outras). A Tabela 4.4 apresenta os resultados da análise ROC em .

Tabela 4.4. Resultados da análise ROC (investigação do autor).

Real \ Previsto	**Rede neural Elman modificada proposta**	**Rede neural Elman tradicional**	**Interpolação spline cúbica**
Verdadeiros aspectos positivos	94	87	3
Verdadeiros negativos	4	10	7
Falsos positivos	272	260	280

Falsos negativos	28	41	108
Taxa de verdadeiros positivos	0.832	0.785	0.036
Taxa de falsos positivos	0.012	0.023	0.068
AUC	0.892	0.811	0.647

Assim, a rede neural de Elman modificada proposta com memória de pilha dinâmica proporciona uma precisão elevada com um nível baixo de resultados falsos positivos; a utilização da rede neural de Elman tradicional também proporciona uma precisão elevada, mas 1,16 vezes inferior à da rede neural de Elman modificada proposta com memória de pilha dinâmica. A utilização da interpolação spline cúbica dá uma precisão moderada, com erros visíveis. A utilização da interpolação spline cúbica dá a precisão mais baixa com o maior número de falsos positivos. A Figura 4.22 demonstra a diferença nas áreas sob a curva AUC. Na fase seguinte da análise comparativa, foram avaliados o primeiro e o segundo tipos de erros na resolução de tarefas de identificação do modelo dinâmico de ET de helicópteros. A Tabela 4.5 mostra os resultados do cálculo do primeiro e do segundo tipos de erros para a rede neural Elman modificada com memória de pilha dinâmica, a rede neural Elman tradicional e a interpolação spline cúbica.

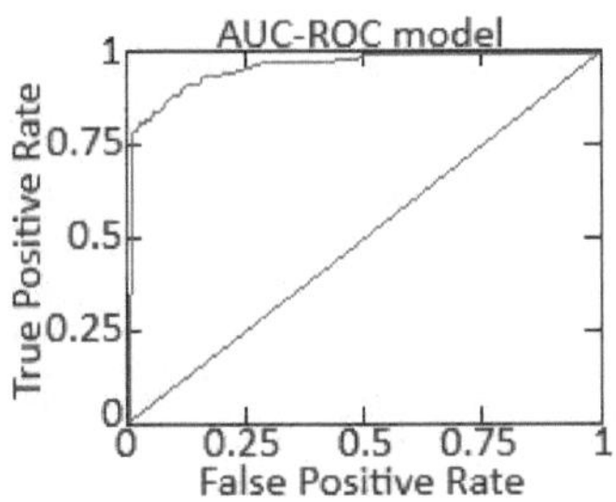

(a)

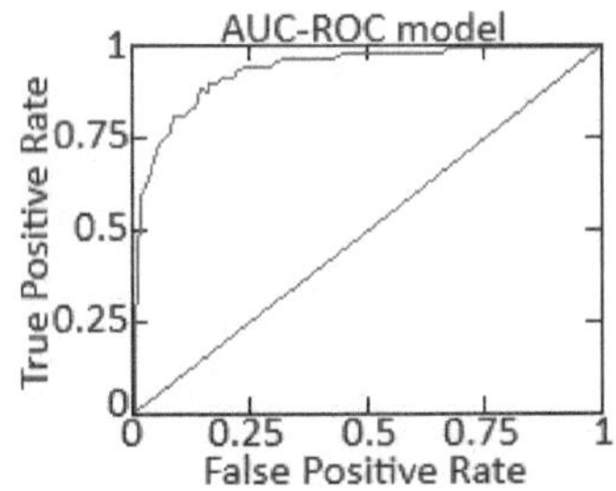

(b)

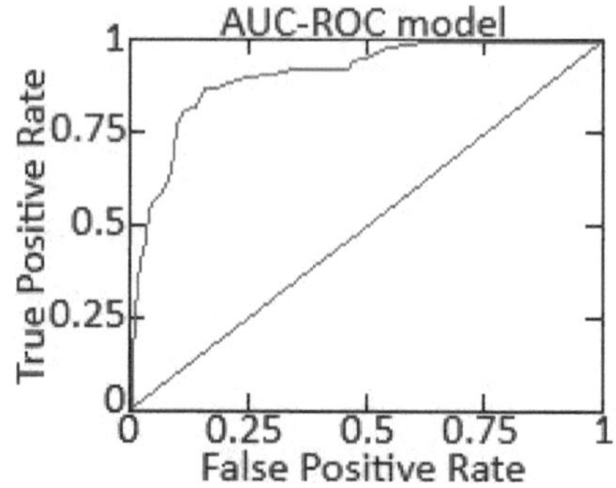

(c)

Figura 4.22. A curva AUC-ROC: (**a**) Rede neural Elman modificada proposta com memória de pilha dinâmica; (**b**) Rede neural Elman tradicional; (**c**) interpolação spline cúbica (pesquisa do autor).

Tabela 4.5. Os erros de primeiro e segundo tipos resultantes do cálculo da resolução da tarefa de identificação do modelo dinâmico do helicóptero TE (investigação do autor)

Tipo de erro	**Proposta de rede neural Elman modificada**	**Rede neural Elman tradicional**	**Interpolação spline cúbica**
Erro de tipo I, %	0.692	1.038	2.249
Erro do tipo II, %	0.401	0.602	1.303

Como se pode ver na Tabela 4.5, a rede neural Elman modificada desenvolvida, com utilização dinâmica da memória da pilha, permitiu reduzir os erros de primeiro e segundo tipo em 1,5 vezes em comparação com a rede neural Elman tradicional e em 3,25 vezes em comparação com a interpolação spline cúbica.

No curso de investigação experimental, os métodos de rede neural (a rede neural Elman modificada desenvolvida com memória de pilha dinâmica e a rede neural Elman tradicional) e clássico (a interpolação spline cúbica) de determinação do erro absoluto, a sua análise comparativa foi efectuada em condições de ruído branco (com expetativa matemática nula $M = 0$ e valores $\sigma_T = 0.01, 0.03, 0.05$). Os resultados obtidos são apresentados na Tabela 4.6.

Tabela 4.6. A análise comparativa do cálculo do erro absoluto na identificação dos parâmetros do modelo dinâmico do motor de turbina de helicóptero em condições de ruído branco (investigação do autor)

Método	**Erro absoluto, % (σ_T = 0,01)**			**Erro absoluto, % (σ_T = 0,03)**			**Erro absoluto, % (σ_T = 0,05)**		
	n_{TC}	n_{FT}	T_G^*	n_{TC}	n_{FT}	T_G^*	n_{TC}	n_{FT}	T_G^*
Rede neural Elman modificada proposta	0.385	0.382	0.383	0.501	0.497	0.498	0.578	0.573	0.575
Rede neural Elman tradicional	0.653	0.648	0.651	0.849	0.842	0.846	0.980	0.972	0.977
Interpolação spline cúbica	2.565	2.542	2.557	3.335	3.305	3.324	3.848	3.813	3.836

Os resultados obtidos indicam que os métodos de redes neuronais (utilizando a rede neuronal Elman modificada desenvolvida com memória de pilha dinâmica) têm vantagem sobre os métodos clássicos (a interpolação spline cúbica). Em alguns casos, o erro de identificação dinâmica utilizando o método clássico é quase o dobro dos cálculos correspondentes utilizando uma rede neural Elman modificada com memória de pilha dinâmica, o que indica a elevada estabilidade das redes neurais a perturbações externas. Assim, com base nos resultados da investigação analítica e experimental, podem ser tiradas as seguintes conclusões:

1. A rede neural Elman modificada desenvolvida, com utilização dinâmica da memória de pilha, permite-nos resolver a tarefa de identificação do modelo dinâmico do TE do helicóptero com um erro absoluto não superior a 0,578 %.

2. A exatidão da identificação dinâmica dos parâmetros TE dos helicópteros (utilizando o exemplo do TE TV3-117) com base numa rede neural Elman modificada com memória de pilha dinâmica é, em média, 1,70 vezes superior à da rede neural Elman tradicional e 6,67 vezes superior à da interpolação spline cúbica.

4.5. Capítulo 4 Conclusões

Os autores desenvolveram o modelo dinâmico para os modos de arranque e aceleração utilizando parâmetros de bordo registados por sensores (r.p.m. do rotor do gerador de gás, velocidade do rotor da turbina livre, temperatura do gás à frente da turbina do compressor e consumo de combustível). Os resultados resumidos recebidos são os seguintes:

1. Dado que cerca de 85 % do tempo os motores de turbina de helicóptero funcionam em regime estacionário e apenas cerca de 15 % em regime instável e transiente, para expandir o controlo, uma tarefa científica e prática urgente é desenvolver modelos dinâmicos multimodo dos motores de turbina de helicóptero que tenham em conta o comportamento do motor em regime instável e transiente.

2. Foi ainda desenvolvido o modelo dinâmico dos motores de turbina de helicóptero no modo de arranque e na aceleração do motor, o qual,

tendo em conta os parâmetros do motor registados a bordo do helicóptero (r.p.m. do rotor do gerador de gás, velocidade livre do rotor da turbina, temperatura do gás à frente da turbina do compressor, consumo de combustível), permite identificar a dinâmica destes parâmetros nos modos não estacionário e transiente (modo de arranque e aceleração do motor) com uma precisão de 99,88 %.

3. A rede neuronal recorrente de Elman foi melhorada através da adição de memória de pilha dinâmica, o que permitiu, através do aumento da robustez da rede neuronal, aumentar o desempenho da resolução da tarefa de identificação da rede neuronal do modelo dinâmico dos motores de turbina de helicóptero em 2,7 vezes, em comparação com a rede neuronal de Elman tradicional.

4. Foi proposto e provado um teorema segundo o qual, no modelo matemático proposto para a memória de pilha dinâmica, o tempo total de execução das operações de adição (Push) e de eliminação (Pop) de N elementos não excede um determinado valor $O(N)$. Isto significa que, quando são efectuadas N operações, independentemente do número de vezes que a pilha é expandida ou contraída, o tempo total necessário para concluir todas as operações Push e Pop será proporcional a N. Assim, em média, cada operação é concluída num tempo $O(1)$ constante, o que permite uma gestão eficiente da memória e um elevado desempenho, mesmo com uma utilização intensiva da pilha.

5. Foi melhorado o algoritmo de treino da rede neuronal recorrente de Elman com memória de pilha dinâmica, o que, devido à preparação inicial dos dados de entrada tendo em conta os atrasos temporais e a filtragem preliminar utilizando um filtro Butterworth de ordem n, permitiu, em 120 épocas de treino, reduzir o valor máximo da função de perda de 2,5 para 0,12%, bem como assegurar a resolução da tarefa de

identificação da rede neuronal do modelo dinâmico dos motores de turbina de helicóptero até 99,88%.

6. Foi estabelecido que, de acordo com o diagrama de gradiente desenvolvido da função de perda, os gradientes diminuem ao longo do tempo, o que indica que o modelo está a aproximar-se do mínimo da função de perda. O diagrama, que tem a forma de um U com uma variação de θ de -10 para +10 e um gradiente de 0 para 1, demonstra o ponto de valor mínimo do gradiente (θ = 0,65), o que indica os parâmetros do modelo e a definição óptima de elevada precisão, assegurando a formação estável das redes neurais recorrentes de Elman com memória de pilha dinâmica à medida que o gradiente se aproxima de zero.

Uma das perspectivas de investigação futura inclui a integração do modelo dinâmico de rede neural desenvolvido para o TE do helicóptero no sistema pericial de rede neural a bordo do TE do helicóptero para monitorização e controlo da operação sob a forma de módulo de rede neural. Esta integração permitirá a monitorização e o controlo em tempo real do desempenho do helicóptero TE, melhorando a adaptabilidade do sistema e a precisão da tomada de decisões. Ao integrar o modelo dinâmico da rede neural no sistema pericial de bordo, os operadores podem obter melhores capacidades de diagnóstico, permitindo a manutenção e a otimização proactivas das operações do motor, o que, em última análise, conduz a uma maior fiabilidade e segurança em voo.

Os autores desenvolveram um modelo dinâmico para motores de turbina de helicópteros que utiliza parâmetros a bordo (r.p.m. do rotor do gerador de gás, velocidade livre do rotor da turbina, temperatura do gás à frente da turbina do compressor e consumo de combustível) para identificar com precisão a dinâmica durante os modos de arranque e aceleração com uma exatidão de 99,88%. Dado que aproximadamente

85% das operações de helicópteros ocorrem em condições de estado estacionário e apenas 15% em modos instáveis ou transientes, é fundamental melhorar os modelos dinâmicos multimodais para o comportamento instável. As melhorias incluem a incorporação de memória dinâmica de pilha na rede neural recorrente Elman, melhorando o seu desempenho em 2,7 vezes em comparação com os modelos tradicionais. A estrutura teórica para operações de memória de pilha, com o valor atual de complexidade temporal $O(N)$, garante uma gestão eficiente da memória. Além disso, o algoritmo de treino avançado, que incorpora atrasos temporais e filtragem Butterworth, reduziu a função de perda de 2,5 para 0,12 % em 120 épocas.

CONCLUSÕES

O desenvolvimento de sistemas avançados de controlo automático de motores de turbina de helicóptero, caracterizados por uma maior complexidade e por novas funções de controlo, exige melhorias e inovações contínuas nos métodos de identificação de modelos dinâmicos. A análise das técnicas actuais realça a necessidade urgente de métodos baseados em redes neuronais para identificar os modelos não lineares dos motores de turbina de helicóptero em condições de estado estacionário e transiente, abordando as propriedades dinâmicas destes sistemas. A abordagem passo-a-passo proposta para a construção de redes neurais enfatiza o aumento da robustez e da eficiência do modelo. Além disso, é introduzido um método universal para criar um conjunto de dados de treino e teste homogéneo e representativo, baseado em parâmetros termodinâmicos registados a bordo. Esta abordagem facilita o desenvolvimento de modelos de redes neuronais altamente precisos para os motores de turbina de helicóptero que monitorizam o estado operacional.

A introdução da rede RBF polimórfica, com a sua nova arquitetura que incorpora camadas ocultas separadas para cada variável independente e números variáveis de funções de base radial multidimensionais, melhora significativamente as redes RBF tradicionais. Esta nova arquitetura melhora a generalização, reduz os erros de formação e de teste e aumenta a robustez ao ruído, sendo o tempo de formação deste modelo de apenas 1,0 ms e os erros substancialmente inferiores aos das redes RBF e RBF-perceptron clássicas. Além disso, um algoritmo de treino recentemente desenvolvido, baseado em princípios evolutivos, optimiza ainda mais o desempenho desta rede, alcançando uma precisão superior nas tarefas de otimização dos parâmetros dos motores de turbos de helicópteros. Os resultados experimentais demonstram a eficiência da rede RBF polimórfica na otimização multi-critério, superando outros algoritmos como o *SMEA* e *o MDESL* em termos das métricas *IGD* e *HV*, validando assim a sua aplicação prática para melhorar o desempenho do motor e a segurança operacional.

A transição de um perceptron tradicional de três camadas para uma rede NARX híbrida com uma camada de base radial melhora significativamente a identificação da rede neural dos motores turboeixo de helicópteros multimodais utilizando parâmetros a bordo. Este modelo híbrido integra as vantagens de ambas as arquitecturas, melhorando a precisão e a flexibilidade na identificação de parâmetros em tempo real. Os principais avanços incluem o refinamento do método Levenberg-Marquardt para acelerar os cálculos da matriz Hessiana, uma nova abordagem do parâmetro de regularização para aumentar o desempenho e reduções substanciais nos erros de treinamento e na complexidade computacional. A rede híbrida NARX atinge quase o dobro da redução do erro absoluto máximo e demonstra uma robustez superior e erros de identificação mais baixos em comparação com as redes RBF tradicionais e polimórficas. Os resultados experimentais confirmam que os métodos de redes neuronais, em particular a rede NARX híbrida, oferecem maior precisão e robustez em condições de ruído em comparação com as abordagens clássicas, validando a sua eficácia para a identificação e otimização em tempo real dos parâmetros dos motores de turbina de helicóptero.

REFERÊNCIAS

1. Y. Chen, Q. Zong, X. Zhang, e J. Li, "Data-driven active vibration control for helicopter with trailing-edge flaps using adaptive dynamic programming," *Chinese Journal of Aeronautics*, vol. 37, n.º 6, pp. 151-166, 2024. doi: 10.1016/j.cja.2024.02.019.

2. B. Jiang, K. Zhang, Y. Lu, e Q. Miao, "Fault Diagnosis and Fault-Tolerant Control of Helicopters," Reference Module in Materials Science and Materials Engineering. Elsevier, 2024. doi: 10.1016/b978-0-443-14081-5.00006-4.

3. X. Zheng, H. Zeng, B. Wang, M. Wen, H. Yang e Z. Sun, "Método de simulação numérica de experiências de sobretensão em motores de turbina a gás", Chinese Journal of Aeronautics, vol. 36, no. 3, pp. 107-120, 2023. doi: 10.1016/j.cja.2022.08.007.

4. M. Chen, R. Qu, e W. Fang, "Case-based reasoning system for fault diagnosis of aero-engines," *Expert Systems with Applications*, vol. 202, 117350, 2022. doi: 10.1016/j.eswa.2022.117350.

5. S. Kim, J. H. Im, M. Kim, J. Kim e Y. I. Kim, "Diagnostics using a physics-based engine model in aero gas turbine engine verification tests", *Aerospace Science and Technology*, vol. 133, 108102, 2023. doi: 10.1016/j.ast.2022.108102.

6. S. Zhang, A. Ma, T. Zhang, N. Ge, e X. Huang, "A Performance Simulation Methodology for a Whole Turboshaft Engine Based on Throughflow Modelling," *Energies*, vol. 17, no. 2, 494, 2024. doi: 10.3390/en17020494.

7. Z. Gu, S. Pang, W. Zhou, Y. Li, e Q. Li, "An Online Data-Driven LPV Modeling Method for Turbo-Shaft Engines," *Energies*, vol. 15, no. 4, 1255, 2022. doi: 10.3390/en15041255.

8. O. Balli, "Exergetic, sustainability and environmental assessments of a turboshaft engine used on helicopter," *Energy*, vol. 276, 127593, 2023. doi: 10.1016/j.energy.2023.127593.

9. Z. Wang e H. Jiang, "Robust incipient fault identification of aircraft engine rotor based on wavelet and fraction," *Aerospace Science and Technology*, vol. 14, no. 4, pp. 221-224, 2010. doi: 10.1016/j.ast.2010.01.002.

10. D. Henrion, L. Reberga, J. Bernussou, e F. Vary, "Linearization and Identification of Aircraft Turbofan Engine Models," *IFAC Proceedings Volumes*, vol. 37, no. 6, pp. 1055-1060, 2004. doi: 10.1016/s1474-6670(17)32319-4.

11. S. Kim, J. H. Im, M. Kim, J. Kim e Y. I. Kim, "Diagnostics using a physics-based engine model in aero gas turbine engine verification tests", *Aerospace Science and Technology*, vol. 133, 108102, 2023. doi: 10.1016/j.ast.2022.108102.

12. S. Li, Y. Wang e H. Zhang, "Research on adaptive feedforward control method for Tiltrotor Aircraft/Turboshaft engine system based on radial basis function neural network", *Aerospace Science and Technology*, vol. 150, 109180, 2024. doi: 10.1016/j.ast.2024.109180.

13. J. Guo, S. Lei, e B. Du, "MHT: A multiscale hourglass-transformer for remaining useful life prediction of aircraft engine," *Engineering Applications of Artificial Intelligence*, vol. 128, 107519, 2024. doi: 10.1016/j.engappai.2023.107519.

14. R. M. Catana e G. P. Badea, "Experimental Analysis on the Operating Line of Two Gas Turbine Engines by Testing with Different Exhaust Nozzle Geometries," *Energies*, vol. 16, n.º 15, 5627, 2023. doi: 10.3390/en16155627.

15. H. Aygun e O. Turan, "Application of genetic algorithm in exergy and sustainability: A case of aero-gas turbine engine at cruise phase," *Energy*, vol. 238, 121644, 2022. doi: 10.1016/j.energy.2021.121644.

16. J. Song, S. Li, S. Zhu, Y. Wang e H. Zhang, "Low-emission optimization control method for coaxial compound helicopter/engine based on variable geometry adjustment", Aerospace Science and Technology, vol. 151, 109263, 2024. doi: 10.1016/j.ast.2024.109263.

17. Y. Yang, T. Nikolaidis, S. Jafari, e P. Pilidis, "Gas turbine engine transient performance and heat transfer effect modelling: A comprehensive review, research challenges, and exploring the future," *Applied Thermal Engineering*, vol. 236, 121523, 2024. doi: 10.1016/j.applthermaleng.2023.121523.

18. S.-B. Yang, X. Wang, H.-N. Wang, e Y.-G. Li, "Controlo de modo deslizante com restrições de sistema para motores de aeronaves", *ISA Transactions*, vol. 98, pp. 1-10, 2020. doi: 10.1016/j.isatra.2019.08.020.

19. M. P. V. González, A. González Meije, A. P. Muro, M. García-Martínez e B. G. Caballero, "Análise de falha de um tubo de pressão de controlo de combustível

de um motor de aeronave", *Engineering Failure Analysis*, vol. 126, 105452, Aug. 2021. doi: 10.1016/j.engfailanal.2021.105452.

20. A. Imani e M. Montazeri-Gh, "Melhoria da proteção do limite Min-Max no controlo do motor da aeronave: An LMI approach," *Aerospace Science and Technology*, vol. 68, pp. 214-222, 2017. doi: 10.1016/j.ast.2017.05.017.

21. Y. Wang, Y. Shi, M. Cai, W. Xu e Q. Yu, "Estratégia de abastecimento de combustível otimizada para a eficiência do motor da aeronave com base no controlo da relação ar-combustível", *Chinese Journal of Aeronautics*, vol. 32, n.º 2, pp. 489-498, 2019. doi: 10.1016/j.cja.2018.10.002.

22. S. Yang, X. Wang e B. Yang, "Adaptive sliding mode control for limit protection of aircraft engines", *Chinese Journal of Aeronautics*, vol. 31, n.º 7, pp. 1480-1488, 2018. doi: 10.1016/j.cja.2018.05.011.

23. S. Pang, S. Jafari, T. Nikolaidis e Q. Li, "Uma nova estrutura multivariável baseada em modelo para controle de proteção de limite de motor de turbina a gás de aeronave", *Chinese Journal of Aeronautics*, vol. 34, no. 12, pp. 57-72, 2021. doi: 10.1016 / j.cja.2021.04.002.

24. C. Reményi e S. Staudacher, "Systematic simulation based approach for the identification and implementation of a scheduling rule in the aircraft engine maintenance," *International Journal of Production Economics*, vol. 147, pp. 94-107, 2014. doi: 10.1016/j.ijpe.2012.10.022.

25. S. Szrama e T. Lodygowski, "Aircraft Engine Remaining Useful Life Prediction using neural networks and real-life engine operational data", *Advances in Engineering Software*, vol. 192, 103645, 2024. doi: 10.1016/j.advengsoft.2024.103645.

26. C. Evans et al., "Application of system identification techniques to aircraft gas turbine engines", *Control Engineering Practice*, vol. 9, no. 2, pp. 135-148, 2001. doi: 10.1016/s0967-0661(00)00091-5.

27. V. Arkov et al., "System identification strategies applied to aircraft gas turbine engines", *IFAC Proceedings Volumes*, vol. 32, no. 2, pp. 4371-4378, 1999. doi: 10.1016/s1474-6670(17)56745-2.

28. M. Kirmizi, H. Aygun, e O. Turan, "Performance and energy analysis of turboprop engine for air freighter aircraft with the aid of multiple regression," *Energy*, vol. 283, 129084, 2023. doi: 10.1016/j.energy.2023.129084.

29. J. da M. O. Borsato Pinhão, A. A. V. Ignacio, and O. Coelho, "Um modelo matemático de programação inteira com balanceamento de linhas e programação para otimização do trabalho padrão: Uma aplicação realista a linhas de montagem de motores de aeronaves," *Computers & Industrial Engineering*, vol. 173, 108652, 2022. doi: 10.1016/j.cie.2022.108652.

30. W. Ling, C. Ren, L. Zhou e Y. Zhang, "Numerical study on the internal/external flow and thrust-drag characteristics of oblique detonation engine-based aircraft", *Aerospace Science and Technology*, vol. 152, 109322, 2024. doi: 10.1016/j.ast.2024.109322.

31. Y. A. Ezrokhi e S. M. Kalenskii, "Identification of GTE mathematical model by test data", *Trudy MAI*, n.º 122, 2022. doi: 10.34759/trd-2022-122-19.

32. W. Gong et al., "A novel combined model for energy consumption performance prediction in the secondary air system of gas turbine engines based on flow resistance network," *Energy*, vol. 280, 127951, 2023. doi: 10.1016/j.energy.2023.127951.

33. A. Lyutikov, "Peculiaridades da identificação de um modelo matemático de GTE de eixo único gerador de energia", *Journal of Mechanical Engineering*, vol. 21, no. 4, pp. 70-75, 2018. doi: 10.15407/pmach2018.04.070.

34. S. Kim, "A new performance adaptation method for aero gas turbine engines based on large amounts of measured data," Energy, vol. 221, 119863, 2021. doi: 10.1016/j.energy.2021.119863.

35. C. Zhang e V. Gümmer, "Otimização multi-objetivo e avaliação do sistema de motores de turbina de helicóptero recuperados", *Energy*, vol. 191, 116477, 2020. doi: 10.1016/j.energy.2019.116477.

36. C. Zhang e V. Gümmer, "The potential of helicopter turboshaft engines incorporating highly effective recuperators under various flight conditions", *Aerospace Science and Technology*, vol. 88, pp. 84-94, 2019. doi: 10.1016/j.ast.2019.03.008.

37. B. Wang, F. Wang, X. Zhang, J. Wang e T. Xue, "Numerical analysis of cooling efficiency for turboshaft engines with converging-diverging film cooling holes", *International Journal of Thermal Sciences*, vol. 185, 108044, 2023. doi: 10.1016/j.ijthermalsci.2022.108044.

38. Y. Wang, Q. Zheng, Z. Du e H. Zhang, "Investigação sobre o controlo preditivo de modelos não lineares para motores de turbina com base na correspondência de binários de motores duplos", *Chinese Journal of Aeronautics*, vol. 33, n.º 2, pp. 561-571, 2020. doi: 10.1016/j.cja.2019.10.008.

39. A. de Voogt e E. St. Amour, "Safety of twin-engine helicopters: Risks and operational specificity", *Safety Science*, vol. 136, 105169, 2021. doi: 10.1016/j.ssci.2021.105169.

40. I. Arush, M. D. Pavel, e M. Mulder, "A singular values approach in helicopter gas turbine engines flight testing analysis," *Proceedings of the Institution of Mechanical Engineers, Part G: Journal of Aerospace Engineering*, vol. 234, no. 12, pp. 1851-1865, 2020. doi: 10.1177/0954410020920060.

41. Z. Yu, X. Yan e R. Chen, "Previsão da carga de trabalho do piloto na aterragem de um helicóptero após uma falha de motor", *Chinese Journal of Aeronautics*, vol. 33, n.º 12, pp. 3112-3124, 2020. doi: 10.1016/j.cja.2020.05.021.

42. W. El Khatiri, R. Cherif, K. El Bikri, e N. Atalla, "Experimental study of component-based transfer path analysis hybrid methods applied to a helicopter," *Applied Acoustics*, vol. 210, 109431, 2023. doi: 10.1016/j.apacoust.2023.109431.

43. H. Zhao et al., "A highly robust thrust estimation method with dissimilar redundancy framework for gas turbine engine," *Energy*, vol. 245, 123255, 2022. doi: 10.1016/j.energy.2022.123255.

44. Q. Chen, H. Sheng e T. Liu, "Fuzzy logic-based adaptive tracking weight-tuned direct performance predictive control method of aero-engine," *Aerospace Science and Technology*, vol. 140, 108494, 2023. doi: 10.1016/j.ast.2023.108494.

45. H. Feng, B. Liu, M. Xu, M. Li, e Z. Song, "Controlo de aprendizagem por dedução baseado em modelos: A novel method for optimizing gas turbine engine afterburner transient," *Energy*, vol. 292, 130512, 2024. doi: 10.1016/j.energy.2024.130512.

46. S. Vladov, I. Dieriabina, O. Husarova, L. Pylypenko, e A. Ponomarenko, "Identificação de modelo multimodo de motores de aeronaves de helicópteros em modos de voo usando um algoritmo de gradiente modificado para treinamento de redes neurais radiais-básicas", Visnyk da Universidade Técnica Nacional de Kherson, vol. 79, no. 4, pp. 52-63, 2021. doi: 10.35546/kntu2078-4481.2021.4.6.

47. H. Zhou, A. Brintrup e A. K. Parlikad, "Deteção de caraterísticas de falha de módulo por análise de cluster para frotas de motores de aeronaves civis", *IFAC-PapersOnLine*, vol. 54, no. 1, pp. 31-36, 2021. doi: 10.1016/j.ifacol.2021.08.154.

48. T. Zhang, Z. Zhang, X. Zhu, B. Chen, J. Li, e Y. Zhong, "Aircraft engine danger areas incursion detection using keypoint detection and IoT," Alexandria Engineering Journal, vol. 93, pp. 7-21, 2024. doi: 10.1016/j.aej.2024.03.003.

49. V. M. Kofman, "Method of parametric identification of mathematical models of GTE at steady operating modes," Bulletin of USATU, vol. 13, no. 1(34), pp. 57-65, 2009.

50. V. S. Kuzmichev, A. Yu. Tkachenko, e E. P. Filinov, "Influence of the dimension of turbojet engines on the choice of optimal parameters of the work process," Aerospace MAI Journal, vol. 24, no. 4, pp. 40-45, 2017.

51. Yu. A. Ezrokhi, e E. A. Khoreva, "Assessment of the effect of heterogeneity of the input air flow on the thrust of the gas turbine two-circuit engine," Aerospace MAI Journal, vol. 25, no. 2, 99-108, 2018.

52. S. K. Botchkaryov, e A. Y. Dmitriyev. "Identification of a gas turbine engine mathematical model by the ressults of testing," VESTNIK of Samara University, Aerospace and Mechanical Engineering, vol. 7, no. 1, pp. 37-39, 2008.

53. Q. Chen, H. Sheng e T. Liu, "Fuzzy logic-based adaptive tracking weight-tuned direct performance predictive control method of aero-engine," *Aerospace Science and Technology*, vol. 140, 108494, 2023. doi: 10.1016/j.ast.2023.108494.

54. J. Zheng, J. Chang, J. Ma e D. Yu, "Modelação e análise da operação de moinho de vento durante a transição de modo de um motor de ciclo combinado baseado em turbina", *Aerospace Science and Technology*, vol. 109, 106423, 2021. doi: 10.1016/j.ast.2020.106423.

55. S. Pang, Q. Li e B. Ni, "MPC não linear aprimorado para motor de turbina a gás de aeronave com base na estratégia de otimização semi-alternativa", *Aerospace Science and Technology*, vol. 118, 106983, 2021. doi: 10.1016 / j.ast.2021.106983.

56. A. E. Mikhailov, A. B. Mikhailova, Yu. M. Akhmetov e D. A. Akhmedzyanov, "Simulação de motores de turbina a gás considerando a paralisação de rotação em um compressor", *Procedia Engineering*, vol. 176, pp. 207-217, 2017. doi: 10.1016/j.proeng.2017.02.290.

57. V. Kofman, "Metodologia de determinação experimental e estimada dos indicadores de desempenho das principais câmaras de combustão do GTE com base nos resultados dos seus ensaios autónomos nos suportes das câmaras", *PNRPU Aerospace Engineering Bulletin*, no. 46, pp. 6-39, 2016. doi: 10.15593/2224-9982/2016.46.01.

58. S. M. Hosseinimaab e A. M. Tousi, "Optimizing the performance of a single-shaft micro gas turbine engine by modifying its centrifugal compressor design," *Energy Conversion and Management*, vol. 271, 116245, 2022. doi: 10.1016/j.enconman.2022.116245.

59. S. M. Hosseinimaab e A. M. Tousi, "A new approach to off-design performance analysis of gas turbine engines and its application," *Energy Conversion and Management*, vol. 243, 114411, 2021. doi: 10.1016/j.enconman.2021.114411.

60. G. D. Karatzinis, Y. S. Boutalis, e S. Van Vaerenbergh, "Aircraft engine remaining useful life prediction: A comparison study of Kernel Adaptive Filtering architectures," *Mechanical Systems and Signal Processing*, vol. 218, 111551, 2024. doi: 10.1016/j.ymssp.2024.111551.

61. P. Bauer, T. Baár, T. Péni, B. Vanek e J. Bokor, "Application of Input and State Multiple Model Adaptive Estimator for Aircraft Airspeed Approximation," *IFAC-PapersOnLine*, vol. 49, no. 17, pp. 76-81, 2016. doi: 10.1016/j.ifacol.2016.09.014.

62. J. Huber e S. Illa, "Jet Noise Assessment and Sensitivity at Aircraft Level," 13th AIAA/CEAS Aeroacoustics Conference (28th AIAA Aeroacoustics Conference). Instituto Americano de Aeronáutica e Astronáutica, 21 de maio de 2007. doi: 10.2514/6.2007-3728.

63. W. Xu, Y. Li, B. Pei, e Z. Yu, "A Nonlinear Programming-Based Morphing Strategy for a Variable-Sweep Morphing Aircraft Aiming at Optimizing the Cruising Efficiency," *Aerospace*, vol. 10, no. 1, 49, 2023. doi: 10.3390/aerospace10010049.

64. B. Yu, Y. Gao e J. Wang, "Estudo de controlo não linear em motores de aeronaves utilizando uma abordagem de variância mínima generalizada", *Advances in Mechanical Engineering*, vol. 8, n.º 9, 168781401666738, 2016. doi: 10.1177/1687814016667383.

65. L. Xiao, M. Xu, Y. Chen e Y. Chen, "Controle preditivo de modelo não linear de otimização de lobo cinza híbrido para motores de aeronaves com base em uma rede

neural elástica BP", *Ciências Aplicadas*, vol. 9, no. 6, 1254, 2019. doi: 10.3390 / app9061254.

66. S. Pang, Q. Li e B. Ni, "MPC não linear aprimorado para motor de turbina a gás de aeronave com base na estratégia de otimização semi-alternativa", *Aerospace Science and Technology*, vol. 118, 106983, 2021. doi: 10.1016 / j.ast.2021.106983.

67. V. Kofman, "Parametric identification method of the gas turbine engine mathematical models on the determined work modes," *Eastern European Scientific Journal*, vol. 133, 108102, 2023. doi: 10.31618/EESA.2782-1994

68. M. Spodniak, M. Hovanec, e P. Korba, "A novel method for the natural frequency estimation of the jet engine turbine blades based on its dimensions," *Heliyon*, vol. 10, no. 4, e26041, 2024. doi: 10.1016/j.heliyon.2024.e26041.

69. J. Kupka, "On approximations of Zadeh's extension principle," *Fuzzy Sets and Systems*, vol. 283, pp. 26-39, 2016. doi: 10.1016/j.fss.2015.03.014.

70. E. Tsoutsanis, N. Meskin, M. Benammar, e K. Khorasani, "A dynamic prognosis scheme for flexible operation of gas turbines," *Applied Energy*, vol. 164, pp. 686-701, 2016. doi: 10.1016/j.apenergy.2015.11.104.

71. P.-P. Xi, Y.-P. Zhao, P.-X. Wang, Z.-Q. Li, Y.-T. Pan, e F.-Q. Song, "Máquina de vetor de suporte de mínimos quadrados para aprendizagem de desequilíbrio de classe e suas aplicações na deteção de falhas de motores de aeronaves", *Aerospace Science and Technology*, vol. 84, pp. 56-74, 2019. doi: 10.1016/j.ast.2018.08.042.

72. S. Kim, K. Kim e C. Son, "Um novo método de adaptação do desempenho transiente para um motor de turbina a gás aeronáutico", *Energy*, vol. 193, 116752, 2020. doi: 10.1016/j.energy.2019.116752.

73. Y.-P. Zhao, J.-J. Wang, X.-Y. Li, G.-J. Peng e Z. Yang, "Máquina de vetores de suporte de mínimos quadrados estendidos com aplicações para diagnóstico de falhas de motores de aeronaves", *ISA Transactions*, vol. 97, pp. 189-201, 2020. doi: 10.1016/j.isatra.2019.08.036.

74. X. Pu, S. Liu, e H. Jiang, "Análise do grau observável de turbinas a gás de serviço pesado com base no método SVD," 2011 Second International Conference on Mechanic Automation and Control Engineering. IEEE, Jul. 2011. doi: 0.1109/mace.2011.5988569.

75. H. Aygun e O. Turan, "Application of genetic algorithm in exergy and sustainability: A case of aero-gas turbine engine at cruise phase," *Energy*, vol. 238, 121644, 2022. doi: 10.1016/j.energy.2021.121644.

76. E. N. Osegi, Z. O. O. Jagun, C. C. Chujor, V. I. E. Anireh, B. A. Wokoma e O. Ojuka, "An evolutionary programming technique for evaluating the effect of ambient conditions on the power output of open cycle gas turbine plants - A case study of Afam GT13E2 gas turbine," *Applied Energy*, vol. 349, 121661, 2023. doi: 10.1016/j.apenergy.2023.121661

77. E. Tsoutsanis, I. Qureshi, e M. Hesham, "Performance diagnostics of gas turbines operating under transient conditions based on dynamic engine model and artificial neural networks," *Engineering Applications of Artificial Intelligence*, vol. 126, 106936, 2023. doi: 10.1016/j.engappai.2023.106936.

78. S. Vladov, Y. Shmelov, e R. Yakovliev, "Modified Searchless Method for Identification of Helicopters Turboshaft Engines at Flight Modes Using Neural Networks," 2022 IEEE 3rd KhPI Week on Advanced Technology (KhPIWeek). IEEE, 03 de outubro de 2022. doi: 10.1109/khpiweek57572.2022.9916422.

79. S. Sina Tayarani-Bathaie e K. Khorasani, "Deteção e isolamento de falhas em motores de turbinas a gás utilizando um banco de redes neurais", *Journal of Process Control*, vol. 36, pp. 22-41, 2015. doi: 10.1016/j.jprocont.2015.08.007.

80. Y. Shen e K. Khorasani, "Estratégias híbridas de diagnóstico de falhas baseadas na aprendizagem automática multimodo com aplicação a motores de turbina a gás de aeronaves", *Neural Networks*, vol. 130, pp. 126-142, 2020. doi: 10.1016/j.neunet.2020.07.001.

81. V. Vysotska, S. Vladov, R. Yakovliev, A. Yurko, e A. Voronin, "Neuro-Fuzzy Methods for Detecting Sensor Failures in Helicopters Turboshaft Engines," *CEUR Workshop Proceedings*, vol. 3664, pp. 105-123. 2024. URL: https://ceur-ws.org/Vol-3664/paper9.pdf.

82. H. Hanachi, J. Liu e C. Mechefske, "Multi-mode diagnosis of a gas turbine engine using an adaptive neuro-fuzzy system," *Chinese Journal of Aeronautics*, vol. 31, no. 1, pp. 1-9, 2018. doi: 10.1016/j.cja.2017.11.017.

83. S. St. Iliescu, I. Făgărăşan, V. Popescu, e C. Soare, "Gas Turbine Modeling For Load-Frequency Control," *UPB Scientific Bulletin, Series C: Electrical*

Engineering and Computer Science, vol. 70, no. 4, pp. 13-20. 2008. URL: https://www.scientificbulletin.upb.ro/rev_docs_arhiva/full39515.pdf.

84. G. Delgado-Reyes et al., "State Vetor Identification of Hybrid Model of a Gas Turbine by Real-Time Kalman Filter," *Mathematics*, vol. 8, no. 5, 659, Apr. 27, 2020. doi: 10.3390/math8050659.

85. F. Lu, H. Ju e J. Huang, "An improved extended Kalman filter with inequality constraints for gas turbine engine health monitoring", *Aerospace Science and Technology*, vol. 58, pp. 36-47, 2016. doi: 10.1016/j.ast.2016.08.008.

86. S. Vladov, Y. Shmelov, R. Yakovliev, e M. Petchenko, "Helicopters Turboshaft Engines Parameters Identification Using Neural Network Technologies Based on the Kalman Filter," *Communications in Computer and Information Science*, vol. 1980, pp. 82-97, 2023. doi: 10.1007/978-3-031-48325-7_7.

87. W. Guo, B. Qi, X. Ren, H. Chen, e X. Chen, "Vision-based closed-loop robotic fine grinding of aeroengine turbine seals utilizing Gabor Wavelet Transform," *Mechanical Systems and Signal Processing*, vol. 220, 111632, 2024. doi: 10.1016/j.ymssp.2024.111632.

88. X. Han, J. Huang, X. Zhou, Z. Zou, F. Lu e W. Zhou, "A novel, reduced-order optimization method for nonlinear model correction of turboshaft engines," *Journal of Mechanical Science and Technology*, vol. 38, no. 4, pp. 2103-2122, 2024. doi: 10.1007/s12206-024-0340-5.

89. M. Chen, H. Chen, e H. Zhang, "Central cone film cooling scheme of turbofan engine based on multi-fidelity simulation," *Applied Thermal Engineering*, vol. 253, 123811, 2024. doi: 10.1016/j.applthermaleng.2024.123811.

90. S. Zhernakov, "Algoritmos de controlo e diagnóstico de um GTE de aviação com implementação a bordo baseada na tecnologia de redes neuronais", Bulletin of USATU, vol. 14, no. 3(38), pp. 42-56, 2010.

91. V. Vasiliev, S. Zhernakov e I. Muslukhov, "Algoritmos de bordo para controlo dos parâmetros GTE baseados na tecnologia de redes neuronais", Bulletin of USATU, vol. 12, n.º 1(30), pp. 61-74, 2019.

92. Zhernakov, S.; Ivanova, N.; e Ravilov, R. F. "Controlo e diagnóstico do estado técnico do sistema de óleo do motor de turbina a gás utilizando a tecnologia de redes neurais," Bulletin of USATU, vol. 16, n.º 2(47), pp. 210-220, 2009.

93. G. I. Pogorelov, G. G. Kulikov, A. I. Abdulnagimov, e B. I. Badamshin, "Application of Neural Network Technology and High-performance Computing for Identification and Real-time Hardware-in-the-loop Simulation of Gas Turbine Engines," *Procedia Engineering*, vol. 176, pp. 402-408, 2017. doi: 10.1016/j.proeng.2017.02.338.

94. V. Vysotska, V. Lytvyn, M. Nazarkevych, S. Vladov, R. Yakovliev, e A. Yurko, "Training Neural Network Method Modification for Forward Error Propagation Based on Adaptive Components," *CEUR Workshop Proceedings*, vol. 3711, pp. 138-168. 2024. URL: https://ceur-ws.org/Vol-3711/paper9.pdf.

95. Z. Wei, Y. Ma, N. Yang, S. Ruan e C. Xiang, "Reinforcement learning based power management integrating economic rotation speed of turboshaft engine and safety constraints of battery for hybrid electric power system," *Energy*, vol. 263, 125752, 2023. doi: 10.1016/j.energy.2022.125752.

96. Y. Sha, J. Zhao, X. Luan, e X. Liu, "Fault feature signal extraction method for rolling bearings in gas turbine engines based on threshold parameter decision screening," *Measurement*, vol. 231, 114567, 2024. doi: 10.1016/j.measurement.2024.114567.

97. Y. Huang, J. Tao, G. Sun, T. Wu, L. Yu e X. Zhao, "A novel digital twin approach based on deep multimodal information fusion for aero-engine fault diagnosis," *Energy*, vol. 270, 126894, 2023. doi: 10.1016/j.energy.2023.126894.

98. S. Vladov, R. Yakovliev, O. Hubachov, J. Rud, e Y. Stushchanskyi, "Neural Network Modeling of Helicopters Turboshaft Engines at Flight Modes Using an Approach Based on "Black Box" Models," *CEUR Workshop Proceedings*, vol. 3624, pp.116-135. 2024. URL: https://ceur-ws.org/Vol-3624/Paper_11.pdf.

99. X. Wu, X. Hu, X. Xiang, S. Lin, J. You e F. Tian, "An analysis approach for micro gas turbine engine's performance by experiment and numerical simulation," *Case Studies in Thermal Engineering*, vol. 49, 103305, 2023. doi: 10.1016/j.csite.2023.103305.

100. Y. Yang, T. Nikolaidis, S. Jafari, e P. Pilidis, "Gas turbine engine transient performance and heat transfer effect modelling: A comprehensive review, research challenges, and exploring the future," *Applied Thermal Engineering*, vol. 236, 121523, 2024. doi: 10.1016/j.applthermaleng.2023.121523.

101. V. Infante e M. Freitas, "Análise de falhas das pás do compressor de um motor de helicóptero", *Engineering Failure Analysis*, vol. 104, pp. 67-74, 2019. doi: 10.1016/j.engfailanal.2019.05.024.

102. S. A. Cihangir, H. Aygun, e O. Turan, "Energy and performance analysis of a turbofan engine with the aid of dynamic component efficiencies," *Energy*, vol. 260, 125085, 2022. doi: 10.1016/j.energy.2022.125085.

103. H. Sheng et al., "Research on dynamic modeling and performance analysis of helicopter turboshaft engine's start-up process," *Aerospace Science and Technology*, vol. 106, 106097, 2020. doi: 10.1016/j.ast.2020.106097.

104. A. Filippone e N. Bojdo, "Turboshaft engine air particle separation," *Progress in Aerospace Sciences*, vol. 46, no. 5-6, pp. 224-245, 2010. doi: 10.1016/j.paerosci.2010.02.001.

105. B. Nkoi, P. Pilidis, e T. Nikolaidis, "Performance assessment of simple and modified cycle turboshaft gas turbines," *Propulsion and Power Research*, vol. 2, no. 2, pp. 96-106, 2013. doi: 10.1016/j.jppr.2013.04.009.

106. M. Painter, M. Erraguntla, G. Hogg, e B. Beachkofski, "Using Simulation, Data Mining, and Knowledge Discovery Techniques for Optimized Aircraft Engine Fleet Management," Proceedings of the 2006 Winter Simulation Conference. IEEE, Dez. 2006. doi: 10.1109/wsc.2006.323221.

107. O. F. Mashoshyn, "Diagnóstico de motores de turbina a gás de aviação utilizando o potencial de informação de parâmetros controlados: dissertação", Dr. Tech. Sciences: 05.22.14, Moscovo, 2005.

108. S.V. Zhernakov, "Controlo e diagnóstico do estado técnico dos motores de aeronaves com base na análise intelectual dos dados: dissertação", Dr. Tech. Sciences: 05.13.01, Ufa, 2005.

109. O.F. Mashoshyn, e G.S. Zontov, "Diagnostics of an aviation gas turbine engine for the presence of harmful impurities in the air conditioning system," Scientific Bulletin of the State Technical University, vol. 205, pp. 44-48, 2014.

110. O. F. Mashoshyn, e A. V. Bygus, "Information support of the processes of diagnosing aviation technology," Scientific Bulletin of the Moscow State Technical University, vol. 49, pp. 44-48, 2002.

111. O. F. Mashoshyn, e A. V. Bygus, "Prediction of the technical state of the gas turbine engine by rotor runout," Scientific Bulletin of the Moscow State Technical University, vol. 66, pp. 101-106, 2003.

112. S. I. Vladov, Y. R. Klimova, e Z. I. Pluzhnyk, "Analysis of informational diagnostic features of the technical condition identification system of the TV3-117 engine," in: Aviação, indústria, sociedade: materiais da 1ª conferência científica e prática totalmente ucraniana de jovens cientistas, cadetes e estudantes, Kremenchuk: KLK NAU, pp. 141-143, 27 de abril de 2018.

113. S. I. Vladov, V. O. Semenov e S. D. Gvozdik, "Classificação paramétrica dos estados do motor da aeronave TV3-117 como objeto de diagnóstico", em: Tecnologias da informação na esfera sociocultural, educação, ciência e economia: materiais da Conferência Internacional Científica e Prática anual, Universidade Nacional de Cultura e Artes de Kiev, pp. 30-32, 17-18 de abril de 2019.

114. Y. M. Shmelov e S. I. Vladov, "Definindo o problema de usar a teoria da informação para resolver o problema de monitorar e diagnosticar a condição técnica do motor da aeronave TV3-117", em: Tecnologias da informação na esfera sociocultural, educação, ciência e economia: materiais da Conferência Internacional Científica e Prática anual, Universidade Nacional de Cultura e Artes de Kiev, pp. 181-184, 17-18 de abril de 2019.

115. S. I. Vladov, D. O. Vasiliev, V. Ya. Teleshun, O. O. Yurko, T. V. Moskalets e S. Garnis, "Utilização do método de convoluções de parâmetros de controlo parciais para um indicador generalizado de controlo e diagnóstico do estado técnico do motor de avião TV3-117", em: Processos físicos e campos de objetos técnicos e biológicos: materiais da XVIII Conferência Científica e Técnica Internacional, Kremenchuk: KrNU, pp. 38-39, 1-3 de novembro de 2019.

116. S. I. Vladov, Z. I. Pluzhnyk, A. O. Matusev, I. M. Koval, O. O. Yurko, T. V. Moskalets e M. Provorova-Kim, "O método de avaliação generalizada da condição técnica de um motor de aeronave TV3-117", em: Processos físicos e campos de objetos técnicos e biológicos: materiais da XVIII Conferência Científica e Técnica Internacional, Kremenchuk: KrNU, pp. 125-127, 1-3 de novembro de 2019.

117. S. I. Vladov, Yu. M. Shmelov, A. O. Matusev, e Z. I. Pluzhnyk, "Seleção de critérios de informação para monitorizar e diagnosticar o estado técnico do motor de avião TV3-117", em: Aviação, indústria, sociedade: materiais da 1ª conferência

internacional científica e prática, Kremenchuk: KLK KhNUVS,. Parte 1l pp. 354-357, 14 de maio de 2020.

118. S. I. Vladov, Yu. M. Shmelov, N. P. Nazarenko, e Ya. V. Donchenko, "Regarding the issue of using the entropy approach for monitoring and diagnosing the technical condition of the TV3-117 aircraft engine," in: Aviação, indústria, sociedade: materiais da 1ª Conferência Internacional Científica e Prática, Kremenchuk: KLK KhNUVS, Parte 1. pp. 357-361, 14 de maio de 2020.

119. I. I. Muslukhov, "Melhoria da eficiência dos algoritmos de bordo para o controlo dos parâmetros das turbinas a gás com base na tecnologia das redes neuronais", diss. de ciências técnicas candidatas: 05.13.01, Ufa, 2007.

120. I. I. Muslukhov e S. V. Zhernakov, "The task of controlling information channels of an aviation gas turbine engine in onboard conditions," Herald of the Academician State University of Applied Sciences S.P. Queen, vol. 1, no. 2. pp. 157-161, 2007.

121. I. I. Muslukhov, V. I. Vasiliev, e S. V. Zhernakov, "A utilização de tecnologias de informação de redes neurais para aumentar a tolerância a falhas de um motor de avião," in: CSIT'2003: materiais da 5ª conferência internacional "Computer science and information technologies", Ufa, vol. 2, pp. 91-96, 2003.

122. I. I. Muslukhov, e S. V. Zhernakov, "Aumentar a precisão do controlo da medição dos parâmetros dinâmicos do gás em tempo real," in: CSIT'2007: Actas da 9.ª Conferência Internacional "Ciência da Computação e Tecnologias da Informação", Ufa, vol. 2, pp. 108-112, 2007.

123. V. I. Vasiliev, and I. I. Idrysov, "Algorithms of design and analysis of the stability of the intellectual system of control of gas turbines," Herald of UGATU, vol. 11, no. 1(28), pp. 34-42, 2008.

124. B. I. Vasiliev, I. U. Yamalov, I. I. Idrysov, e T. M. Bureeva, "Algorithm synthesis and modeling of emergency management processes," in: CSIT'2005: materiais da 7ª conferência internacional "Computer science and information technology", Ufa, vol. 2, pp. 122-125, 2005.

125. I. I. Idrysov, "Algorithm of adaptive neural network control of GTD," Computer technology and new information technologies. Vol. 6, pp. 64-69, 2007.

126. I. I. Idrysov, "Algoritmos de adaptação e tolerância a falhas de sistemas de controlo de motores de turbina a gás baseados em tecnologias de redes neuronais", tese de doutoramento em Ciências Técnicas: 05.13.01, Ufa, 2009.

127. S. V. Yenchev, "Síntese de sistemas de controlo inteligentes para motores de turbina a gás de aviação", tese de Dr. Tech. Ciências: 05.05.03, Kyiv, 2020.

128. S. V. Yenchev, "Dynamic optimization of the automatic control system of the aircraft gas turbine engine," Herald of engine construction, vol. 2. pp. 64-69, 2018.

129. S. V. Yenchev, e O. V. Pavelko, "Dynamic synthesis of a linear two-dimensional control system for THVD D-27 propeller fans," Scientific technologies, vol. 4 (16), pp. 14-19, 2013.

130. S. V. Yenchev, and S. S. Tovkach, "Research of the structure and information flows in the electronic control system of aviation gas turbine engines," Scientific Bulletin of the Kherson State Maritime Academy, vol. 1 (6), pp. 356-361, 2012.

131. S. V. Yenchev, and S. O. Taku, "Ensuring fault tolerance of a fuzzy intelligent control system of aircraft engines," Scholarly notes of V. I. Vernadsky Tavri National University. Série: Ciências técnicas, vol. 2, no. 30 (69), Parte 1. pp. 29-34, 2019.

132. V. V. Panin, e S. V. Enchev, "Evaluation of the technical condition of the automatic propeller control system of the aircraft engine," Bulletin of the Central Scientific Center of the Transport Academy of Ukraine, vol. 13. pp. 136-139, 2010.

133. S. V. Yenchev, and S. O. Taku, "Development of an adaptive neural network controller of an intelligent aircraft engine control system," Scholarly notes of V. I. Vernadsky Tavri National University. Série: Ciências técnicas, vol. 6, n.º 29 (68), pp. 34-39, 2018.

134. S. V. Yenchev e A. M. Gashko, "Síntese de um controlador de rede neural adaptável de um motor de turbina a gás de aeronave", Scientific technologies, vol. 4 (16), pp. 10-13, 2013.

135. S. V. Yenchev, e S. O. Taku, "Síntese de algoritmos para ajustar os parâmetros de um regulador de rede neural de um motor de turbina a gás de aviação," Scientific technologies, vol. 4 (40), pp. 535-543, 2018.

136. V.V. Panin, S.V. Yenchev, e S.S. Tovkach, "Modelos combinados de processamento de informação em sistemas de controlo eletrónico de motores de aeronaves," Aerospace engineering and technology, vol. 8 (105), pp. 235-239, 2013.

137. S. V. Yenchev, T. A. Mazur e S. S. Tovkach, "Fuzzy Automatic Control System Synthesis of the Propeller Fan the Aviation Gas Turbine Engine", Electronics and Control Systems, vol. 58, no. 4, pp. 56-63, 2018.

138. V. I. Petunin, "Síntese de sistemas lógico-dinâmicos de controlo automático de motores de turbina a gás baseados na coordenação e adaptação de canais de controlo", dissertação do Dr. Tech. Ciências: 05.13.01, Ufa, 2011.

139. V. I. Petunin, "Síntese de sistemas de controlo automático de motores de turbina a gás com um seletor de canais", Herald of UGATU, vol. 11, n.º 1 (28), pp. 3-10, 2008.

140. V. I. Petunin, "Caraterísticas da síntese de sistemas de multicomunicação de controlo automático com um seletor de canais", Herald of UGATU, vol. 11, n.º 1 (28), pp. 11-17, 2008.

141. V. I. Petunin, "Equivalent structures of an algebraic seletor based on continuous logic," Herald of UGATU, vol. 12, no. 1 (30), pp. 40-45, 2009.

142. V. I. Petunin e A. I. Frid, "Analysis and synthesis of automatic control systems for gas turbine engines with a channel seletor under the action of interference", Aerospace engineering, vol. 3, pp. 3-10, 2011.

143. V. I. Petunin, "Increasing the statistical accuracy of automatic control systems with a channel seletor under the influence of interference," Management systems and information technologies, vol. 1 (43), pp. 61-64, 2011.

144. V. I. Petunin, "Mathematical models of multi-communication systems of automatic control with channel seletor," Herald of UGATU, vol. 15, no. 2(42), pp. 52-58, 2011.

145. Y. Wang, C. Ji, Z. Xi, H. Zhang e Q. Zhao, "An adaptive matching control method of multiple turboshaft engines", *Engineering Applications of Artificial Intelligence*, vol. 123, 106496, 2023. doi: 10.1016/j.engappai.2023.106496.

146. G. Nan, X. Yao, S. Yang, J. Yao, e X. Chen, "Vibrational responses and fatigue life of dynamic blades for compressor in gas turbines," *Engineering Failure Analysis*, vol. 156, 107827, 2024. doi: 10.1016/j.engfailanal.2023.107827.

147. J. Rabcan, V. Levashenko, E. Zaitseva, M. Kvassay e S. Subbotin, "Diagnóstico não destrutivo de lâminas de motores de aeronaves por árvore de decisão difusa", *Engineering Structures*, vol. 197., 109396, 2019. doi: 10.1016/j.engstruct.2019.109396.

148. S. Szrama e T. Lodygowski, "Aircraft Engine Remaining Useful Life Prediction using neural networks and real-life engine operational data", *Advances in Engineering Software*, vol. 192, 103645, 2024. doi: 10.1016/j.advengsoft.2024.103645.

149. A. Bovsunovsky e O. Nosal, "Highly sensitive methods for vibration diagnostics of fatigue damage in structural elements of aircraft gas turbine engines", *Procedia Structural Integrity*, vol. 35, pp. 74-81, 2022. doi: 10.1016/j.prostr.2021.12.050.

150. K. Deng et al., "A remaining useful life prediction method with long-short term feature processing for aircraft engines," *Applied Soft Computing*, vol. 93, 106344, 2020. doi: 10.1016/j.asoc.2020.106344.

151. Z. Song, Y. Feng, e C. Lu, "Superimposable neural network for health monitoring of aircraft hydraulic system," *Engineering Failure Analysis*, vol. 160, 108063, 2024. doi: 10.1016/j.engfailanal.2024.108063.

152. S. V. Zhernakov, "Metodologia de análise de sistemas para resolver o problema da monitorização da informação do estado do motor da aeronave. Herald of UGATU, vol. 14. No. 3(38). pp. 71-81, 2010.

153. A. Syta, J. Czarnigowski, P. Jakliński e N. Marwan, "Deteção e identificação de falha de ignição do cilindro em motores de pequenas aeronaves em diferentes condições de operação por propriedades lineares e não lineares de componentes de frequência", *Measurement*, vol. 223, 113763, 2023. doi: 10.1016/j.measurement.2023.113763.

154. F.-Q. Nian e G.-H. Yang, "Data-driven fault detection for closed-loop T-S fuzzy systems with unknown system dynamics and its application to aero-engines," *Information Sciences*, vol. 677, 120829, 2024. doi: 10.1016/j.ins.2024.120829.

155. E. Naderi e K. Khorasani, "Data-driven fault detection, isolation and estimation of aircraft gas turbine engine actuator and sensors," *Mechanical Systems and Signal Processing*, vol. 100, pp. 415-438, 2018. doi: 10.1016/j.ymssp.2017.07.021.

156. Y.-P. Zhao, G. Huang, Q.-K. Hu, J.-F. Tan, J.-J. Wang e Z. Yang, "Máquina de aprendizagem extrema suave para deteção de falhas de motores de aeronaves", *Aerospace Science and Technology*, vol. 91, pp. 70-81, 2019. doi: 10.1016/j.ast.2019.05.021.

157. H. Wang, W. Jiang, X. Deng e J. Geng, "Um novo método para a deteção de falhas de motores aeronáuticos com base na floresta de isolamento", *Measurement*, vol. 185, 110064, 2021. doi: 10.1016/j.measurement.2021.110064.

158. X. Fu, H. Luo, S. Zhong e L. Lin, "Deteção de falhas em motores de aeronaves com base em autoencoders de denoising convolucional agrupados", *Chinese Journal of Aeronautics*, vol. 32, n.º 2, pp. 296-307, 2019. doi: 10.1016/j.cja.2018.12.011.

159. C. B. Zhernakov, "Deteção de falhas de GTD por modelos de redes neurais. Boletim da Universidade Técnica Estatal de Perm. Engenharia aeroespacial, vol. 4, pp. 26-31, 2000.

160. S. I. Vladov, T. F. Shmelyova, e Yu. M. Shmelyov, "Controlo e diagnóstico do estado técnico do motor da aeronave TV3-117 em modos de voo utilizando tecnologias de redes neuronais", Monografia, Kremenchuk, 2020.

161. S. I. Vladov, Y. R. Klimova, e D. A. Vasiliev, "Para a questão do controlo e diagnóstico do estado técnico do sistema de óleo dos motores de aviação utilizando redes neuronais," in: Aviação, indústria, sociedade: materiais da 1ª conferência científica e prática ucraniana de jovens cientistas, cadetes e estudantes, Kremenchug: KLK NAU, pp. 138-139, 27 de abril de 2018.

162. Y. R. Klimova, Y. N. Shmelev e S. I. Vladov, "Diagnostics of the engine condition of the My-8MTV helicopter using neural networks," in: O 22.º Fórum Internacional da Juventude "Rádio Eletrónica e Juventude no Século XXI": materiais da conferência temática do fórum "Sistemas informáticos e redes de controlo", Kharkiv: KhNURE,.Vol. 5, pp. 197 -198, 17-19 de abril de 2018.

163. Y.N. Shmelev, S.I. Vladov, e Y.R. Klimova, "Modelo de rede neural para diagnosticar o estado do motor do helicóptero Mi-8MTV," in: Conferência ProfIT: materiais da 1.ª Conferência Internacional Científica e Prática de Profissionais de TI e Analistas de Sistemas Informáticos, dedicada ao 50.º aniversário do Departamento de Informática do Instituto de Informática de Kharkiv, Kharkiv: Instituto de Informática de Kharkiv com o nome de N. E. Zhukovsky, pp. 40-41, 24-26 de abril de 2018.

164. S. I. Vladov, D. O. Vasiliev, e O. O. Brazhnyk, "The use of neural network technologies to control and diagnose the technical condition of the TV3-117 aircraft engine," in: United by science: materials of the VII All-Ukrainian scientific and practical conference of students, postgraduates and young scientists, Kyiv: KNU named after Taras Shevchenko, pp. 179-181, November 12-13, 2020.

165. S. I. Vladov, V. Ya. Teleshun, e I. P. Yakovenko, "Síntese de uma rede neural generalizada para monitorizar e diagnosticar o estado técnico do motor da aeronave TV3-117," in: United by science: materials of the VII All-Ukrainian scientific and practical conference of students, postgraduates and young scientists, Kyiv: Taras Shevchenko KNU, pp. 182-184, 12-13 de novembro de 2020.

166. V. Vysotska, S. Vladov, R. Yakovliev, e A. Yurko, "Rede Neural Híbrida que Identifica Objectos Dinâmicos Complexos: Comprehensive Modelling and Training Method Modification," *CEUR Workshop Proceedings*, vol. 3702, pp. 124-143, 2024. URL: https://ceur-ws.org/Vol-3702/paper11.pdf.

167. S. I. Vladov, Yu. M. Shmelov, S. A. Grybanova, O. V. Husarova e N. V. Podgornykh, "Um método para aumentar a robustez do modelo de rede neural para monitorizar e diagnosticar o estado técnico do motor da aeronave TV3-117 em modos de voo", Bulletin of Mykhailo Ostrogradsky Kremenchug National University, vol. 1/2020, n.º 120, pp. 113-119, 2020.

168. S. V. Novikova e E. Sh. Kremleva, "Aumentar a robustez do modelo de rede neural de monitorização de GTE com base na redução", Aircraft, aircraft engines and methods of their operation, vol. 3, pp. 17-26, 2019.

169. V. I. Vasiliev, S. V. Zhernakov, e I. I. Muslukhov, "On-board algorithms for controlling gas turbine parameters based on neural network technology," Herald of UGATU, vol. 12, no. 1 (30), pp. 61-74, 2009.

170. S. V. Zhernakov, N. S. Ivanova, e R. F. Ravilov, "Controlo e diagnóstico do estado técnico do sistema de óleo do motor de turbina a gás utilizando a tecnologia de redes neuronais," Herald of UGATU, vol. 16, n.º 2(47), pp. 210-220, 2012.

171. N. Balakrishnan, V. Voinov, e M. S. Nikulin, "Pearson's Sum and Pearson-Fisher Test," Chi-Squared Goodness of Fit Tests with Applications. Elsevier, pp. 11-26, 2013. doi: 10.1016/b978-0-12-397194-4.00002-8.

172. F. Avram, N. N. Leonenko, e N. Šuvak, "Hypothesis testing for Fisher-Snedecor diffusion," *Journal of Statistical Planning and Inference*, vol. 142, no. 8, pp. 2308-2321, 2012. doi: 10.1016/j.jspi.2012.02.055.

173. S. Babichev, J. Krejci, J. Bicanek e V. Lytvynenko, "Agrupamento de sequências de expressão genética com base nos critérios de qualidade de agrupamento interno e externo", 12.ª Conferência Científica e Técnica Internacional de 2017 sobre Ciências da Computação e Tecnologias da Informação (CSIT). IEEE, Set. 2017. doi: 10.1109/stc-csit.2017.8098744.

174. Z. Hu, E. Kashyap, e O. K. Tyshchenko, "GEOCLUS: A Fuzzy-Based Learning Algorithm for Clustering Expression Datasets," *Lecture Notes on Data Engineering and Communications Technologies*, vol. 134, pp. 337-349, 2022. doi: 10.1007/978-3-031-04812-8_29.

175. V. L. Bakulevskyi, "Aumentar a precisão do cálculo das perdas de eletricidade em linhas aéreas de 6-35 kV tendo em conta os factores climáticos", Tese de doutoramento em Ciências Técnicas: 05.14.02. Kharkiv, 2017.

176. A. Y. Tkachenko, V. S. Kuz'michev, I. N. Krupenich, e V. N. Rybakov, "Gas Turbine Engine Optimization at Conceptual Designing," MATEC Web of Conferences, vol. 77. EDP Sciences, p. 01027, 2016. doi: 10.1051/matecconf/20167701027.

177. T. Ploch, J. Deussen, U. Naumann, A. Mitsos e R. Hannemann-Tamás, "Tiro único direto para otimização dinâmica de sistemas de equações algébricas diferenciais com critérios de otimização incorporados", *Computadores e Engenharia Química*, vol. 159, 107643, 2022. doi: 10.1016 / j.compchemeng.2021.107643.

178. S. Vladov, Y. Shmelov e R. Yakovliev, "Optimization of Helicopters Aircraft Engine Working Process Using Neural Networks Technologies", *CEUR Workshop Proceedings*, vol. 3171, pp. 1639-1656, 2022.

179. H. Augun, "Thermodynamic, environmental and sustainability calculations of a concetual turboshaft engine under several power settings", *Energy*, vol. 245, 123251, 2022. https://doi.org/10.1016/j.energy.2022.123251

180. S. Vladov, Y. Shmelov e R. Yakovliev, "Method for Forecasting of Helicopters Aircraft Engines Technical State in Flight Modes Using Neural Networks", *CEUR Workshop Proceedings*, vol. 3171, pp. 974-985, 2022.

181. S. Vladov, Y. Shmelov e R. Yakovliev, "Método modificado de identificação de defeitos potenciais em unidades de motores turboeixo de helicópteros com base na previsão do seu estado operacional", em: Actas da 4ª Conferência Internacional IEEE de 2022 sobre Sistemas Eléctricos e Energéticos Modernos (MEES), Kremenchuk, Ucrânia, 20-22 de outubro de 2022, pp. 556-561. doi: 10.1109/MEES58014.2022.10005605

182. J. Bi, Z. Wang, H. Yuan, J. Zhang e M. C. Zhou, "Self-adaptive teaching-learning-based optimizer with improved RBF and sparse autoencoder for high-dimensional problems", *Information Sciences*, vol. 630, pp. 463-481, 2023. doi: 10.1016/j.ins.2023.02.044

183. W. Jia, D. Zhao e L. Ding, "Um algoritmo de rede neural RBF optimizado baseado em mínimos quadrados parciais e algoritmo genético para classificação de pequenas amostras", *Applied Soft Computing*, vol. 48, pp. 373-384, 2016. doi: 10.1016/j.asoc.2016.07.037

184. Z. Liu, C.-S. Leung e H. Cheung So, "Formal convergence analysis on deterministic l_1 -regularization based mini-batch learning for RBF networks", *Neurocomputing*, vol. 532, pp. 77-93, 2023. doi: 10.1016/j.neucom.2023.02.012

185. Z. Han, X. Qian, H. Huang e T. Huang, "Design eficiente de redes RBF multicoluna", *Neurocomputing*, vol. 450, pp. 253-253, 2021. doi: 10.1016/j.neucom.2021.04.040

186. Y. Zelenkov, "Método de otimização multicritério baseado em modelos aproximados do objeto pesquisado", *Numerical Methods and Programming*, vol. 11, pp. 250-260, 2010.

187. V. Vichugov, "Modified gradient algorithm for training radial-basis neural networks", *Bulletin of the Tomsk Polytechnic University*, vol. 315, no. 5, pp. 149-152, 2009.

188. I. Markin, e S. Dudarov, "An artificial neural network of radial basis functions using a perceptron as a output layer", *Advances in chemistry and chemical technology*, vol. 36, n.º 11, pp. 74-76, 2022.

189. Gh. A. Montazer, R. Sabzevari, and F. Ghorbani, "Three-phase strategy for the OSD learning method in RBF neural networks", *Neurocomputing*, vol. 72, iss. 7-9, pp. 1797-1802, 2009. doi: 10.1016/j.neucom.2008.05.011

190. K.-L. Du, e M.N.s. Swamy, "Radial Basis Function Networks", *Neural Networks and Statistical Learning*, pp. 299-335, 2014. doi: 10.1007/978-1-4471-5571-3_10

191. Z. Geng, J. Chen e Y. Han, "Energy Efficiency Prediction Based on PCA-FRBF Model: Um estudo de caso das indústrias de etileno", *IEEE Transactions on Systems, Man, and Cybernetics: Systems*, vol. 47, issue 8, pp. 1763-1773, 2016. doi: 10.1109/TSMC.2016.2523936

192. Y. Zhao, D. Si, J. Pei, e X. Yang, "Geodesic Basis Function Neural Network", *IEEE Transactions on Neural Networks and Learning Systems*, vol. 35, issue 6, pp. 8386-8400, 2022. doi: 10.1109/TNNLS.2022.3227296

193. S. Vladov, Y. Shmelov e R. Yakovliev, "Método de rede neural modificado para diagnosticar o estado operacional dos motores de turboeixo de helicópteros em modos de voo", em: Actas da Conferência Internacional do IEEE sobre Análise de Sistemas e Computação Inteligente (SAIC), Kiev, Ucrânia, 04-07 de outubro de 2022, pp. 224-229. doi: 10.1109/SAIC57818.2022.9923025

194. Y. Xi, H. Peng e X. Chen, "A sequential learning algorithm based on adaptive particle filtering for RBF networks", *Neural Computing and Applications*, vol. 25, issue 3-4, pp. 807-814, 2014. doi: 10.1007/s00521-014-1551-y

195. R. Kumar, "Recurrent context layered radial basis function neural network for the identification of nonlinear dynamical systems", *Neurocomputing*, vol. 580, 127524, 2024. doi: 10.1016/j.neucom.2024.127524

196. N. Bezzubov, and S. Feofilov, "Application of radial-basis function networks in self-adjust adaptive systems", *System analysis, management and information processing*, no. 1, pp. 47-52, 2023.

197. J. Maatta, V. Bazaliy, J. Kimari, F. Djurabekova, K. Nordlund e T. Roos, "Treinamento baseado em gradiente e poda de redes de funções de base radial com uma aplicação em física de materiais", *Neural Networks*, vol. 133, pp. 123-131, 2021. doi: 10.1016/j.neunet.2020.10.002

198. L. E. Aik, W. H. Tan e A. K. Junoh, "Uma rede de função de base radial melhorada no ajuste de pesos de redes para o treinamento de conjuntos de dados não lineares do mundo real", *IAES International Journal of Artificial Intelligence (IJ-AI)*, vol. 8 (1), no. 63, pp. 63-76, 2019. doi: 10.11591/ijai.v8.i1.pp63-76

199. M. Li, H. Ma, S. Lv, L. Wang e S. Deng, "Enhanced NSGA-II-based feature selection method for high-dimensional classification", *Information Sciences*, vol. 663, 120269, 2024. doi: 10.1016/j.ins.2024.120269

200. N. Polkovnikova, "Hybrid expert system based on probabilistic deterministic models", *Izvestiya SFedU. Ciências da Engenharia*, n.º 6 (167), pp. 168-179, 2015.

201. Q. Ye, W. Wang, G. Li, e R. Dai, "A self-organizing assisted multi-task algorithm for constrained multi-objective optimization problems", *Information Sciences*, vol. 664, 120339, 2024. doi: 10.1016/j.ins.2024.120339

202. K.-J. Du, J.-Y. Li, H. Wang e J. Zhang, "Multi-objective multi-criteria evolutionary algorithm for multi-objective multi-task optimization", *Complex & Intelligent Systems*, vol. 9, pp. 1211-1228, 2023. doi: 10.1007/s40747-022-00650-8

203. T. Liguo, and S. Novikova, "Application of step-by-step training method for evolutionary algorithm in multicriterial optimization problems", *VKGEU*, vol. 14, no. 3 (55), pp. 114-125, 2022.

204. T. Liu, S. Song, X. Li e L. Tan, "Aproximação do conjunto ótimo de Pareto por um modelo de aprendizagem incremental", em: Anais do Congresso IEEE sobre Computação Evolutiva, CEC 2021, Cracóvia, Polónia, 28 de junho a 1 de julho de 2021, pp. 169-176. doi: 10.1109/CEC45853.2021.9504996

205. S. Zheng e R. Feng, "A variable projection method for the general radial basis function neural network", Applied Mathematics and Computation, vol. 451, 128009, 2023. doi: 10.1016/j.amc.2023.128009

206. Z. Hu, Yu.A. Ushenko, I.V. Soltys, O.V. Dubolazov, M.P. Gorsky, O.V. Olar, e L.Yu. Trifonyuk, Digital Image Processing and Analysis Techniques, Springer Singapore, Singapura, 2024, 115 p. doi: 10.1007/978-981-99-8228-8

207. K. K. Sharma, G. Jee, R. U P, and P. E S, "Modeling of the Helicopter Underslung Aircraft's Lateral-Diretional Dynamics," *IFAC-PapersOnLine*, vol. 55, no. 1, pp. 174-179, 2022. doi: 10.1016/j.ifacol.2022.04.029.

208. W. Wu, "Método de identificação para modelação da dinâmica de voo de helicópteros com graus de liberdade do rotor", *Chinese Journal of Aeronautics*, vol. 27, n.º 6, pp. 1363-1372, 2014. doi: 10.1016/j.cja.2014.10.002.

209. S. V. Zhernakov, e R. F. Ravilov, "Identificação do modelo multimodo inverso do motor de turbina a gás com base nos parâmetros do seu sistema de óleo com

base na tecnologia de redes neuronais," Herald of IzhGTU, vol. 3, no. 51, pp. 126-129, 2011.

210. C. B. Zhernakov, e I. I. Muslukhov, "Neural network technologies for increasing the fault tolerance of GTE measuring channels," Informatics and information technologies: Actas da Conferência Internacional, Ufa, vol. 2, pp. 91-96, 2003.

211. S. Vladov, R. Yakovliev, M. Bulakh, e V. Vysotska, "Neural Network Approximation of Helicopter Turboshaft Engine Parameters for Improved Efficiency," *Energies*, vol. 17, n.º 9, 2233, 2024. doi: 10.3390/en17092233.

212. S. Vladov, K. Mykolenko, R. Yakovliev, O. Hubachov, S. Drozdova, e Y. Stushchanskyi, "Neural Network Method for Helicopters Turboshaft Engines Dynamic Efficiency Monitoring," 2023 IEEE 4th KhPI Week on Advanced Technology (KhPIWeek). IEEE, 02 de outubro de 2023. doi: 10.1109/khpiweek61412.2023.10312883.

213. S. Vladov, Y. Shmelov, R. Yakovliev, M. Petchenko e S. Drozdova, "Neural Network Method for Helicopters Turboshaft Engines Working Process Parameters Identification at Flight Modes," 2022 IEEE 4th International Conference on Modern Electrical and Energy System (MEES). IEEE, 20 de outubro de 2022. doi: 10.1109/mees58014.2022.10005670.

214. S. Vladov, M. Petchenko, Y. Shmelov, S. Drozdova, e R. Yakovliev, "Helicopters Turboshaft Engines Parameters Identification at Flight Modes Using Neural Networks," 2022 IEEE 17th International Conference on Computer Sciences and Information Technologies (CSIT). IEEE, 10 de novembro de 2022. doi: 10.1109/csit56902.2022.10000444.

215. S. Vladov, I. Dieriabina, O. Husarova, L. Pylypenko, A. Ponomarenko, Identificação de modelos multimodais de motores de aeronaves de helicópteros em modos de voo utilizando algoritmos de gradiente modificados para treinar redes neurais radiais básicas, Visnyk da Universidade Técnica Nacional de Kherson 4 (79) (2021) 52-63. doi: 10.35546/kntu2078-4481.2021.4.7

216. S. Vladov, R. Yakovliev, O. Hubachov, J. Rud, Y. Stushchanskyi, Neural Network Modeling of Helicopters Turboshaft Engines at Flight Modes Using an Approach Based on "Black Box" Models, CEUR Workshop Proceedings 3624 (2024) 116-135.

217. G. Xing, J. Gu, e X. Xiao, "Convergence analysis of a subsampled Levenberg-Marquardt algorithm," Operations Research Letters, vol. 51, no. 4. Elsevier BV, pp. 379-384, Jul. 2023. doi: 10.1016/j.orl.2023.05.005.

218. S. Parkhomenko, "A Levenberg-Marquardt algorithm execution time reducing in case of large amount of the data," International Research Journal, vol. 1, no. 20, pp. 80-83, 2014.

219. S. Parkhomenko, and T. Ledeneva, "Training neural networks using the Levenberg-Marquardt method in conditions of a large amount of data," System analysis and information technology, vol. 2, pp. 98-106, 2014.

220. N. Marumo, T. Okuno, e A. Takeda, "Majorization-minimization-based Levenberg-Marquardt method for constrained nonlinear least squares," Computational Optimization and Applications, vol. 84, no. 3. Springer Science and Business Media LLC, pp. 833-874, 17 de janeiro de 2023. doi: 10.1007/s10589-022-00447-y.

221. A. O. Umar, I. M. Sulaiman, M. Mamat, M. Y. Waziri, e N. Zamri, "On damping parameters of Levenberg-Marquardt algorithm for nonlinear least square problems," Journal of Physics: Conference Series, vol. 1734, no. 1. IOP Publishing, p. 012018, 01 de janeiro de 2021. doi: 10.1088/1742-6596/1734/1/012018.

222. S. Wang, J. Na, e X. Ren, "Approximation-free control for nonlinear helicopters with unknown dynamics," Parameter Estimation and Adaptive Control for Nonlinear Servo Systems. Elsevier, pp. 209-220, 2024. doi: 10.1016/b978-0-44-315574-1.00021-x.

223. K. K. Sharma, G. Jee, R. U P, and P. E S, "Modeling of the Helicopter Underslung Aircraft's Lateral-Diretional Dynamics," IFAC-PapersOnLine, vol. 55, no. 1. Elsevier BV, pp. 174-179, 2022. doi: 10.1016/j.ifacol.2022.04.029.

224. H. GAO, A. HE, Z. GAO, Y. NA e Y. DENG, "Caraterísticas da dinâmica de voo do rotor canard/avião de asa no modo de voo de helicóptero", Chinese Journal of Aeronautics, vol. 32, n.º 7. Elsevier BV, pp. 1577-1587, Jul. 2019. doi: 10.1016/j.cja.2019.04.002.

225. W. Wu, "Método de identificação para modelação da dinâmica de voo de helicópteros com graus de liberdade do rotor," Chinese Journal of Aeronautics, vol. 27, no. 6. Elsevier BV, pp. 1363-1372, Dez. 2014. doi: 10.1016/j.cja.2014.10.002.

226. S. Vladov et al., "Neural Network Signal Integration from Thermogas-Dynamic Parameter Sensors for Helicopters Turboshaft Engines at Flight Operation

Conditions," Sensors, vol. 24, no. 13. MDPI AG, p. 4246, Jun. 29, 2024. doi: 10.3390/s24134246.

227. J. Villanueva, "Kolmogorov Theorem revisited," Journal of Differential Equations, vol. 244, no. 9. Elsevier BV, pp. 2251-2276, maio de 2008. doi: 10.1016/j.jde.2008.02.010.

228. M. Jornet, "On the Cauchy-Kovalevskaya theorem for Caputo fractional differential equations," Physica D: Nonlinear Phenomena, vol. 462. Elsevier BV, p. 134139, Jun. 2024. doi: 10.1016/j.physd.2024.134139.

229. Y. Dvirnyk, D. Pavlenko, and R. Przysowa, "Determination of serviceability limits of a turboshaft engine by the criterion of blade natural frequency and stall margin," MATEC Web of Conferences, vol. 304. EDP Sciences, p. 03004, 2019. doi: 10.1051/matecconf/201930403004.

230. C.-C. Tseng e S.-L. Lee, "Projetos de forma fechada de filtros Butterworth de ordem fracionária digital usando transformadas discretas", Signal Processing, vol. 137. Elsevier BV, pp. 80-97, agosto de 2017. doi: 10.1016/j.sigpro.2017.01.015.

231. S. I. Vladov, V. M. Moskalyk, A. S. Siora, I. O. Deryabina, e S. D. Gvozdik, "Análise da dinâmica do motor da aeronave TV3-117 utilizando a rede neural Elman," Bulletin of the Kherson National Technical University of the University, vol. 75, no. 4. Universidade Técnica Nacional de Kherson, pp. 42-52, 2020. doi: 10.35546/kntu2078-4481.2020.4.5.

232. V. B. Lila, V. B. Lila, E. V. Puchkov e E. V. Puchkov, "Metodologia de treinamento de uma rede neural artificial recorrente com memória de pilha dinâmica", Revista internacional "Program products and systems", vol. 44. Instituto de Investigação Centerprogramsystem, JSC, pp. 132-135, 11 de dezembro de 2014. doi: 10.15827/0236-235x.108.132-135.

233. E.B. Solovyeva, "Recurrent neural networks as behavioral models of nonlinear dynamic systems", Digital Signal Processing, vol. 1, pp. 18-27, 2018.

MIX
Papier aus verantwortungsvollen Quellen
Paper from responsible sources
FSC® C105338

Printed by Books on Demand GmbH, Norderstedt / Germany